风从书卷来

——一位大型国企董事长的人生步履

江坛儒　高晓林　著

中国财经出版传媒集团

经济科学出版社
Economic Science Press

·北京·

图书在版编目（CIP）数据

风从书卷来：一位大型国企董事长的人生步履/江坛儒，高晓林著 . -- 北京：经济科学出版社，2023.12

ISBN 978 - 7 - 5218 - 5390 - 2

Ⅰ.①风… Ⅱ.①江…②高… Ⅲ.①建筑企业集团 - 企业管理 - 概况 - 北京 Ⅳ.①F426.9

中国国家版本馆 CIP 数据核字（2023）第 241193 号

责任编辑：王红英
责任校对：隗立娜
责任印制：邱　天

风从书卷来

——一位大型国企董事长的人生步履

江坛儒　高晓林　著

经济科学出版社出版、发行　新华书店经销

社址：北京市海淀区阜成路甲 28 号　邮编：100142

总编部电话：010 - 88191217　发行部电话：010 - 88191522

网址：www. esp. com. cn

电子邮箱：esp@ esp. com. cn

天猫网店：经济科学出版社旗舰店

网址：http：//jjkxcbs. tmall. com

固安华明印业有限公司印装

710×1000　16 开　26.5 印张　350000 字

2023 年 12 月第 1 版　2023 年 12 月第 1 次印刷

ISBN 978 - 7 - 5218 - 5390 - 2　定价：98.00 元

（图书出现印装问题，本社负责调换。电话：010 - 88191545）

（版权所有　侵权必究　打击盗版　举报热线：010 - 88191661

QQ：2242791300　营销中心电话：010 - 88191537

电子邮箱：dbts@ esp. com. cn）

目录
CONTENTS

引　子

他，从江苏淮阴农村走来。

1969年2月，他，应征入伍，成为中国人民解放军铁道兵战士，先后参加成昆铁路、襄渝铁路和北京地铁等重大工程建设。

1969年11月，他，加入中国共产党，在党组织的培养和教育下，一步一个脚印地从战士成长为干部。

1975年6月，他，随铁道兵部队整编，转为基建工程兵。

1983年2月，中共中央、国务院、中央军委发布命令：基建工程兵部队集体就地转业，划归地方。那时的他，在基建工程兵北京指挥部宣传处当干事。

1983 年 7 月，他，脱下军装，成为北京市城建总公司的一名企业政工干部。

改革开放的时代大潮，为每一个有志有为的中国人创造了施展才干的广阔天地。他，从政工干部华丽转身。

1994 年 2 月，担任北京城建一公司党委书记的他，临危受命，出任北京城建三公司经理。

1997 年 5 月，他，出任北京住总集团有限公司党委副书记。

1998 年 7 月，他，出任北京住总集团党委副书记、总经理。

2001 年 1 月，他，出任北京建工集团党委书记、副董事长。

2002 年 1 月，他，出任北京建工集团党委书记、董事长。

他，是中国企业家赛道上的迅跑者。

他，叫孙维林。

彼时的北京建工集团，是一个有着近 50 年历史的特大型建筑企业，曾经为北京和国内其他城市累计建成各类建筑 8000 多万平方米，累计实现利税 30 多亿元。但是，面对市场经济大潮，这个北京建筑业乃至全国建筑业的"龙头老大"，却经历了 10 年的痛苦徘徊。

孙维林上任伊始，就把解放思想、更新观念作为党委的"一号工程"，走出去、请进来，自上而下开展教育活动，层层转变思想观念，从而为推进集团的各项改革打下坚实的思想基础。

孙维林率领"一班人"，审时度势，硬是以非凡的胆略，开启了北京建工集团产权改革的宏伟征程。

第一步：剥离三级企业，先后以有限责任公司、股份合作制、承包或租赁等多种形式，使国有资本退出或基本退出长期困扰集团发展的363个小型法人实体。

第二步：开拓性地推出了"捆绑式"资产重组模式，积极引进社会资本对二级企业进行改制，先后有10多个二级企业与民营资本"喜结良缘"。

第三步：做强做大集团总部。

不断深化的改革，使北京建工集团焕发了生机和活力，发展成为年综合经营额突破302亿元的建筑业航空母舰。

孙维林先后当选为中共北京市第九届委员会候补委员、委员，北京市第十二届人大代表、人大常委会城市建设环境保护委员会委员，北京市第十三届人大代表、人大常委会城市建设环境保护委员会副主任委员。

出任北京建工集团党委书记、董事长的8年多，孙维林在北京市委、市政府的领导下，在集团党委的鼎力支持下，浓墨重彩地改写了北京建工集团的历史。

这8年多，注定成为孙维林不同凡响的人生华章——

第一章

卸甲时分　殚精竭虑谋"班子"
急流勇退　晚霞辉映"舍得"情

　　退休——一个为人生之舟换装风帆的神圣时刻。它是一面可照穿人心的魔镜，每个领导干部的心灵世界，都将最终接受这魔镜的透视，其清浊分明的透视图，亦会装进他们那份无字的人生档案。

卸甲时分 殚精竭虑谋"班子" 急流勇退 晚霞辉映"舍得"情

长街如练，通衢如网，玉宇琼楼广厦，山青水碧风朗。灿灿彩霞，冉冉朝阳，京师大地，改千年旧貌，谁著华章？

营造事业，功德无量，为百姓造福，为华夏增光。聚天下良才，促百业兴旺，五旬岁月非等闲，数万精兵吞玄黄。高大精尖，未辱使命；急难险重，无负众望。十大建筑，二分有二，众口皆碑，盛名独享。品牌烁金，质量无上，几多全优精品，几多鲁班金像。巨龙腾飞惊世，奇迹蕴于华堂；激情战胜落后，何惧人挑肩扛！各领风骚，群英会上；青年鲁班，美名传扬。无私忘我，劳模者之摇篮；敢打敢拼，突击队之滥觞。建楼更兼育人，精英遍布四方。

斗转星移，世事沧桑，任重道远，山高水长。融入全球，潮流不可阻挡；登高望远，机遇岂容彷徨。革故鼎新还须解放思想，超越自我方能做大做强。两种经营并举，战略调整之纪纲；两大市场咸进，竞争图存之方向。与时俱进，开来继往；以人为本，博采众长。科技与财富齐高，管理与效益共长；寓人才于希望，傲群雄于市场。积聚移山心力，磅礴欲出东方。与国际接轨，向新型企业集团迈进，且看我，抖擞精神，重添斗志，再鼓雄风，更创辉煌！

岁月如歌，五秩初度。悠悠往事萦怀，缕缕冥思遐想。大厦甫成，一赋既出，勒石铭之以功，昭示后人莫忘。

这篇《建工赋》，是词人为北京建工集团成立50周年而作。如今，"勒石铭之"于北京建工大厦24层的贵宾接待室内。

从字里行间揣度，作者如非一位老"建工人"，至少也是一位对北京建工集团的历史和现状所知颇多者。

因为，此赋不但写得大气磅礴，更把北京建工集团五秩之精华、百年之方向，高度凝练地纳于区区 500 余字内。若非对这个企业的情况烂熟于胸者，断莫能为。

也许，"一赋既出"的 20 年之后，亦即到了北京建工集团成立 70 周年之际，此赋只需把其中的"五十""五旬""五秩"改为"七十""七旬""七秩"，便依然可用。

不过，到那时候，赋中似应添进这样一种意思表述：自 2001～2009 年的这八九个年头，是建工集团"花甲"生涯中最耀眼的华彩阶段——"建工人"抖落思想上的蒙尘，步出旧观念的泥潭，健步迈上了市场经济康庄大道；企业的体制、机制改革获得巨大突破，"两个文明"协调发展，全面建设成绩斐然；企业综合经营额从 81 亿元增至 302.4 亿元，增长了 2.73 倍；新签合同额从 65.9 亿元猛增为 411.2 亿元，增长了 5.2 倍；这八九年中创造的财富总量，超过了此前近 50 年所创造的财富之和；建工集团脱去了区域性建筑企业的旧衫，成了一个多业并举、跨国经营，具有一定国际竞争力的新型企业集团。

而这一巨变，缘于这个国有老企业与孙维林的一次历史性邂逅！

七月的阳光最是热烈。清晨，太阳刚钻出地平线，就以火热的光华给都市的每一栋高大建筑披上了金色的霓裳，并透过玻璃照亮每一扇窗户内的生活。

坐落在北京西站东侧的北京建工大厦，此刻就沐浴在这样的朝阳中。

将近七点半钟，电梯平稳地把孙维林送上了 23 层楼。出了电梯，拐过一道楼巷，孙维林开门进了办公室。关闭了一夜的门窗使

卸甲时分　殚精竭虑谋"班子"　急流勇退　晚霞辉映"舍得"情

屋里的空气有些凝滞，他习惯地推开窗户，外面的空气挤了进来，给屋里骤添了几分宜人的清新。

偌大的办公室一切依旧，可此刻孙维林分明是在用一种别样的心情和目光审视着这屋里的每一个角落、每一件陈设。

2009 年 7 月 24 日，是他作为北京建工集团党委书记、董事长的最后一个日子。下午，北京市国资委和市委组织部的领导，将到集团来宣布他退休离职的决定。

为了尽早地让自己从党委书记、董事长的位置上退下来，让新的集团领导班子尽早地调整到位，他已努力了近 10 个月。

孙维林的法定退休日应是 2009 年 2 月 10 日，算来已超期服役 5 个多月了。

按孙维林的初衷，是要在法定退休日前两个月或后两个月内正式退下来的，所以 2008 年 11 月，他便正式拜会过北京市国资委党委书记、主任周毓秋女士①，请求尽早考虑他的退休和建工集团新领导班子的调整配备问题。

那一次，周毓秋对他说："维林同志，组织上暂不会考虑让你退休。自古千军易得，一将难求。市国资委系统好多集团公司的党政"一把手"，都六十二三岁了还没退，你的前任张兴同志也是 63 岁左右才退的。你还没到 60，着个什么急？"

碰了软钉子的孙维林没有放弃努力。2009 年 1 月，他把周毓秋约请到集团来，再次与她商谈集团新班子的人员配备，并重申尽早退休的请求。

---

①　除另有说明，本书中所指人物的职务均为时任的职务。

周毓秋仍未应允。

在她看来，孙维林论身体、精力、业绩、威望，皆如日中天。这么早早地退下来，建工集团的担子交给谁？

是啊，把建工集团的担子交给谁，这也正是孙维林朝思夕谋的问题。

他思谋的结果是，自己现在的左膀右臂张文龙、刘志国、戴彬彬三位同志，即是很合适的人选。

孙维林急于要让自己从岗位上退下来，还有一个原因。这个原因他只肯放在肚里而不宜示人。2009年，现任总经理张文龙已57岁。而任命国有大型企业的"一把手"是有年龄规定的，即在法定退休年龄内至少能干满一届（3年），所以形成了一条"七上八不上"的不成文的"潜规则"。如果孙维林延至2010年退休，则意味着时已58岁的张文龙再无当建工集团董事长的可能。这不光对张文龙而言是件憾事，对企业的工作也未必有利。

2009年2月11日，孙维林在过完60周岁生日的第二天，给北京市委组织部和市国资委呈递了辞职报告："鉴于本人的法定年龄已到（满60周岁），为了企业的持续、健康、稳定发展，为了集团领导班子建设的年轻化，本人请求辞去建工集团党委书记、董事长职务。"

呈交报告一段时间后，仍没什么动静，孙维林不得不加紧行动，于3月份、4月份，两次向北京市委组织部请求帮助，但仍未果。

显然，孙维林设想的这种"三驾马车"式的新班子格局及人选，与上级主管部门的意图并不太吻合。

孙维林没有气馁，他机智地改变策略，向市委几位主管领导，为建工班子"有话直说"。他对领导们说："其实我只有两句话。第一句：本人年龄已到，请求退休；第二句：现班子成员有接班能力，董事长和党委书记的人选，从内部产生最好。"孙维林单刀直入。

一位主管领导问："维林同志，你觉得外派一个同志到建工集团来当党委书记、董事长怎么样？"

问题终于挑明了。

孙维林不假思索地回答："我个人认为，如果这样安排，不一定是最好的方案，对建工集团的发展未必有利。"

"原因嘛，不外乎有这么几个。"孙维林说，"首先，作一下横向比较就很清楚了。现任总经理张文龙，是建工集团培养和成长起来的，从工长一直干到集团公司总经理，对建工集团已积累了40年的感情。他熟悉情况，事业心、责任心也很强，工作起来驾轻就熟。而外派同志不具备这些优势。在建工集团这个特定的环境内，新派一位董事长肯定不如张文龙更合适。

"其次，现任党委副书记刘志国，先后担任过燕山石化集团团委书记、北京团市委副书记、北京城建工委副书记，到建工集团任党委副书记也已好几年了，一贯的表现、能力和成绩是应肯定的。由他来当党委书记，完全可以胜任。

"最后，正在市委党校进修的党委常委、副总经理戴彬彬，才刚刚40岁。小戴学历高、知识面广，他2001年提拔为副总，2002年在集团第一次党代会上，就以'接班人'的身份当选党委常委。近些年他分管集团的房地产开发、战略投资、环保产业等工作，业绩突出。我退休后，由张文龙暂兼任总经理，戴彬彬进修归来，即可接任总经理职务。

"如果按我的设想，张文龙、刘志国、戴彬彬这'三驾马车'上任后，上级可有两三年的观察期，觉得谁不行，可及时调整，班子不会伤筋动骨。同时，可通过实践锻炼和观察，为将来恢复'两驾马车'式的班子格局作铺垫和准备。这样，组织上始终是主动的。"

言之凿凿，入木三分，句句出自肺腑，通盘的考虑无不是在为建工集团的发展大计而谋。

几位领导频频点头。

"维林同志，相信市委会充分考虑你的意见的。此外，你个人还有没有什么要求？"

孙维林笑道："有，就一个——请求市委、市政府尽早批准我退休。"

现在，随着时间一分一秒地流逝，这一刻终于即将到来了。

当日下午，市委组织部和市国资委领导宣布他退休的同时，也宣布刘志国任集团党委书记、张文龙任集团董事长和暂兼总经理的任命。

孙维林内心是充满欣慰的。他40年工作生涯中的最后八九年时间，有幸与北京建工集团这家国有老企业的命运联系在了一起，更有幸在改变了这家国有老企业命运的同时，也使自己攀上了人生事业的巅峰。他不但为建工集团的生产经营和全面发展开创了一个历史最好阶段，而且留下了经营企业的先进理念和方法，留下了建设具有国际竞争力的新型企业集团的战略目标和切实可行的"十一五""十二五"发展规划，更留下了一个符合企业实际情况和长远利益的领导班子。

卸甲时分　殚精竭虑谋"班子"　急流勇退　晚霞辉映"舍得"情

　　当他向建工集团递交上新领导班子配备这最后一份答卷后，他就从事业的巅峰处急流勇退了。

　　很多领导和朋友都曾劝过他再干几年，这本也不成问题。

　　但他不。

　　他是个智者。而智者自然清楚人最重要的是要知道急流勇退，要知道"舍得"，更应知道勇于放弃。

　　因为有了这种智慧、魄力和境界，智者才所以成为智者。

　　用别样的心情和目光审视过屋里的每一个角落、每一件陈设，孙维林习惯地落座在办公桌前的皮椅上。

　　在北京建工集团，他身下的这把椅子象征着最高权力和地位。坐在这把椅子上，他的意志便在很大程度上代表着集团万名员工的意志，在很大程度上左右着企业航船前进的方向。

　　而几个小时后，当孙维林离开了这把象征权力的椅子，作为一个大型国有企业党政一把手的历史即告终结，那种在激烈商战中统帅三军、挥戈跃马的生涯也戛然而止……

第二章

两度"演说" 张弛之间显谋略
几番波折 无奈"职场"多风云

　　就职演说因人而异。就职演说是个人风格、纲领及才华的展示。而就职演说一旦被当作某种策略来运用，效果则大相径庭。

两度"演说" 张弛之间显谋略 几番波折 无奈"职场"多风云

对于孙维林的退与留，建工集团上下两万多名干部职工的想法无疑是复杂而沉重的。随着 2009 年 2 月 10 日这个日子的一天天迫近和一天天远去，沉重的思考早已压上了广大"建工人"的心头——

孙维林退休后，建工集团的明天将会怎样？

虽说唯物论不支持"英雄创造历史"的观点，但是，当一条航行在苍茫大海中的巨轮遇到狂风、巨浪、暗礁、漩涡时，当确定到达彼岸的方向和航线时，船长的智慧和意志总是起着关键性的作用。

世事轮回，莫测难料。2000 年 12 月 30 日，在建工集团处级以上领导干部务虚会上，当上级领导宣布孙维林任建工集团党委书记、副董事长时，当 2001 年 1 月 5 日孙维林正式到建工集团上班时，每一个"建工人"的心中也都曾有过一种沉重的思考。谁都明白，原董事长张兴同志当时已经 62 岁，市委调孙维林来任党委书记、副董事长，明显带着让孙维林继任董事长，成为北京建工集团新"掌门人"的意图。

而那时候，对于每一位"建工人"来说，孙维林还完全是一团疑云——

孙维林继任"掌门人"后，建工集团的明天将会怎样？

那是建工集团 2001 年度的务虚会议。布置考究的中型会堂里座无虚席。与会的集团中层以上领导干部们已经知情或闻讯：一会儿，上级领导将宣布建工集团新任党委书记的任命决定。

果然，走上主席台依次落座的人员中，除了董事长张兴、总经理刘龙华以外，还有另外三个人：北京市城建工委书记张凤朝、副书记刘凤歧，另一位自然就是孙维林。

刘凤歧副书记宣读完市委关于孙维林为建工集团党委书记、副董事长的任命决定后，张兴董事长、刘龙华总经理分别致了欢迎词。

接下来请孙维林讲话。

数百双眼睛齐刷刷地聚焦于孙维林，一种气氛浓浓地弥散在会场中。从体态和长相上看，孙维林颇有几分像影视作品中壮年时期的毛泽东，连嘴角下的那颗明显的痦子仿佛都足以乱真。但是，大家分明觉得他又是那样的陌生。这种陌生感来自大家不知道孙维林是个何等人物，而更主要的则是来自市委这一任命决定本身。

北京建工集团的前身北京市建工局于 1953 年成立至今，培养出无数的政要和各类英才；有中共中央原政治局常委、全国政协原主席李瑞环，北京市原副市长张百发、刘敬民，北京市建委原主任王宗礼、吴绪玉，以及贾庭让、杨嗣信、高占祥等不同时期的代表人物。几十年来，北京市似乎有个不成文的规矩，市建委主任的位置几乎非建工的干部莫属。堪称"人才豪门"的建工集团，一向是向社会输送领导干部的"黄埔军校"！"建工人"何曾遇到过或听到过从外单位调进一个人来当他们的主要领导这种事？

眼前的这条汉子到底何德何能？

心中各揣疑团的与会者们，急于从孙维林的第一次讲话中捕捉到答案。

然而孙维林却没有让大家如愿。

十来分钟的讲话不能说不精彩，大家也很受用，但他讲的全是建工集团 50 年的辉煌历史和业绩。洋洋洒洒，如数家珍，俨然比一位老"建工人"更了解建工的历史，更具有作为"建工人"的自豪和骄傲。而属于他个人的就职演说，几乎只有"来到建工集团工作，很高兴"这一句话。说完起身，很有风度地一鞠躬，在一阵掌声中优雅地落座。

鼓完掌的人们忽然发现，这掌鼓得实在有些冤，他这是什么"就职演说"？顶多是一番没有掏心窝的套话而已。

其实，孙维林是很善于做"就职演说"的。

1994年2月，孙维林由北京城建集团一公司党委书记调任城建集团三公司经理，其"就职演说"足以佐证。

当时，一向走在全国建筑企业改革前列的城建集团，大刀阔斧地进行内部体制改革，划小核算单位，走专业化经营之路。在集团内规模最大、实力最强的城建三公司被"大卸八块"，相继分立出城建七公司、亚泰工程公司、亚东混凝土公司、长城地铁地基公司、新华锅炉管道公司五个处级单位，客观上造成了优质的资源、挣钱的单位被悉数划走，而冗杂的机关人员、千余名离退病残人员、债权债务则全部留下的困难局面。

不幸被留下的干部职工一个个怨气冲天，企业上下人心涣散。

集团领导原决定提拔城建道桥公司的一位副经理到三公司当经理，可那位副经理的态度毅然决然：宁可免职，坚决不去。

谁堪临危受命？集团领导想到了孙维林。

找孙维林谈话的那天，集团党委的七位常委有六位在场，阵势森严。党委书记马于明开口便说："维林，集团党委研究决定，调你去三公司当经理……"

集团董事长肖玉良说："维林，后门已关死，而且是铁门，你必须去三公司任职。"

听其言，观其势，孙维林知道自己已没有选择，不经意地端起杯子抿了一口茶，算是答应了。

孙维林上任的那天，城建三公司数百名中层领导和机关干部聚在一起开会。集团领导先后宣布了划小核算单位和孙维林任职的决定，然后，由集团公司董事长肖玉良讲话。

不料，会场内突然海啸般地骚动起来，数百名与会者鼓倒掌、跺脚、吹口哨，嬉笑怒骂，乱成一片。主持会议的集团领导站起身来，双手手掌朝下挥动，示意大家安静，但却遭来更大的"嘘"声浪潮。

集团副总经理郁志桐怒不可遏，抢过话筒厉声质问："你们三公司的干部想干什么？还有没有一点党性原则和组织观念？"

郁志桐是全国建筑业界成功移植"鲁布革"模式①，创造了项目法管理配套改革经验的第一人，在集团上下威望甚高。他的大声干预终于使炸了窝的会场暂时恢复了平静。

集团董事长草草讲了几分钟话便收住了话头。接着，集团领导退场。孙维林则留下继续开会。

对于三公司干部们的不满情绪，孙维林虽有较充分的预料，但没想到竟会如此强烈。

接下来的"就职演说"该怎么讲？如何才能让大家迅速从这种不满情绪中走出来，面对现实，迎接挑战？

看来，自己原思忖的演讲词显然失于温和，重症需施以猛药，

---

① "鲁布革"模式，是当年日本建筑商在贵州鲁布革水电站施工时采用的先进管理模式。

两度"演说" 张弛之间显谋略　几番波折　无奈"职场"多风云

现在，"火上浇油"或许是最佳的"灭火"之法。

孙维林清了清嗓子，把话筒移近面前，摆出了讲话的预备姿势。可他于静默中与台下的人们足足对视了有一分钟。他在审视那一道道目光。其中，有期待，有猜忌，也有不屑。同时，他也在酝酿一种情绪，和一种在静寂中爆发的氛围。当他认为这种情绪和氛围已经足够时，扬声器里传出了这样的声音："同志们，刚才的那一幕很精彩，但和我们城建三公司的光荣传统很不相符。"

初来乍到，这模棱两可的开场白多少有点让人摸不着头脑。

"兵改工①以来，我们三公司创造了城建集团的诸多第一，拥有北京市抢险大队这样的王牌之师，获得过无数的荣誉。但你们今天的表演实在让人遗憾！"

会场中又漾起一阵窃窃的骚动，大家面面相觑，你看看我，我看看你，不知该作何种反应。有人开始张开嘴巴，专注地等待孙维林的下文。

"……集团的改革决策没有错，企业经营机制老套僵化，不改革怎么求发展？你们也没有错，大家想过好日子能有什么错？是我错了，我错在不该答应到你们这个窝囊的三公司来当这个窝囊的经理！"

"好在我和你们不一样，你们没有退路，我有退路，大不了散会后，我去恳请集团领导收回成命，还回一公司当书记去……"

这时，台下一位干部站了起来："孙经理，别跟我们赌气，您有什么好法子能救三公司就说出来，说得对，我们跟您干！"

---

① "兵改工"是指当时部队建制集体转业为地方企业。

"好！"孙维林断喝一声，"我就等大家这句话！好法子，我现在还说不出个子丑寅卯。不过我坚信，城建三公司是由一支有着光荣历史的部队官兵集体转业而来的，现在，虽然划出去了大部分优秀的生产经营队伍，但三公司绝不会垮！谁说三公司光剩下了老弱病残？留下的市政分公司难道不也是个有战斗力的团队吗？我们的市政公用抢险大队不是雄风依旧吗？我们的机关干部不都是宝贵的人才资源吗？一句话，我们都是五尺高的汉子，站起来躺下去，不比谁矮半截、短三分！

"重要的问题是，从现在这一刻起，大家需要统一思想、振奋精神，立刻从对集团领导的埋怨情绪中走出来。我们不能以一己的、暂时的利益得失来衡量集团的改革，要以积极的态度支持集团划小核算单位的改革举措。退一步讲，泼出去的水已收不回来，抱着埋怨情绪不放对我们今后的发展没有任何好处。

"眼下，我们确实面临着巨大的困难，所以，自信、自强、自尊对于我们比以往任何时候都更重要。希望大家接受现实，面向未来，团结一致，奋发图强。现在，我郑重承诺，公司新的领导班子一定与大家同甘苦、共患难，卧薪尝胆，励精图治，用两至三年时间，把三公司重新创建成城建集团最优秀的单位！大家有没有信心？"

"有！"

会场内，几百条嗓子吼出一个共同的强音。

这声音直冲云霄，绕梁三日。每个人几乎都使出了最大的力气。随着这回肠荡气的一声吼，大家心中积郁已久的怨气、忧伤、悲观，于瞬间得到了最大限度的释放。

紧接着，是暴风雨般的长时间鼓掌……

第二章

两度"演说" 张弛之间显谋略 几番波折 无奈"职场"多风云

本来，如果稍加发挥，孙维林到建工集团上任的"就职演说"，也完全可以博得这样长久、热烈的掌声。但此时的孙维林没有好心情，只有一肚子的郁闷。

孙维林的本意是不愿到建工集团来工作的。起码，这不是他的首选。

毕竟社会体系运转庞杂。错综复杂的人际关系，变幻莫测的职场风云，使得孙维林的这一次职务调整变得一波三折，不如人意。

作为北京市厅局级后备干部培养对象，孙维林于 1997 年 5 月，从城建三公司经理升任北京市住宅建设集团总公司党委副书记，1998 年 7 月又升任集团总经理。在任上，他勤勉工作，力求一展才华，不辱使命。可是，集团领导班子内形不成核心和统一意志，这使得他在工作中不能完全放开拳脚，胸中的宏图难以完全变成现实。

2000 年 12 月，北京市委决定调整部分市属国有大型企业的领导班子。住总集团的董事长、总经理之间，将有一人被调离。

从内心讲，孙维林是希望留在住总集团工作的。几年来的勤勉效力，他对这个企业已产生了较深厚的感情。虽说在市属几大建设集团公司中，住总集团的规模、实力、品牌、知名度的排名都较靠后，但他认为这个企业基础尚好，事业平台不错。自己在这个平台上未能把事业做到最好，他心有不甘。他期待能在一个团结协作的工作环境和氛围中尽展所能，把住总集团这个品牌做强做大，为老百姓建造更多更好的住宅产品。

2000 年 11 月，最早的消息从不同渠道传来：市委初步决定，孙维林将留在住总集团工作。

然而，市委常委会的另一次会议，改变了这一人员调配的方案：外派一名同志去任住总集团董事长；原董事长改任总经理；孙维林则调任天鸿房地产开发集团党委书记、总经理。

市委副书记于均波和市委组织部部长李炳华找到孙维林谈话时，于均波说："维林同志，市委常委会研究决定，调你到天鸿集团任党委书记、总经理。市委还有两项决定：第一，你的正局级级别不变；第二，天鸿集团由原副局级单位升格为正局级单位，成为市直管的第二十八家大型国有企业。"

对于这次变动，孙维林感念市委对自己还是很器重的。房地产开发对于孙维林来说是一个新的领域，他开始期待接受这一新领域的挑战与历练。

随之，孙维林紧锣密鼓地移交完住总集团总经理任上的工作，在工作中静候市委的赴任通知。

无奈"职场"多风云。因种种原因，孙维林的走马上任，在此后的一个多月里，一波三折。

2000 年 12 月 27 日上午，孙维林正在出席北京市经济工作会议，忽然电话不断。原来，市委的"一把手"和两位副书记都分别约他当天下午进行谈话。

那天下午，两位市委副书记分别向他传达了 12 月 26 日市委常委会会议的决议：调任他为建工集团党委书记、副董事长。

此后，市委书记语重心长地寄厚望于孙维林："市委让你到建工集团担任党委书记、副董事长，是经过反复讨论后决定的。建工集团是个老企业，对北京城市建设贡献很大。现在，建工集团陷入了空前的经营低谷，非常需要一个政治上很强的人去任书记，市委认为你很合适。相信你去后能把建工集团未来的工作做好……"

人事安排风波终于尘埃落定，孙维林如期到建工集团报到。

眼下的建工集团，老国企的包袱样样俱全。队伍老化：在职职工与近四万名离退休人员差不多一比一，这沉重的包袱该如何背负？思想老化：计划经济的观念根深蒂固，这层坚冰该如何化解？班子老化：2001 年底，班子中将有 6 名成员相继退休，新班子将会怎么配？现在的班子为董事长、党委书记、总经理"三驾马车"式的配置格局，我这个党委书记于中能干些什么……

第三章

冶情遵义　出游偶成励志行
赴任壮怀　壁上清泉似有声

圣人也有三分错。人是感情动物，难免有性情乖谬、行为乖戾之时。但善于潜意识中自我廓清，就能于迷失中找寻到正确的航标。即便是一次短暂的游历，也会留下不灭的心灵印记且深深地裨益于事业。

冶情遵义　　出游偶成励志行　　赴任壮怀　　壁上清泉似有声

孙维林作完"就职演说"，市委的领导们便都走了，主席台上只剩下他一张陌生的面孔。这情景与他 1994 年到城建三公司上任时的情况如出一辙，与他一起去的上级领导走了，他却要留下来。因为此时，他已是建工的人了，需要留下来继续开会。

当天，会议结束，孙维林与张兴、刘龙华等集团领导围坐一桌，共进会议餐。桌上有红、白、啤等多种酒水，但孙维林只是出于礼节，象征性地沾了沾唇。待放下杯筷，他便约了位朋友驱车直奔首都机场，飞赴贵阳。

是晚，下榻在贵阳宾馆。

此次出行，是个临机的决定，去哪里，去干什么，事先并未加熟虑。借自然山水之灵毓、名胜古迹之华美散散心，排解胸中的郁闷，是直接的动因。

可是，夜晚，当他的身子平稳地落在宾馆柔软的席梦思床上后，他却不由得开始反思起这趟出行的前因后果来。散心、散心，自己为什么要出来散心，为什么在去建工集团上任之初，这么轻率任性地飞到贵州来散心？

忽然，一个意象跳出脑海，并逐渐在他的意识中变得清晰起来：原来，这一切都是自己的居功思想在作怪！

要说功，孙维林在住总集团工作的三年多时间中，确实功不可没。虽然他不是第一决策人，但他竭尽心智为住总集团的发展做着精卫填海般的努力。

三年前，市委派市建委副主任吴绪玉到住总集团任董事长、党委书记兼总经理，任命孙维林为集团党委副书记，协助吴绪玉主持党委日常工作。孙维林知道，吴绪玉到住总集团任职，只是升任市建委主任前的一个短暂的过渡。发展住总集团真正的历史使命，将由下一届班子来承担。

尽管如此，孙维林并未有一日的懈怠。他下功夫深入基层，了解情况，向各级干部及职工询计问策，筹谋发展方略。然后，借吴绪玉在任期间的有利时机，一步步稳扎稳打，推进工作。

住总集团当时最大的问题是队伍思想不稳，精神不振，企业发展思路不明确，企业经营理念老化，管理手段和方法跟不上市场发展的要求。对此，孙维林提纲挈领，以干部的马克思主义理论和市场经济知识培训为"抓手"，致力推进集团及二级公司两级班子的思想统一和观念更新。在此基础上，较为科学地制定出了企业的长远发展规划和实施计划。

规划和实施方案出台后，如何将之融合到企业的施工生产和经营管理中去？

办法只有一个，就是全面推行项目法管理。然而，班子成员各有分工，党委副书记的身份使得谙熟项目法管理的孙维林有劲难使。他灵机一动：打打"擦边球"又有何妨？于是，便以党委协助行政领导抓文明施工为由，将触角伸向了施工生产管理领域。

一次检查文明施工现场，当时住六公司方庄项目部负责施工的项目只有十多万平方米，可外包队有七八家，每家自行安排住房、食堂，一个工地近十个食堂，取火用的大多为工地的木材，造成严重的资源浪费！如何强化资源配置，减少浪费，成为文明施工的一大难题。经过艰苦的努力，使得一个个施工现场"大车店"式的脏乱差状况得到强力治理，规范化管理艰难但明显地上了一个台阶。

1998年7月，吴绪玉调任北京市建委主任。孙维林，则升任住总集团副董事长、总经理，兼任党委副书记。

8月的一天，北京市证监会主席孙家骐来到住总集团。

上任伊始，贵客来访，孙维林满心欢喜。可万万没想到，孙家骐此行是来跟孙维林商谈让住总集团退出"天桥股份"的！

"天桥股份"由天桥百货股份有限公司重组后，于1993年5月24日在上海证券交易所挂牌上市，成为中国"商业第一股"。经济学家万典武称"天桥股份"赢得了三个独占鳌头：全国第一家正式注册的股份制企业；第一批规范化的股份制企业；第一批异地上市的股份制企业。《人民日报》以《飞架天桥度关山》为题作了报道。

"天桥股份"对于住总来说，有着特殊的意义，一直被公司领导班子视为企业发展史上的"得意之笔"。

当年，以张利胜为代表的住总领导班子，敢做第一个"吃螃蟹"的人，大胆参与天桥百货股份有限公司的重组，且持股比例仅次于第一大股东——崇文区政府所属的国资公司。

如今，孙家骐上门传达上级有关领导的指示，为了支持北大青鸟做强做大天桥股份，希望住总向北大青鸟出让持有的全部"天桥股份"的股权。

领导班子成员听到这个消息，对上级领导的决定实在想不通，甚至产生了抵触情绪。大家把目光齐刷刷地投向了孙维林："总经理，你得想想办法啊！"

孙维林心里五味杂陈，肩上压力山大。他心里明白：与其说孙家骐是来传达上级领导的指示，不如说是来宣布上级领导决定的，如果拒不执行就等于抗命，不但于事无补，还会给企业造成更大的不利影响。

孙维林脑子里飞快地思考着：怎样找到"两全其美"的办法呢？

几天之后，当孙家骐再次来到住总时，孙维林实话实说了："孙主席，公司领导班子对出让'天桥股份'的股权实在想不通，我的压力更大，当总经理才 1 个月，就把'天桥股份'丢了，没法交代啊！"

"孙主席，我有个不情之请：既然'天桥股份'可以'腾笼换鸟'，您能不能用同样的方法帮我们住总的'鸟'换进另一个'笼子'呢？"

孙家骐觉得孙维林提出的"换鸟"思路，不失为解决当前矛盾的良策。

孙家骐略加思索后对孙维林说，眼下有个机会，海南民源现代农业发展股份有限公司 1993 年 4 月 30 日在深交所上市的"琼民源"，1997 年因涉嫌证券欺诈被停牌了。你们愿意的话可以重组"琼民源"，借壳上市。

有了孙家骐的指点，孙维林如释重负。他紧锣密鼓地与公司领导班子进行了一系列的分析、研究和部署，并得到了市政府的大力支持。

1998 年 12 月 4 日，住总宣布入主"琼民源"。1999 年 7 月 12 日，"中关村"（证券代码 000931）上市，住总成功地拥有了一家融资能力很强的上市公司——中关村科技发展有限公司，联想、四通集团皆为股东，首次融资就达 8.7 亿元。

从"天桥股份"到"中关村"，住总仅投入了 4 亿元人民币，实际能掌控的股市资本，在"中关村"市值最高时达到了 160 亿元人民币。此举，不仅创造了资本神话，还因为建筑企业与高科技结缘，极大地提升了住总的企业品牌价值，一时成为业内美谈。

　　与此同时，他驾轻就熟地大力推广项目法管理，提出项目设总工程师，并实行一票否决制，以强化技术管理的重要性。强化经营系统、技术系统的建设，改革分配制度和人才管理体制，使先进的项目法施工在住总开花结果，不光建造出了一大批亮点工程，也使建筑业主业的经济效益有了大幅提升。

　　他极力推动住总机械公司更名为住总市政工程公司，取得市政施工一级资质，为住总进入城市基础设施施工创造了前提条件。

　　在住总集团任职三年半，企业的综合经营额翻了一番。

　　孙维林不敢贪天之功为己有。但如此显赫的业绩终究让他有了一点向上飘浮的感觉。当2000年末市委再调整住总集团班子主要成员时，他觉得自己有足够的资本和理由留在住总集团。

　　然而事情最终的结局却与他的想法完全相左。

　　我孙维林怎么了？想为社会干点事，为什么却一而再再而三地不遂人意？

　　夜已深了，风清月朗，正是入梦的好时光。可孙维林的思绪就像一匹收不住缰的奔马，在记忆的原野上恣意驰骋。他忽然想起曾经读过的一本人物传记中的两句话："微己功者亦风流，人到云上海似怀。"

　　这两句话使他陷入了深深的羞愧。他反躬自问：孙维林啊，你是一个"微己功者"的风流人物，还是一个居功自持的庸者？总想干一番大事，一展平生之志，可是，你具备了"人到云上"的精神境界了吗？你的胸怀宽广似海了吗？

　　他不由得联想起了千古风流人物韩信。

生于秦汉之际的韩信与孙维林同为江苏淮阴人。韩信年轻时博览群书，崇尚武术，精通兵法，立下经世济国大志。无奈因双亲早亡，家境贫寒，常向人家求食，因而被人奚落和侮辱。然而，为了将来能一展宏图，胸怀经天纬地之才的韩信竟能从容地忍受胯下之辱。

后来，韩信因萧何的举荐被刘邦拜为大将。他率汉军连灭魏、赵，迫降燕国，最后，又与不可一世的楚霸王项羽决战垓下。韩信设下十面埋伏，将楚军层层围困，并发动将士在楚营四面高唱楚歌，致使思乡的楚军纷纷逃亡，项羽兵败自刎，从而帮助刘邦建立了刘汉王朝的一统天下。

韩信是历代淮阴人的骄傲，也是孙维林自幼心仪的偶像和英雄。此刻，这位大英雄似乎正从历史的烟尘中飘然而至，附耳告诉孙维林一句话："后生，要学会忍受生活中属于自己的那一份无奈……"

是啊，真正的英雄从来都不把自己当成英雄，真正的功臣也从来不以功臣自居。他们质朴而自在，从容而不造作、张扬，能自然地流露内心的情感，平静地接受命运和生活的安排……

一夜无眠。冷静的思索使一个理性的孙维林又回到了现实之中。

翌日，已用不着靠游山玩水"散心"的孙维林改变初衷，既不去织金洞，也不去红枫湖，他带着同伴离开贵阳直奔遵义市，下了车，直接扑向了"遵义会议"旧址。

那是一组具有浓郁民族风情和黔北特色的近代建筑群，原是黔军师长柏辉章的公馆。红军长征途中，由于中共中央政治局在柏公馆的一幢两层小楼中召开了一次扭转了中国革命危局和命运的重要会议，使得遵义这个当年的黔北小镇与井冈山、延安、瑞金、西柏坡一样，成了一片神圣的土地。

红军第五次反"围剿"失败后，被迫离开中央苏区，开始了万里征程的战略大转移。但是，当时的中共中央仍笼罩在王明"左"倾错误的统治之下，共产国际脱离中国革命战争实际的指挥，仍在使红军部队不停地遭受重大损失。湘江战役遭受重创后，中央红军已由出发时的8.6万人锐减为3万人，红军被迫长征时的号角，化作了历史劫难的悲歌。

1934年末，蒋介石把数十万重兵调向大西南，围剿长征途中的红军。湘江战役后的1935年1月，敌我兵力的悬殊对比为40万人对3万人，中央红军处在全军覆灭的危险边缘。

1935年1月15日至17日，在遵义柏公馆召开的中共中央政治局扩大会议，正确地总结了第五次反"围剿"失败和此后一系列军事失利的经验教训，取消了军事指挥"三人团"，确立了毛泽东在红军和中共中央的领导地位，一举扭转了中央红军所面临的不利战局。

由此，遵义会议成为中国革命历史上的一个重要转折点。

在遵义会议旧址，孙维林怀着对伟人的敬仰之情，虔诚地重温了这一段他早已熟知的历史。那一天，他的足迹踏遍了遵义会议纪念馆内的每一幢楼宇、每一间展室，他的目光几乎真切地注视了展出的每一件革命文物。

一直相随身边的同伴对他的这种专注产生了兴趣，揣测着问："孙总，您好像正试图透过历史的尘埃，在寻找一种什么东西吧？"

孙维林很欣赏同伴的观察能力，并诚实地点了点头。

"那么，您寻找的到底是一种什么东西呢？"

孙维林略作沉吟："我也说不好，或许，是一种精神；或许，是一种情怀和品质。"

昨夜的通宵思考，已使他隐隐感到，这次去建工集团工作，也许会成为他生命历程和事业长廊中的一个重大转折。而这一点并不令他激动。令他心潮为之澎湃并顿觉一股热血涌上脸颊的是，他期望自己此去赴任，也能成为建工集团 50 年发展史中的一个重大转折！

然而，想到自己即将面对这个国有老企业所面临的千般困难和问题，纵然颇具挑战者性格的孙维林也难免有几分胆寒。

此晚，孙维林仍然久久不能入眠。遵义会议的历史风云不断在他眼前涌动。

夜深人静，壮怀激烈，胸中燃烧着为国报效激情的孙维林，忽然有了一种"壁上清泉似有声"的错觉，恍惚觉得此刻自己已然进入了忘我的工作之中。尽管他很快从这种恍惚中重新拾起了正常的思绪，但这一夜晚，他始终无法摆脱"我不下地狱，谁下地狱"的慷慨……

孙维林觉得他真应该感谢这次贵州之行。本是一种轻率的赌气行为，最大的愿望不过是借游历山水风光散散心而已。不料，来到贵阳，彻夜的长思让他获得了一次潜意识的自我廓清。特别是来到遵义，使他的灵魂经历了一次深刻的洗礼。

这令他感到，生活中的某些赐予，有时候是不宣而至、不期而遇的。

当黎明又带来一个崭新的日子，孙维林对同伴说："今天我们改个行程，去大渡河。"

"去大渡河？"同伴提醒说："我可听说那儿没什么看头。"

冶情遵义　出游偶成励志行　赴任壮怀　壁上清泉似有声

　　孙维林笑道："青山无墨千年画，流水无弦万古琴。只要用心去看，就会不虚此行的。"

　　同伴发现孙维林笑得有些诡秘，目光中有某种隐隐的期待。

　　是的，领略了伟人的气魄、精神和智慧，似乎，赴任之前，孙维林还需要去寻找一种属于战士的勇武品格。

第四章

潜心调研　当家先知柴米贵
欲擒故纵　韬光养晦效前人

　　战争的胜败往往决定于谋略。干事业亦然。适时地抑扬进退，表现的是计谋，关乎的是成败。韬光养晦之术能换来勇猛进击之机，故而历史上因一时韬光养晦而终获大成者屡见不鲜。

2001 年 1 月 5 日，从贵州返京后的孙维林正式到建工集团上班。

这一天，离他在集团处级以上干部务虚会议上发表"就职演说"已过了 5 天。

清晨，处在最严寒季节的北京一片冰天雪地。马路上的公交车南来北往，车身上的各式广告成了都市冬日里流动的风景。骑车上班的人们把身体紧裹在羽绒服内，口鼻中呼出的热气瞬间变成一团白雾飘向身后。

在长安街北侧礼士路段一栋建于 20 世纪 50 年代的 5 层办公楼前，孙维林从奥迪车内钻出身子，他没有理会西北风伴着寒流在掀动他的衣角，抬头扫视了一下办公楼的外廓，然后径自步上石阶，迈进了建工集团的大门。

从此，他将在这里书写一段新的生命乐章，开辟并验证一条走向成功的道路。

上任后的头几步棋怎么走？

他与此前初到城建一公司、城建三公司及住总集团一样，首先把工夫花在了调查了解，熟悉情况上。多走、多看、多听、多问。不过，这一次他在这"四多"后面加了个"一少"，即少说话。尤其是少表态。公共场合非说不可时，也多半只是说建工集团的辉煌历史。这就叫"投鼠忌器"。

孙维林的顾忌和选择是明智的。

历史上，建工集团曾经辉如日月，灿若星辰，也确确实实为国家，特别是为北京的城市和经济建设作出过重大贡献。

它的前身北京市建筑工程局，是 1953 年 1 月 19 日经中央人民政府政务院批准成立的。在计划经济时代，它一直作为北京市人民政府的一级行政和权力机构而存在。建工局麾下从一建到六建各大建筑公司，无一不是新中国成立后新北京、新首都建设的功臣单位。

半个世纪以来，"建工人"先后建成各类建筑 8000 多万平方米，相当于辽、宋、元、明、清历代及民国时期给老北京留下的建筑总面积的 3.8 倍。

改革开放之前，以天安门为中心的长安街沿线的大型标志性建筑，90% 以上都是他们建造的。

放眼京城，以人民大会堂为代表的天安门广场建筑群，以民族文化宫为代表的十里长安街建筑"走廊"，以俄罗斯大使馆为代表的外国驻华使馆区，以全国人大常委会办公楼为代表的党和国家机关及部委办公用房，以东方红炼油厂为代表的上百座大型工厂，以清华大学理科楼为代表的上百所高等学府及北京著名的中小学校，以北京工人体育场为代表的几十座大型体育场馆，以首都图书馆为代表的上百个图书馆、博物馆、影剧院，以协和医院、北京儿童医院为代表的数十座医院，以北京饭店为代表的数十家高档宾馆饭店，以前三门、育新花园为代表的数十片居民小区和公寓等累计万余栋精美的建筑，皆出自"建工人"的手笔。

他们的作品中，有 20 项经典工程被载入英国出版的《世界建筑史》，成为几代"建工人"的骄傲。

在人才方面，建工集团不仅培养出李瑞环、张百发、刘敬民等一大批政要，还涌现出 23 名全国劳动模范，13 名全国五一劳动奖章获得者，387 名北京市劳动模范；拥有 1.5 万名专业技术人员，600 余名高级职称专家。

建工集团的科技实力非同凡响，历史上累计完成重大科技研究近300项，其中获国家级科技进步奖40余项，部、市级科技进步奖240余项。北京乃至全国建筑业的不少规范、工法，皆孕育或诞生于兹。

半个世纪的征程和奋斗，使建工集团拥有了国家特一级施工总承包资质、一级市政工程资质、一级房地产开发资质、甲级设计资质、一级装饰资质，以及国际工程承包和对外贸易资格。

凭着这般辉煌得令人难以望其项背的业绩，在新中国成立后的前40年中，建工集团一直是北京建筑业的"老大"，论规模、论实力、论贡献、论知名度，全国各省市的建筑企业中也绝无出其右者。

然而，既往的成绩、优势，以及辉煌的历史，从来都是一把"双刃剑"。它既可以鼓舞人，又可以麻醉人，既可以成为激励将士继续征战的鼓点，也可以成为令人昏昏欲睡的靡靡之音。

孙维林现在面对的，就是这样一个虽已不堪荣誉之累，而又决计不肯走出荣誉的光环；虽已衣不丰、食不足，但仍津津乐道地以"贵胄"身份、以身上的"黄马褂"为荣耀的建工集团。

所以，在很长一段时间内，孙维林口口声声讲的都是建工的成绩、建工的贡献、建工的辉煌。为了讲得好，讲得充分全面，讲得让人爱听，听了受用，上任前后，他还特意"恶补"了一阵，"备课"备得相当认真。

其实，自从他一踏入建工集团的大门，他便开始以一个医生的眼光来看待这个国有老企业。他关注的不是健康的部位，而是不正常的、有病变的地方。

令他惊讶的是，建工集团肌体"病变"的严重程度，远远超出了他的估计！

改革开放 20 年了，市场经济的大潮一浪猛似一浪，推动着中国经济的巨轮飞速向前。市场的观念、发展的观念，早已深入人心。国有企业、民营企业、个体企业同台角逐，共同成为竞争的主体，而竞争成了企业求生存、求发展的不二法则。处在改革前沿的中国建筑业，因改革获得了巨大发展，也因此成为竞争最白热化的行业。

然而，在竞争成为行业和社会发展主旋律多年以后，由政府行政局演变而来的北京建工集团，却仍然踯躅徘徊在市场和竞争的边沿。

这一天，孙维林来到一家二级公司了解情况，公司经理客气地为他沏了一杯茶，落座后，双方抚杯交谈。

"你们公司现在的施工任务饱不饱满？"

"不饱满，多数队伍没活干。"

"什么原因？"

"集团没给我们找来活呗。"

"那你们自己为什么不去市场找活干？"

"找活是上面的事。"

"为什么这么说呢？"

"那当然啦，建工集团好比老狐狸，我们二级公司好比小狐狸，老狐狸当然应该给小狐狸找食吃啊！"

事后，孙维林了解到，这一关于"老狐狸"与"小狐狸"的"理论"，在建工集团内居然很盛行。

有很多次，孙维林询问二级公司的领导对下一步的发展有何打算时，得到的几乎是同一个"标准答案"："你们上级领导怎么说，我们就怎么干呗！"

这样的"理论"、这样的观念，何止仅仅存在于二级公司的领导中，在集团机关乃至集团领导班子内，又何处不充盈着这种典型的计划经济观念！

孙维林十分惊诧于自己的这些发现。这使他不由得想起了"盆地意识"这个名词。

所谓"北走秦风，有铁山剑阁之雄；东下荆襄，有瞿塘滟滪之险；南通六昭，有泸水大峨之奇；西控吐蕃，有石门崆洞之障"。这既说出了四川军事战略位置之险要，又道出了四川地理、经济的封闭性。改革开放后的若干年，蜀地才子们因不满于四川经济发展缓慢，批判性地提出了"盆地意识"一说。

而孙维林仿佛感到，在北京这样一个国际性大都市中，建工集团这些年却也颇像生活在一块"盆地"里。他们的身心和行动虽未受重重关山之阻，然而他们却自觉不自觉地筑牢了思想的藩篱，把自己关在了竞争时代之外。

在20世纪的最后十年中，以北京城建集团、韩村河建筑集团为代表的各大建筑企业，以市场为舞台，擘画风云，强势开拓，全力进取，形成了千帆竞发、百舸争流之势，并使企业规模、实力、品牌形象、市场份额得以大幅提升。而唯有建工集团恰好形成鲜明对照。

北京亚运会之前，建工集团仍然处在北京建筑业"老大"的地位，并且搭上了计划经济的末班车，独家承建了70%以上的亚运会工程项目。

随着市场经济时代和后亚运时代的到来，思想观念、经营体制与市场严重不合拍，缺乏生机和活力的建工集团立刻显出了颓势。犹如"沉舟侧畔千帆过，病树前头万木春"，在十年的徘徊中，他们不光事实上丧失了"老大"的位置，而且被人远远地抛在了后面。

然而，不少"建工人"对这冷峻无情的现实或者是浑然不觉，或者是视而不见。他们依然习惯于沉湎在辉煌的历史和骄人的回忆中，依然习惯于过去那种几十年不变的思维和行为方式。而一些已经看到了差距和问题的人们，又或者是怨天尤人，埋怨由"一马当先"到"万马奔腾"的世事变迁，或者徒生感慨，怅然于回天乏力的深深无奈。

面对这个国有老企业在长期的计划经济时代积淀下来的千般问题，以及在前十年的踟蹰徘徊中所造成的百般困难，孙维林陷入了深深的思虑。

古希腊大科学家阿基米德说过："给我一个支点，我就能撬动地球。"

孙维林不相信也不奢望自己能够撬动地球。他只企望动员起广大干部职工之力，来撬动建工集团这架已经锈蚀、老化的机器，让它重新隆隆轰鸣起来，跟上时代发展的步伐，并进而把这个计划经济时代的骄子，重塑成市场经济中的巨人。

孙维林在默默地寻找并确定这个"支点"。同时，他也在默默地度过一段人生中"韬光养晦"的生活。

2000 年 2 月，经过大量的调查研究，孙维林已经为撬动建工集团这架老化的机器找准了"支点"，这就是发动一场深入持久的思想解放运动，让"建工人"摆脱长期束缚他们的计划经济观念，逐步建立起一种全新的、符合市场经济规律的思维方式，走下"老大"的神坛，投身广阔的市场。

历史的经验告诉孙维林：再正确的思想主张，也要在适当的时候、以适当的方式，才能为最广大的人们所接受。

第五章

破冰之旅　京门老大下神坛
振聋发聩　即席宏论四座惊

　　在人类制造出破冰船之前，破冰是靠人力进行的，因而异常艰难。撬动一架锈蚀的机器，唤醒一群沉睡的人，其难，犹如破冰。但勇敢者的破冰之旅必会化坚冰为春水，为企业之舟拓出鼓风扬帆的航道。

破冰之旅　京门老大下神坛　振聋发聩　即席宏论四座惊

　　2001 年 2 月 13 日，孙维林在建工集团组织、宣传、统战、老干部工作会议上放出风声："集团公司书记办公会定下将要办两件事。一件是要组织部分领导干部到上海建工集团去考察、学习，另一件是 3 月份要分别举办副处级以上领导干部培训班和青年干部培训班。"

　　这"风声"放出去后，反响应声而起。

　　对于要办培训班，人们异议不大——一个政工干部，不搞点这类名堂还能干些什么？

　　至于要组织领导干部到上海建工集团去考察、学习，这简直是滑天下之大稽！

　　"北京建工集团从来都是出成绩、出经验、出教材的地方，上海建工及其他省市的建筑企业，只有来北京建工学习、取经的份，我们何曾又何以需要去向别人讨教？"

　　"是啊，孙维林要弄这样的花活儿，不是在扬手打我们这些老'建工人'的脸吗？"

　　"要去，让他孙维林自己去，我们可丢不起这个人！"

　　这样的反响很快通过不同渠道反馈到集团领导层。孙维林当初提出这个动议时，一些碍于情面勉强同意的领导同志，开始对执行这一决定产生动摇。

　　欲唤醒众人，共赴大业的孙维林退而不让："去，一定得去，如果感情上接受不了，我们可以从名义上把'考察学习'修正为'礼节性回访'嘛！"

　　孙维林的坚持，最终促成了此行。

　　包括孙维林在内，集团总经理、常务副总经理、党委副书记、总会计师，以及集团机关有关部门领导等十数人，一路风尘赶往上海。

途中，多数人对这次"礼节性回访"并无明确的期待。

然而，当坐进贵宾接待室，手抚茶杯，听上海建工集团总经理用他那音乐般的"上海普通话"，向他们娓娓展开一幅上海建工集团这些年搏击市场、开拓进取、迅猛发展的壮美图画时，除孙维林以外的所有"礼节性回访"团的成员，都已合不拢因惊讶而张大的嘴巴了。

几年前，上海建工集团与北京建工集团相比，只能算个"小弟弟"。然而到2000年底，上海建工集团的综合经营额达到180亿元，而一贯自持"老大"的北京建工集团却只有80亿元，正好够人家一个零头；上海建工集团中层以上领导的年薪已达30万至50万元，而北京建工集团的领导却在经常为发不出工资苦恼不堪……

翌日，到改革开放的前沿阵地浦东一看，"礼节性回访"团的成员们更是感慨万千。

偌大的浦东，高楼摩天，塔吊林立，一片欣荣。浦江水仍在唱着古老的歌谣，而浦江人却早已迈步在全新的时光大道上。在这个大舞台中，上海建工集团凭借在企业体制、机制改革中焕发出的无限生机，正伴随着新浦东、新上海快速发展。

同处在一片蓝天下，同处在一个改革开放的时代，同样是由政府机构演变而来的建筑企业，为什么人家能在历史的机遇面前因时而变，一日千里，后来居上，而我们却消极彷徨，坐失良机，辉煌不再？看来，我们真的是落伍了。

行程尚未结束，刘龙华总经理便提出："回京后，应该组织第二批、第三批考察团来上海建工集团学习取经，让中层以上干部都来长长见识，受受教育。我们再也不能像笼中的老虎，关起门来称

'兽王'、当'老大'了。"

从上海满载而归后，孙维林即紧锣密鼓地筹办集团副处级以上领导干部培训班。

3月，虽理当已是柳吐鹅黄的季节，但北京的春天来得并不早，春风尚未在人们的期待中染绿柳枝，残雪结成冰坨，在背阴处泛着寒意。北京西山的坡坡岭岭，还沉睡在冬日的肃杀中，欲向人们捧出它的新一轮美丽，还有待时日。

在北京西山脚下，建工集团建有一处干部培训基地，名唤"卢师山庄"。这一期干部培训班，就在这里举办。

第一课，主讲人是上海建工集团的一位常务副总经理。

组团到上海建工集团学习、考察，这是北京"建工人""走出去"的第一次，而请同行业兄弟单位的人来给北京建工集团的领导们上课，同样是"请进来"的第一次。

会堂里黑压压的人群中，弥散着一种不屑一顾的情绪，心怀抵触的一部分人甚至感到脸上热辣辣的，有一种受侮辱的不自在。欢迎的掌声稀稀拉拉。

同样是"上海普通话"，偶尔咬不清字声的词语让人听起来稍有些费劲。然而这堂课的效果和课堂秩序出奇的好。近3个小时的报告，现场鸦雀无声。结束时，全场掌声如雷，经久不息。

孙维林与身旁的刘龙华总经理会意了一下目光，脸上各自掠过一丝欣慰的笑容。

振聋发聩！春风并非总也越不过耸立在"盆地"四周的关山叠嶂，"建工人"只不过是让自己的心灵和思维封闭得太久了。一旦束缚他们的篱笆被冲决开一个口子，他们同样表现出了对篱笆外世界的向往。不承认落后，并不说明他们从骨子里就拒绝进步，而正是他们希望自己永远处在先进地位的一种曲折的反映。只是，他们背负的思想枷锁过于沉重了，需要以一种智慧的方式，用先进思想的火花，去驱散他们眼前障目的迷雾，使他们的心胸变得宽广、明亮起来。

振聋发聩的不光有上海建工集团常务副总经理的报告，还有孙维林的总结性讲话。这是他继 2000 年 12 月 30 日的"就职演说"之后，第一次面对集团全体处级以上干部讲话。

他的面前虽然放着几页讲稿，但人们发现，在 3 个小时的讲话过程中，孙维林很少用目光去"舔"那些稿纸。他在用不是很快的语速娓娓阐述他的思想时，两道如炬的目光，更多的是在台下每个人的脸上扫来扫去。那目光配合着他变化着的脸部表情和手势，让人们真切地体会到"绘声绘色"与"照本宣科"的区别。

事后，工作人员根据记录整理出来的这篇讲稿，长达两万余字。

孙维林在这即席而作的长篇大论中，借助"适应市场经济要求，加强领导班子建设"这个题目，自由挥洒，纵横捭阖，巧妙而艺术地阐述了他的施政思想。在这一过程中，他时收时放，谈经论道；广征博引，深入浅出；层层递进，丝丝入扣，从头至尾牢牢地抓住了现场每一个人的听觉神经。

人们惊讶地发现，孙维林根本就不光是一名政工干部，他对社会经济形势的分析入木三分，精细独到；对市场经济规律和实质的解读别有见地，透彻明了；对企业经济运行中的弊端洞若观火，言之凿凿；对企业发展的构想缜密深远，富有创意……

这一切让人们觉得，这位新来的党委书记，似乎更像一位经济学家。

人们同时惊诧于孙维林知识面的宽广、知识储量的丰富。从现代管理科学，到 WTO 规则；从马克思的《资本论》，到哈佛管理思想；从恩格斯的《反杜林论》，到中国足球的悲哀与症结；从传统产业，到知识经济……他似乎可以随心所欲地调动人类知识和思想宝库中的一切储备来为己所用。

他的讲话中不但时时闪现着马克思主义哲学、政治经济学、科学社会主义、现代经济管理、现代生产经营理论的光辉，也不时闪烁着军事知识、伦理知识、法律知识、科技知识、文史知识、心理知识的光芒。

此外，人们还发现孙维林特别善于讲故事。为了支持他的论点，他不光可以拿出翔实的论据、论证，还每每辅以生动的故事来印证、补充。

在论证"决策失误是企业发展之大忌"这个观点时，他给大家讲了珠海巨人集团由盛转衰的故事："巨人集团要建一幢巨人大厦，原设计建二十几层，来了一批领导说，二十来层不足以象征巨人形象，于是改为三十几层；又来了一批领导说，三十几层太低，起码要建成华南地区第一高楼，于是改为四十几层；可又来一批领导说，这哪行啊，既是巨人大厦，就应该建成全国最高的；就这样，大厦不断长高，投资不断追加，直到把巨人集团拖垮倒地。"

他在帮助大家了解美国 CI 公司的成功秘诀时，讲了这样一个故事："CI 公司一个部门的领导到社会上去招聘人，看准了一个人才，承诺聘他到 CI 公司来工作。可恰在此时，公司一位高层决策人告知说，公司已决定暂不从外部聘用员工。这位部门负责人就去找了公司总裁王家年先生，王家年说，公司确实已作了这样的决定，但你有三条理由不受这个规定的约束而把这个人才招进来。第一，你已代表 CI 公司跟人家谈判并已承诺，如不践诺，CI 公司在社会上的形象将会受损；第二，你已确认这个人是个人才，又确为我公司所需要；第三，当规定、制度与实际需要发生矛盾时，我公司历来是以是否有利于生产力发展为标准来临机决断的。"

讲完这个故事，孙维林引申说："有这样灵活的决策机制，有这样明理的高层领导，CI 公司何愁不能吸引和留住人才？何愁不成为世界顶尖的电脑业巨头？"

在引证"办企业要讲政治"的论点时，孙维林把美国可口可乐公司的故事讲得惟妙惟肖："第二次世界大战日本偷袭珍珠港后，美国人非常恐慌，在东南亚一带的侨民大批撤离，造成可口可乐公司一夜之间关闭了很多工厂，公司面临倒闭。然而，富有政治意识的公司总裁胸有成竹。他说服美国国会和美国国防部，要让所有美国士兵每天都喝上一罐可口可乐，因为这关系到人权，关系到国家对士兵的爱护，关系到美国将士对战争胜负的信心。最后，美国国防部同意了这个要求，并掏钱帮助可口可乐公司在东南亚建立工厂进行生产，以保证美国士兵喝上可口可乐。由此，可口可乐公司渡过了战争难关，得以继续发展，直至今日仍风靡世界。"

为了说明"思维方式决定成败"，孙维林讲的欧洲、美国皮鞋推销员的故事同样精彩惹人："最早，欧洲的皮鞋推销员来到非洲，看见非洲热带的原始部落民族的人都光着脚丫子，便回去报告说，那里没有市场。美国的皮鞋推销员到非洲后，看到的是同样的情形，可是他们却认为这里皮鞋市场很大。他们先去做各位酋长的工作，说穿上皮鞋如何如何能显示酋长的尊贵和威望，穿皮鞋有什么什么好处。酋长们被忽悠晕了，拿过皮鞋来一试，果然感觉很好。穿了皮鞋，当然还要再穿西服，才能西装革履，配套得体。结果，由酋长而始，酋长身边的人随之效仿，最后带动了部落的人都穿。就这样，一个庞大的皮鞋市场就被打开了。"

　　说到要"善于用人之长，容人之短"，孙维林用格兰特的故事作了一个极好的范例："美国南北战争时，陆军总司令的人选举棋不定。林肯总统举荐格兰特，但大家众说纷纭，相左的意见很多，特别是说格兰特生平喜好喝酒，一个贪杯之人，恐难以成为一个好的将帅。林肯总统认为，人无完人，我们在用人之际，应该先看他能干什么，然后再说怎么去抑制他的毛病。于是，林肯力排众议，任用格兰特为陆军总司令。结果，格兰特充分发挥了自己的军事才干，一举扭转了战局，为取得南北战争的最后胜利立下了奇功。"

　　除了这些经典的故事，孙维林在讲话中以只言片语引用的各种生动的例子更是俯拾皆是。从企业内的到企业外的，从国内的到国外的，从古代的到今时的，从社会科学的到自然科学的，从凡尘俗世的到静雅世界的，一个个例子呼之即来，蔚成大观。

　　博学、精彩，内容丰富，思想深刻，开人心智，引人入胜，构成了孙维林这次讲话的显著特色，也令建工集团在场的副处级以上领导干部，从此对孙维林刮目相看，有了一种仰视的感觉。

　　然而，这次讲话更重要的意义在于，孙维林宣布，将以举办这次领导干部理论培训班为起点，把解放思想、转变观念，作为集团党委今后若干年内不变的"一号工程"。

这实际上，是正式吹响了在建工集团发展史上，一次具有重要和深远意义的思想解放运动的号角，正式拉开了建工集团告别计划经济思想观念的统治，向市场经济全面进军的序幕！

上海建工集团的经验和孙维林的讲话，使参加这次培训班的领导们，第一次较为清醒和深刻地认识到，曾经创造了辉煌昨日的建工集团，近十年来已深深陷入了徘徊甚至倒退的危局，他们已丧失了太多的极为宝贵的发展机会。要么崛起，要么沉沦，现在，他们正面临着一个关乎企业兴衰存亡的历史关头，作出何种选择，将决定建工集团今后的命运。

他们中的不少人已开始庆幸，在这样的一个历史关头，建工集团有了孙维林这样一位既富有政治素养，又懂得经济科技，既能清醒地认识今天，又能科学地谋划未来的领导人。

结束了赴上海建工集团的考察和办完领导干部培训班后，孙维林没有忘记办好他设想中的两件事情。

第一件事，是着人将上海建工集团的经验加以归纳总结，分门别类地写好按语，在企业自办的《北京建工》报上系列刊载。通过这一措施，将考察学习的成果传播到了广大基层干部和职工群众之中。

第二件事，是要求各二级公司与上海建工集团编制序列相同的二级公司，或经营业务性质相同的生产企业，建立对口学习关系，找差距，订措施，明确追赶目标和实现时间。

取回经来便束之高阁，转过天来依然我行我素，这样的事情，孙维林不干。

第六章

乘风扬帆　思想解放启帷幕
才尽其用　市委一纸委双任

　　舞台上，演员以俊逸的姿容、挺拔的身段示人，谓之"亮相"。事业中的"亮相"，则往往是一个契机之后的正式登台。这样的"亮相"意味的并非是一种深刻的造型记忆，而是一段崭新历史的开始。

乘风扬帆　思想解放启帷幕　才尽其用　市委一纸委双任

从冲破阻力组织赴上海建工集团考察、学习，到空前成功地举办副处级以上领导干部培训班，拉开了思想解放运动的序幕，标志着孙维林结束了"韬光养晦"的权宜之计，正式亮相于建工集团的政治舞台。

当这第一个切入点完美收效后，该怎样选择第二个切入点呢？

长期以来，建工集团每年都完不成第一季度生产经营计划。岁末年初，过完小年过大年，过完大年过十五，于一通优哉游哉之间，两三个月便过去了。第二季度紧赶慢赶，但也总难以做到时间过半，完成生产任务过半。计划经济时代，企业以完成上级下达的年度生产计划为目标，上半年完不成，下半年赶上去了，年终总结时反而有了说词，反而显得领导有方，成绩突出。因此，建工集团的这种生产不均衡现象，实际上是计划经济时代遗留下来的生产习惯。

孙维林与党委副书记刘运河、总经理刘龙华等人商量："在当前市场经济背景下，企业自订的生产经营计划事实上已没有太大的意义。对于每一家企业个体而言，市场是无限大的，企业对市场份额的占有并无限制。只要可能，企业就应该时时绷紧生产经营之弦，创造最大的劳动价值量，追求最大化的利益。因此，我们不能允许这种施工生产先松后紧现象的继续存在了。"

2001年5月，建工集团在北京市八十中学工地上召开了一次规模很大的思想政治工作经验交流会。

在建筑工地上召开思想政治工作经验交流会，是孙维林为党委介入生产经营正式摆出的一个姿态。会上，孙维林大力强调思想政治工作要深入、渗透到生产经营活动中去，把生产经营的难点作为思想政治工作的重点。因此，他把这次会议实际上开成了一次生产经营动员大会，提出了时间过半、完成生产任务过半的口号和措施。

这次会议改变了建工集团长期以来形成的党委工作与行政经营工作联系不紧密，思想政治工作与生产经营工作"两张皮"的现象，收效甚佳。会后，上半年生产经营的被动现象得到扭转，为年度生产经营规模上台阶打下了坚实基础。

2001年，中共中央根据中国社会进入市场经济发展阶段以来党的建设中出现的新情况、新问题，在全国的县、处级以上党员干部中，分期分批地开展讲学习、讲政治、讲正气的学习教育活动。这次活动声势巨大，中央的要求很高，开展时间长达半年，全国的县、处级以上党组织无不将此作为当时的头等大事。

集团的生产形势刚刚好转，却赶上要拿出这么多时间和精力来搞"三讲"，企业的领导层很是担心。

孙维林很能理解大家的担心，他和总经理刘龙华同志商量，"三讲"活动不搞不行，偷工减料、短斤缺两也不行。作为企业领导，我们的责任在于把好舵、引好路，使"三讲"学习教育活动同企业发展结合起来，使投入的时间、精力有实际价值。

经过权衡和思索，建工集团党委机智巧妙地把"三讲"活动，与建工集团的思想解放运动和生产活动结合了起来，从一开始就定好了基调，明确强调"三讲"活动的每一个环节、每一个步骤都要紧密联系企业实际而展开，通过"三讲"，使解放思想、转变观念有新的突破；领导班子的精神面貌有新的变化；开拓创新、市场竞争能力有新的增强；领导干部勤政廉政意识和群众观念，党群、干群关系有新的改善；企业党组织的凝聚力、战斗力有新的提高。

这些具体目标的提出，使得建工集团的"三讲"活动有了很强的针对性和较大的选择性。

对此，有人持不同意见："这么搞'三讲'，上级来验收时能通得过吗？弄不好要犯政治错误。"

孙维林不以为意。他说："我们不能习惯于跟风，不能习惯于毫无创意地按照上级关于某项活动所提出的普遍性、一般性要求办事。我们党历来强调实事求是，一切从实际出发。拿出宝贵的时间，尽去谈那些大道理有什么用？作为企业领导，要忠诚，就忠诚脚下的土壤。假如我们无力使脚下的土壤变成乐土，却说得远大，看得宽广，仅仅是尽兴去畅想改变世界和国家的命运，那不叫'蓝色狂想曲'才算怪事！"

历时半年的"三讲"，在建工集团没有显现出全国范围内的那种轰轰烈烈，却于扎扎实实之中收到了良好的效果，达到了进一步解放思想、更新观念、振奋精神、开拓进取的目的。

北京市委在总结全市的"三讲"活动开展情况时，对建工集团的做法赞誉有加，认为是全市工矿企业中搞得最好、最有实效的单位。

"三讲"活动，也为班子调整打下了重要的思想基础，于无意间加快了市委调整建工集团领导班子的决策步伐。

10月份"三讲"活动结束之际，建工集团党政领导班子在卢师山庄召开生活会，市委组织部部长赵家祺、市总工会主席阳安江两名市委常委一起来参加会议。

赵家祺名义上是受市委委托来参加建工集团的班子生活会，实际上是借此机会来亲自考察一下领导班子特别是孙维林的工作和精神状态。

本是一天的会，可刚开了半天，赵家祺便窃喜地对阳安江说："行了，建工的班子不用再考察也能作决定了，孙维林当董事长，没问题。"

吃过午饭，赵家祺便回市委了。

11月，中共北京市委任命孙维林为北京建工集团董事长、党委书记。

2001年的建工集团注定应该写进历史。

这一年，建工集团的生产经营结束了十年徘徊甚至倒退的局面，综合经营额从上年的81亿元增加到99.89亿元，首次逼近了百亿元大关。

这一年，随着一个人的只身到来，使"建工人"尘封多年的思想坚冰终于开始消融。市场意识、竞争意识似一股股清风拂过"建工人"的心海，鼓荡起他们思想的风帆。他们开始自觉不自觉地走下"官商"意识和"老大"意识的神坛，走出这片令他们痛失了十年发展机遇的认识盲区。他们的思维开始从僵化中复苏，远去的不仅是对于"辉煌"的记忆，还有"等、靠、要"的依赖。他们开始发现，十年徘徊带来的是落后，是被动，是耻辱；而现在，有一个人，使他们拥有了再次选择前途的机会……

而孙维林对将要逝去的2001年却没有太多的窃喜。

他清醒地知道，冰山一角的融化远非冰山的消失。世上最难更改的，莫过于那些无处不在、根深蒂固的传统思想、传统意识、传统观念、传统心理以及传统习惯。建工集团作为组建近50年的老企业，所积淀的历史问题、历史包袱，与历史荣誉一样沉重。欲推动这艘"航母"级巨轮驶向理想的彼岸，"只争朝夕"顶多只是一种良好愿望，一蹴而就更是无妄空想，而愚公移山的不懈精神，才是这艘巨轮不断前行的持久动力。

第七章

改制初探 "中西结合"祛沉疴
创新"捆绑" 妙思巧辩智多星

最美的鲜花绽放在丛生的荆棘深处，唯具备智勇的探索者方能领略其袭人的香艳。"捆绑式"重组的问世，是国有企业十年改革深化的结晶，更是探索的结晶。孙维林是缔造和收获这一结晶的探索者。他探索之路上的每一个脚窝都写满了"智"和"勇"。

在建工集团的思想解放运动和向市场经济全面挺进的进程中，2002 年无疑是具有里程碑意义的一年。

是年，集团领导班子完成了新老交替，一批有为的年轻才俊进入了集团领导层；大力调整了集团机关的组织结构；完成了以二建公司为代表的部分企业重组改制，创造了"捆绑式"改制模式；成功召开了集团党代会，提出了"建设具有国际竞争力的新型企业集团"奋斗目标；以产业产品结构为内容的经营结构调整正式起步……

2001 年，建工集团的综合经营额比上年增加了近 20 亿元，增幅超过 20%，首次逼近了百亿元大关。但孙维林在一次会上说："把这一成绩看作是一个大的进步来鼓舞一下'建工人'的士气是可以的，但它根本不意味着建工集团的生产力已经得到了解放。"

长期以来，对国内外经济典籍的熟读饱览，对马克思主义政治、经济思想和邓小平改革理论的融会贯通，对党和国家改革开放政策的全面把握，对中国经济未来发展走向的科学预测，使孙维林越来越清晰地得出一个判断：国有企业特别是国有建筑企业的根本出路，在于经营体制、机制的革命性改造——产权结构重组！

而在这一判断形成的过程中，孙维林已对此进行了一系列构想和设计。寻找一条国有企业与市场相结合的途径，成为他孜孜以求的探索。

当时，企业改制的通用模式，是从公司中剥离出一块优质资产和一部分生产经营人员来，吸收外部资产，另组建一个股份制公司，而相对的非优质资产和一部分人员仍然作为母公司存在。

事实证明，这种变革的效果依然不好，而且给社会和母公司均留下了遗患。

前人把或深或浅、纷沓杂乱的足迹留在大地上，而智者却能从中找寻出通往成功的路来。

"国有企业只有进行产权制度的改革才是唯一出路。"当孙维林从对国有企业长期改革实践的历史性总结中，得出这个结晶性思想时，他便犹如一位集编剧与导演角色于一身的人，完成了剧本的创作，而只待将之精彩地展开于舞台了。

机遇，总是只青睐有准备的人。2001 年 9 月，孙维林去浙江宁波出席全国建筑业联合会会议。其间，与会的浙江广厦建设集团公司的董事长楼忠福提出想拜会他。

孙维林对广厦建设集团并不陌生。这是中国民营企业星空中一颗极耀眼的明星，其经营涉及建筑、房地产、旅游、酒店业、商业、制造业等领域，成员企业近百家，资产过百亿元。广厦集团下辖的浙江广厦股份有限公司，是全国建筑业首家上市公司。广厦集团是浙江省人民政府重点培育的 26 家大型企业之一，规模、实力当时在全省民营企业中名列第一。

孙维林对楼忠福这个名字当然也不陌生，只是不知他提出拜会所为何事。

见了面，寒暄落座，说话办事追求快节奏的楼忠福很快表明拜会意图："孙书记，我看中了北京建工集团这个品牌，想与你们缔结秦晋之好，出资重组你们的三建公司，不知会不会被您认为门不当、户不对哟？"

孙维林的眼前忽地一亮，脑子急速运转：与民营企业联姻，让国有企业搭民营资本的车，实现投资主体、产权结构的多元化，这不正是他较长时期以来设计的企业改革方案之一吗？

"哪里哪里，楼董事长客气了，国有企业携手民营企业改制是早晚的事。"

孙维林答应，回京后即与班子成员商量此事。

不料，班子成员皆认为此事断不可行。

饱经世事的张兴董事长分析说："维林啊，改革是好事，但务必看准了再做，不能有丝毫的差错。三建公司是建工集团乃至全国的名牌企业，李瑞环、张百发同志都是从这个公司走出去的，三建是他们的根之所在，改制，怎么能拿三建开刀呢？"

张兴董事长的语速不紧不慢，言词、神态中都透着一种长者的练达和关爱。

比孙维林年轻的刘龙华总经理也有同样的忧虑："这件事政治风险太大，如弄不好，无法交代。而且，与一个民营企业合作，很可能搞好、搞不好都是个问题。"

孙维林听他们分析得有理，也觉得三建公司确实关系重大，不可轻动。于是，三建公司的产权重组之事就此暂且搁下。

然而孙维林一天也没有停止思索和继续探寻改革之路。改组三建公司确有来自政治的风险，那么，集团其他的公司，能不能先拿出来与民营企业进行产权重组呢？

心中始终思谋着改革大计的孙维林又想起了楼忠福。

而恰在此时，正逢楼忠福来京再次求见。孙维林欣然约见了他。

在建工集团的贵宾接待室，身子落在沙发窝里的楼忠福打趣说：

"我们上次见面时，您是党委书记，现在，您既是党委书记，又是董事长，我真不知该怎么称呼您了。不知在你们国有企业中，是党委书记位尊呢还是董事长权重？"

孙维林一笑，机智地回应说："在我们国有企业中，党委书记、董事长和普通职工都只是一种分工而已。位尊还是权重，都要看能不能把企业搞好。如把企业搞垮了，位之何尊？权之何重？"

"哈哈……"楼忠福和在座的人均报以一阵欣赏的爽笑。

进入谈话正题，楼忠福说："贵集团是一棵大树，我们作为民营企业，想借一点大树浓荫的庇护。既然三建公司不让重组，你们能否拿出另一个公司来重组？"

真是不谋而合！

孙维林当即表示此议甚妥。"联姻"之事，就这样达成了口头协议。

二建公司成了孙维林深思熟虑后最终的选择。

当时，二建公司正面临有史以来最困难的危局。公司在职职工与离退休职工之比为 1∶1.5，"包袱"很重。生产经营连年陷入低谷，开工不足，半数以上施工队伍没活干。2001 年，全公司完成的工程量仅为 3.5 亿元。不光职工工资不能按时发放，医药费也不能及时报销，已累计拖欠医药费 500 余万元。没办法，公司财务部规定，每季度报销一次医药费，每次二三十万元。许多急于报销医药费以维持家计的职工半夜就来排队。

前任公司经理因受贿事发，正在被司法机关起诉过程之中。

现任经理回天乏力，每月要到集团机关来跑几趟，要施工任务，要钱救急，弄得集团领导见了他都躲着走。

改制初探 "中西结合"祛沉疴 创新"捆绑" 妙思巧辩智多星

孙维林与刘龙华等人商议，拿二建公司与广厦集团重组。这个意见倒很快在董事会、党委会获得了通过。

孙维林随即征求二建公司领导班子的意见，问他们有无重组的积极性。

二建领导答曰：有。

公司都成这样了，二建领导班子也期望集团为他们找一条新的出路。

同时，广厦集团也有与二建公司重组的积极性。

楼忠福是一位具有战略眼光、精明过人的企业家。他看中的是"北京建工"这块金字招牌。他似乎并不在乎二建今日的现状，在乎的是二建的未来。企业家是挑战未来的。企业家本事的大小主要体现在对未来的把握。

然而，楼忠福虽然同意重组二建公司，却未必同意建工集团提出的重组方案。

因为，孙维林抛出的"捆绑式"重组方案，令曾经亲历过多次企业重组实践的楼忠福闻所未闻！

所谓"捆绑式"重组，即作为重组主体的二建以当前企业现状全盘进入重组。凡二建公司的资产，经营性的、非经营性的，你广厦集团都得要；凡二建公司的人，不分男女老少，在职的、离退的，你广厦集团也都得要。

总的指导思想，一是投资主体到位，二是投资主体多元化，三是在此基础上建立产权清晰的现代企业制度。

总的操作原则是，以二建公司评估出的存量资产总量作为重组后企业的注册资本金；以此为基数，在作出二建经营潜亏冲销、离退休人员养老金、非经营性资产补偿金等各种扣除后，建工集团以二建的剩余存量资产作为股本投入，不再追加投钱；注册资本金与二建剩余存量资产之间的差额，则由广厦集团和经营层管理者以现金作为股本投入。各方按实际股本确定股权。

这一重组模式和方案，是孙维林百思千虑设计出来的。而他的设计源于"中西医结合"理论的深刻启示。

一部《黄帝内经》，令后世医家奉若神明。它的"奥秘"之根本，即在于中医的辨证施治。人体是一个极其精密、复杂的有机整体，经络遍布、气血贯通，肉眼不能见但无所不及。人倘有病痛，必与经络气血有关，或运行滞淤，或阴阳失衡。高明的医家如神农、扁鹊、华佗等，总是着眼于人体机理的均衡而施以良药调理。

随着人类医疗科学的快速发展，西医的外科手术和化学合成药物成为祛病疗疾的重要手段。医学界在经过漫长的纷争之后，医家的认识逐渐趋向于中西医结合。无数中、西医家正共同完善着对人类生命科学的探索和对于人类疾患的施治方略。

孙维林觉得，建工集团这样一个历史悠长的老企业，情况犹如人体一样复杂，各种问题和矛盾错综交集，很多情况下绝非外科手术般的简单疗法即可奏效，而中西医结合，综合诊断、标本兼治。

尤其是企业改制。孙维林认为，过去那种从企业中切出一块优质资产来重组成一个新公司的做法，就好比做外科手术，切除了肌瘤，却未根除疾患。大量的非经营性资产、劣质资产，以及病残离退员工留在母体企业，则雪上加霜的母体企业该怎么办，是继续生存发展还是任其灭亡？选择走向灭亡不符合通过改革解放生产力的初衷，而要继续生存发展又谈何容易！

高明和科学的做法，应该是通过中西医结合的疗法，打通经脉，促进健康细胞再生，最终消灭或转化病变细胞。

孙维林设计的"捆绑式"重组即是如此。按企业原状整体重组，创造条件，让新企业通过新机制、新方法去求变化、求发展。

然而楼忠福对如此"捆绑"不予认可。

于是，谈判便成为两位智者智慧的碰撞。

"……"

楼忠福："您把什么都捆绑进来，我们重组这个公司显然太吃亏了。"

孙维林："楼董事长，吃亏不吃亏，要算清楚经济和政治两本账才能下结论。你们民营企业出巨资来改组国有企业，是帮助国有企业走出困境的善举，我们岂能让民营资本吃亏？"

"您把1600多名离退休人员都给我，这难道对于改制后的企业不是一个沉重的负担？"

"恕我直言，楼董事长，如果从资本主义生产角度上来理解和解释，或许这是个负担。但从社会主义生产关系和资源构成的角度，从积极的角度来理解和解释，离退休人员不光不是负担，还是一种资源。"

"资源？请问我怎样才能听懂您的话？"

孙维林敬给楼忠福一支烟，客气地为他点上，同时自己也点燃一支。抽烟虽非良习，但在谈判这样的特殊场合，敬烟、点烟、抽烟，以及袅袅弥散的烟雾，却往往能使谈判的气氛显得融洽而适宜。

当年中英政府就香港回归展开谈判时，习惯了英国绅士在公众场合不抽烟的"铁娘子"撒切尔夫人，对邓小平边谈判边抽烟的举动也不无新奇和好感。

其实并无烟瘾的孙维林舒缓地吐出一口烟雾，将身子向对面的楼忠福靠了靠，透过烟雾送过去两道含着几分狡黠的目光："楼董啊，离退休职工虽然已经退出了生产岗位，不再作为一种直接的生产力而存在，但是他们还影响着企业，是您这个老板连接在职职工的一个节点。二建是个老企业，有的职工祖孙三代都在二建上班。您对离退人员是否接纳和关心、关怀，会影响到在职职工的思想稳定和工作积极性，影响到他们关心您企业的热情度。您接纳他们，对他们好，在职职工就会很安心地工作；您不接纳他们，不关心他们，在职职工就会感到自己的未来很危险，他们还有积极性给您干吗？

"这是其一。其二，我们并未让您白负担他们，在存量资产中，已经按照国家的养老金标准和 78 岁的平均寿命给贵方作了一次性拨付。所以，这不是让您背包袱，而只是让您对他们进行管理。

"事实上，这对重组后的企业是有利的。我们拨付资金是一次性给您的，而您给职工发放养老金却不是一次性而是按月进行的。所以，这笔资产放在我这里，它只是一种存量的数字，变不成流通的货币，不能增值。而放在您那里，实际上它已转换成流通货币的形式，您可以把它作为经营性资产投入经营，您投入经营所产生的利润和利息，就可以满足这些离退休职工退休金的支付。您说，这是不是一种资源？依我看，这不光是一种经济资源，还是一种政治资源。"

"哈哈……"快言快语的楼忠福边拍脑门边大笑起来："有道理！孙书记，不，孙董事长，我楼某自恃精明，可相比起来，您才是一位真正的算账高手啊！"

"账"还没算完，楼忠福便夸奖起孙维林来。可接下来的"账"，孙维林还得跟他继续算下去。

"我们把家属房、锅炉房等非经营性资产捆绑进来重组，对双方都是有利的。这些资产放在我这儿，确是企业的负担，每年要往里贴钱。现在，我在存量资产中扣除 3 年所需贴钱的量，实际也是从我方的实物资本变成了贵方的货币资本，您可以将这笔资本投入经营来增值。同时，非经营性资产并不是一成不变的，有些可以改变其性质用于经营，你们民营企业机制活，办法多，完全可以盘活这些资源和资产……"

响鼓何须重槌，楼忠福是何等样的人物？这些利弊得失，其实他也看得很明白，所以提出来，多半只是出于谈判的需要。现在，既然孙维林已说得很明白，令他无法通过谈判获得更多的利益，何不让这种谈判从繁复走向简单，从冗长走向短暂，从缓慢走向快捷？

剩下一个需要谈判的重要问题是二建公司 1000 余名在职职工的权益保障。

楼忠福完全接受了孙维林提出的条件：第一，确保职工享受国家规定的各种福利待遇；第二，严格按《劳动合同法》办事，尊重和保障职工的劳动权利，不得任意辞退，劳动合同到期后如确不能续聘的，企业要按国家政策依法补偿。

为了保证国有企业党、团、工会组织的建设与职能的正常发挥，孙维林提出：二建公司党委、团委、工会直属集团领导，人事任免权归集团，以保证党的方针、政策的正确贯彻，确保党的政治核心作用和地位。

好一个"难得糊涂"的孙维林，什么都可以"捆绑"，唯有党对国有企业的"指挥权"必须"独立"。40年的中国共产党党龄，让他深谙在国有企业"政治家治企"的极端重要。在建设中国特色社会主义的征程中，国有企业既是共和国的命脉，更是中国共产党的执政基础。国企兴则国家兴。因此，无论孙维林在国企的履历怎么改写，心中根深蒂固的"三个必须坚持"一天都没有动摇过：必须毫不动摇地坚持党对国有企业的"舵手领航"；必须不打折扣地坚持党管干部的"一锤定音"；必须风雨无阻地坚持党在国企的职能部门和工作人员"不丢阵地"。

孙维林以共产党人的高度政治敏锐，把国有企业"举什么旗，走什么路"的"主旋律"弹奏得和谐悦耳。

第八章

民营控股　观念博弈新旧间
挟风裹雨　思想洪流破闸门

　　旧观念的消除与新观念的树立均非易事。新旧观念博弈的过程，必是火花四溅的过程。博弈的结果不取决于人数的众寡，而在于博弈者思想的先进与否。有了先进的思想，终会化凶险的风波为美丽的涟漪。

　　与广厦集团的谈判进展顺利，很快告结。而根据资产确定的股权却掀起了轩然大波。

　　作了各项扣除后，二建公司的存量资产净值为2040万元，核定股权为34%；广厦集团出资3360万元，占股权为56%；公司经营层占股权10%。

　　这意味着重组后的二建公司，国有资产将不控股！

　　这无疑像一块巨石猛地投进了"建工人"脆弱的心湖，激起了阵阵狂波巨澜。

　　在集团决策层，思想的交锋、观念的碰撞，第一次正面迸发出灼人的火花。

　　一时间，反对的意见和种种顾虑思想显然占了上风。

　　"国有企业与民营企业重组，国有资产居然不控股，这不光闻所未闻，也根本没有政策依据！"

　　"不控股，以后二建公司还算是建工集团的吗？还算是国有的吗？"

　　"3000多万元就把一个大型国有建筑公司交给一个民营企业去管，人家会不会说我们是在'卖'企业？"

　　"我们并非没有能力加大投资，为什么不投入现金而掌握控股权？"

　　"是啊，要么别改，要改，砸锅卖铁，也要把控股权拿在自己手里，我们要对国有资产负责！"

　　"北京建工集团的举动在全国建筑企业中有旗帜和示范的作用，如果我们带了这个'不控股'的头，将会带来什么样的影响？"

　　"……"

不管是"位尊"还是"权重"，作为党委书记和董事长的孙维林，觉得自己有责任倾听每个人的意见，包括与自己主张相左的意见。同时，他觉得自己更有责任用真理的光芒去照亮每个人的心胸，说服和团结大家共赴改革大业，共同引导企业航船朝着正确的方向前进。

直觉告诉他，这次思想的交锋及其结果，影响的决不仅是二建公司是否重组、是否控股这一孤立的问题。这是一道思想的闸门，冲决了，思想的洪流就会挟裹着事业的进步滚滚向前；反之，他们就仍将被禁锢在僵化的思想圈子里踯躅不前。

现在，历史为他提供了一次展示卓尔不群的见解和智慧的机会，同时也为他设置了一道只有智者与勇者兼而并蓄方能迈过去的门槛，任何胆怯与退缩，都只能止步于这道门槛之外。他必须以政治家的头脑和战略家的眼光，以军事家的策略和演说家的艺术，来迎接这场思想的交锋。

"同志们，大家的意见很尖锐，但都很中肯，其中没有任何个人利益和恩怨的因素，这一点，我很欣赏，并谢谢大家。同时，也请允许我把个人意见说出来，请大家来甄别、批判或帮助我完善。

"我们的改革并非没有政策依据，问题在于我们能不能看得比纸上的政策条文更深入一些？能不能依据现有政策指引的方向，做到比现有政策更超前一些？党的十五大已经提出来要建立现代企业制度，这是国有企业改革的根本方向和根本出路。而现代企业制度的重要前提是投资主体必须到位，产权必须清晰，所有权和经营权必须分离。从这个意义上讲，国有资本控股不控股，完全只是一个观念上的问题。

民营控股 观念博弈新旧间 挟风裹雨 思想洪流破闸门

"过去的十年中，国有企业不存在国有资本控不控股的问题，而完全是国有资本一股独有。但结果怎么样呢？我认为，正是这种单一的产权结构，造成了国有企业机制、体制的僵化和经营乏力。现在，市场经济已建立起来了，我国也已加入了WTO，在与外来经济和民营企业的竞争中，国有企业已明显暴露出竞争劣势。如果我们继续抱着旧观念不放，那么这种竞争态势就会继续存在和恶化下去，直至危及国有经济的全局。

"我们改制重组二建公司，目的是让国有企业能搭上民营资本的车，让国有企业的品牌优势、资源优势与民营企业的资本优势、机制优势实行'强强联合'，让企业内的各种资源和各种要素更合理地组织起来，让它'1＋1'大于2、大于3。一句话，就是让生产力的各种要素能够更充分地发挥作用，创造更多的社会财富。让职工日益增长的物质需求得到满足，这是我们唯一的目的。

"那么，既然这个目的是唯一的，控股的目的又是什么呢？就是为了防止我们犯政治性、方向性错误吗？如果是这样，那么请大家不要担心，一旦将来证明确实错了，这个责任由我来负，因为这个主张是我作的。

"我为什么主张国有资本不控股？首先，如果控股，那么建工集团就势必追加投入数千万元现金资本，这无疑会增加国有资产的风险。第二，这是最主要的，如果由我们控股，那么，将来重组后的二建公司的生产经营，势必还是按照我们习惯的思维方式、行为方式和体制、机制来运行，还是按照国有企业那一套来搞，这与不改制、不重组没有多大区别。

"我们所以要进行以产权结构为核心的重组改制，就是要让国有资本与民营资本进行嫁接，利用民营企业灵活的经营机制和经营方式，更多地占有市场，更多地创造效益，使国有资本更多地增值。从这个目的出发，国有资本不控股，是一种明智的选择。

"我们不控股，并不是我们就不对国有资产负责。将来我们派到二建公司去的董事会、监事会成员、党务政工人员，都将直接对国有资产的保值增值负责。

"强调控股，无非就是强调掌握经营权，好像不掌握经营权，就不能体现我们的所有权。其实这仍是一个跳不出旧观念框框的认识问题。现代企业制度的核心就是所有权和经营权分开。这并不是我们创造的，是西方300年现代企业发展的结果，是一种认识的结晶，是解放发展生产力的伟大创造。

"西方工业社会发展初期，因为没有认识到这一点而经历了很大的挫折。我们早就应该从他们遭受的这一挫折中，认识到拥有所有权的人不一定同时拥有经营权，所有权的拥有者不一定是优秀的经营者。所以，应该把所有权和经营权分开，由董事会决定聘请专业的、职业的企业家或经理人队伍来经营企业。

"可是，在计划经济时代，我们无法做到这一点。现在，不断深化的改革开放政策和不断成熟的市场经济环境为我们提供了这种可能。在这种来之不易的机遇面前，我们为什么不能多一份勇气和闯劲，而少一份怯懦和顾虑呢？"

……

一些同志的顾虑，大多出于本能的担心。而孙维林的主张，则是基于理性的思考和经久的求索。在一番番交锋和碰撞中，大家达成了共识。

第八章
民营控股 观念博弈新旧间 挟风裹雨 思想洪流破闸门

2002 年 5 月 11 日，建工集团与浙江省有关方面联合在北京人民大会堂举行仪式并发布新闻。庄严的人民大会堂里响起了这样的声音：由广厦建筑集团公司控股的北京市第二建筑工程有限责任公司正式成立！

全国人大常委会原副委员长王光英，北京市有关方面负责人等见证了这一时刻。

而这一时刻将被载入国有企业改革的历史！

由民营资本控股一个大型国有建筑企业，这不光在建工集团和北京市绝无先例，在全国建筑行业亦是先河。

1993 年至 2002 年，中国国有企业遭遇"最困难的十年"。寻找一条国有经济与市场相结合的途径和方式，一直是改革志士们不断探索的目标。

现在，孙维林终于把这种途径和方式制成一个标本交给了社会。

它将作为一份答案尚待明确的答卷，接受社会的评判和历史的检验。

二建公司的成功改制重组，使"建工人"再一次深化了对孙维林的认识，也使更多的人开始以一种探究的目光来注视孙维林其人。他何以能以一己之力、一舌之簧，化坚冰为春水，使一个深受计划经济思想禁锢的国有老企业，一举跨出了如此巨大的改革步伐？

是施政的铁腕，还是思想的力量？是坚韧的意志，还是超人的辩才？

或许，兼而有之，兼而是之。

然而，铁腕、思想、意志、辩才是如何获得的？它们缘何能这般有机、和谐、完美地集于孙维林之身，使他拥有一种不露声色的儒雅、不可撼动的坚定、不落窠臼的思维、不留罅隙的辩思，不事张扬，却威严袭人？

答案其实很简单：是广博的知识武装了孙维林，是丰富的实践锻造了孙维林。

几十年来，孙维林视知识为人生最大的财富，游弋书海，博览广闻。在博采知识琼浆的同时，他勤于思考，深切地关注国家、民族的命运，并把这种超越功利目的之上的学习和思考，天才地运用于工作实践。

孙维林的办公室几乎就是一个图书馆，而那些包罗万象的书没有一本是作为摆设而存在的。无论何时，当你走进他的办公室时，只要他不是在与人谈话，或是接听电话、批阅文件，那他必定是在做着另一件事情：一卷在手，孜孜以读。

他从住总集团来建工集团任职时，未带一兵一卒，却带来了30多箱装得满满当当的书籍。

知识，给了孙维林思想的利器和人格的魅力，使他能凭一己之力，携手大众，与他共同成就了二建公司重组改制的创举。

而二建公司重组改制的"创举"意义，绝非仅仅体现于国有资产不控股，其"捆绑式"重组的理论和实践，更是为国有企业向现代企业制度的伟大进军提供了一种相对科学的模式。

在中国几十年的改革历程中，这种模式不是没有人想到，而是此前尚没有人能够做得到。资本，从来都是以追求最大化利润为其本质特征的。带有私有化特质的民营资本更不例外。有哪一个民营企业的老板，愿意在获得国有企业品牌和资源的同时，全盘接纳国有企业非经营性资产和离退休职工？

然而，孙维林做到了。

在他与楼忠福这两位精明人和时代骄子之间，智慧，成为他们沟通的桥梁，远见、理想、气魄、大度，成了他们的契合点。

而这一桥梁和契合点又是建立在孙维林精心设计的"捆绑式"重组方案之上的。

国企改制，是对国有资产的一次重大处置，其严肃性、风险性、责任性不言而喻。但孙维林对党和国家方针政策的透彻研究使他胸有成竹，广博的知识使得他在这项庞杂繁复的工作面前显得游刃有余。在确保国有资产不流失的前提下，他梦幻般地把握住了母体企业、重组企业间的利益均衡关系。既有利于重组企业的发展，又能满足各方投资者的回报需求；既使在职职工的劳动权益得以确保，对前途充满信心，又令离退休职工感到老有所养，倍感欣慰。

作为一个走在了政策前面的创举，二建的重组改制尽管需要经受历史的检验，但"时人不识凌云木，直待凌云始道高"，这千余年前晚唐诗人的佳句，或许可作为二建改制前程的写照。

第九章

志存高远　国际竞争吹号角
锁定目标　党代会上颁纲领

　　终有大成者必先有大志。企业的"大志"表现为长远的战略发展目标。建工集团战略目标的确立，曾伴随激烈的思想交锋。而它重大和深远的意义，已经并必将被企业的未来所充分证明。

2002 年，作为在建工集团的思想解放运动和向市场经济全面挺进的进程中具有里程碑意义的一年，除了以二建为先例的重组改制工作取得了里程碑式的进展外，建工集团还在这一年中成功召开了一次具有里程碑意义的党代会，确立了"建设具有国际竞争力的新型企业集团"这一发展战略目标。

早在 2001 年 4 月孙维林到任不久，北京市城建工委组织处的领导就催促他，尽快召开一次集团的党代会。

孙维林觉得时机不成熟，请求暂缓召开。

孙维林请求缓开党代会是有理由的：这年年底前，班子中有五六位成员要退休，现在开党代会，这些老同志进不进党委？这倒是其次，更主要的是，开党代会并非例行公事，总要有个明确的目的和任务才是。自己刚来几个月，企业的发展思路、发展目标尚未最终明确，现在就冒冒失失地开党代会，会上该怎么提？说什么？

时间又积淀了半年多，到了 2002 年 4 月，二建的重组改制工作已近尾声，新老班子的更替已基本到位，孙维林对企业未来的设计也基本定稿，这时，他便开始动员力量，筹备于三季度末或四季度初召开集团党代会。

会前的各项准备工作进行得顺利而有序。

问题和分歧出在了党代会主题的确立上。

孙维林提出并坚持，要把"建设具有国际竞争力的新型企业集团"作为未来的奋斗目标，写进党代会决议并作为党委工作报告的主题。

这在集团上下特别是中层以上领导干部中引来相当多的非议和质疑。

有人说这是"痴人说梦",有人说这是"天方夜谭"。总之,套用当时曾经流行的一句话,认为这是"不切合实际的高指标"。

在集团党委和董事会成员内,也存在着不同意见:"董事长,您教会了我们睁开眼睛看世界。现在,建工集团确实不再是老大了,不光不是全国的老大,也不是北京市的老大。我们是个老企业,历史积淀下来的包袱很重,问题很多,消化起来困难重重。我们连国内市场的竞争力都不行,还谈什么国际竞争力……"

孙维林对这些早有预料和思想准备。从长期的计划经济体制下过来的老企业,最大的发展障碍不是有形的历史负担,而是无形的根深蒂固的旧传统、旧观念、旧意识的羁绊,是开拓意识和开创精神的缺失。许多同志刚刚走出盲目自大、封闭保守的思想误区,却又自觉不自觉地陷进了悲观消极、不思进取的精神泥潭。

思想的障碍,只能通过思想的进一步解放来排除。孙维林觉得,如何确立党代会的主题和奋斗目标,是思想解放运动中的一个重要节点。因此,他因势利导,在集团上下发动了一场大讨论。

在这场"论战"中,孙维林郑重地提出了重视和提倡企业发展过程中的"理论思维"问题。

他阐述道:"从我们已往走过的历程看,凡是事业发展顺利,阔步前进的时候,都是以我们思考的深入、发展战略的明确和决策的及时果断作为前提的;而凡是事业发展缓慢,步履维艰之时,都伴随着我们理论上的困惑、思路上的不清晰和目标上的犹豫不定。"

因此,他在各种不同的场合鲜明地指出:"建工集团作为一个特大型企业集团,在经济转轨变型、开放日益扩大、市场瞬息万变的形势下,必须强化理论思维,强化战略研究和目标管理。只有这样,才能清醒地认识自己所处的历史地位和肩负的历史重任。这是企业求生存、图发展的基础条件，是企业经营者是否成熟的具体体现，是企业管理是否走向现代化、科学化的判断尺度。

"日益开放的市场和一日千里的形势，需要我们在理论思维的指引下，切实从计划经济式的被动依赖转变为自主经营、主动谋划；从只注重于工作的具体策划转变为同时注重方向性、全面性的谋划。"

那么，为什么要把建设具有国际竞争力的新型企业集团作为奋斗目标呢？孙维林的理由是："以加入 WTO 为标志，我国将更快地融入全球经济一体化的格局，对外开放将在更宽广的领域展开，我们将与国内外同行业中的知名企业，站在同一起跑线上展开竞争。而竞争不同情弱者。我们只有把企业努力建设成为具有国际竞争力的新型企业集团，才有可能不被排斥在竞争圈子之外而失去立足之地。

"中国已加入了世贸组织，国际国内市场兼容了。因此我们就不能仍然只在中国的范围内来评价建工集团，而要放到国际平台上去进行评价。如果我们不向这个方向努力，甘于当走不出国门的二三流企业，路子必将越走越窄。

"国际跨国公司携带着巨大的资本优势、人才优势、管理优势、技术优势、设备优势侵入我们的市场，来抢我们的饭，分我们的羹；而国内企业间的竞争同样惨烈。我们身处北京，面临着央企的猛烈冲击，仅中建集团就有十多家特级资质企业，其他'中'字头企业还有几十家，一项大工程招标，呼啦一声就能冲上来几十家特级企业。同时，我们还面临着民营企业的夹击，他们公关能力强，经营机制活，优势比我们大得多。面对国际、国内对手的竞争，如果我们仅仅固守国内一隅，而不培育企业的国际竞争力，未来的出路何在？

"当前，由于要举办 2008 年奥运会，北京的建筑业进入一个空前的繁荣期。但这个繁荣期终究只是一个短暂的历史阶段。我们既要抓住这一难得的机遇，更要抓紧调整蓄势，固本强基，在立足北京和国内市场的同时，加大进军国际市场的力度，利用今后几年时间，逐步把建工集团建设成为国内领先、国际知名，具有国际竞争力的新型企业集团。

"不谋全局者不足以谋一域，不谋万世者不足以谋一时。建设具有国际竞争力的新型企业集团是我们的一个长远战略目标，现在我们离这个目标确实还很远很远，但我们连这个目标想都不敢想，提都不敢提，故步自封，那么我们的前景可想而知。

"面对机遇与挑战并存的世界，时间的流逝意味着主动权的放弃。我们的选择有两种：要么消极等待，要么奋勇前行。我们的命运也有两种：要么崛起，要么沉沦，直至被淘汰。我们的命运决定于我们的选择。因此，为企业发展做出一个正确的战略选择，确定一个建立在科学基础之上的、通过努力可以实现的战略目标，应该作为召开这次党代会的第一要务……"

这场大讨论，最终成了思想观念的一次大解放、大飞跃。

2002 年 9 月 4 日，党代会顺利召开。

孙维林受党委委托，在党代会上作了《实践"三个代表"重要思想，抓住机遇，开拓创新，为建设具有国际竞争力的新型企业集团而奋斗》的党委工作报告，吹响了建工集团向着新的目标进军的号角！

这篇长达两万字的报告，内涵丰富，思想深刻，高屋建瓴，论述精辟。他集中体现了孙维林对当前和未来政治经济形势的分析和展望，表述了在变化发展市场经济社会中企业所应采取的应对之策，描绘了企业未来的发展愿景和实施规划，成为今后一个较长时期内企业的行动纲领。

围绕"建设具有国际竞争力的新型企业集团"这一战略目标的提出，孙维林就如何开拓国际市场，参与国际竞争作了一系列的规划和设想。

认真研究 WTO 缔约国的市场政策和相关法律，充分利用集团公司拥有的国际工程承包权和对外经贸权，多方位向境外渗透和进军。

集团以国际承包商的标准，下大力气做强做大国际工程部和总承包部，并鼓励有条件的子公司自主开发国外项目。

积极推进与国际金融投资机构和知名企业的技术、项目与资本合作。

巩固发展现有驻外机构，多渠道开拓非洲、东南亚和中南美洲市场。

积极承揽中国政府援外工程，中国驻外机构馆舍工程，世界银行、亚洲开发银行贷款工程。

在承揽建筑工程的同时，积极发展劳务输出、产品输出，特别是发展以集团自产建材、建机产品为重点的国际贸易，形成以建筑带劳务，以建筑带建材、建机，以建筑带商贸的多元并举格局，以求稳步扩大国际市场份额。

......

第十章

细聊家常　忧思惊醒沉沉梦
弦外有音　重锤擂鼓催奋进

　　目标的提出不等于目标的实现，也不等于目标就一定能实现。不预则不立。孙维林围绕实现目标而生发的忧思，以及由忧思而生发的谋划和进取，是一个企业家应有的冷静和作为。难得的是他殚精竭虑，因而忧得深也谋得远。

第十章

细聊家常 忧思惊醒沉沉梦 弦外有音 重锤擂鼓催奋进

建工集团党代会召开不久，适逢党的十六大胜利召开。

对于孙维林及建工集团来说，党的十六大的召开具有特殊的意义。

首先，党的十六大明确提出了要完善社会主义市场经济体系，深化国有企业改革，用股份制改造重组国有企业。这不但为处于困境中的国有企业指出了明确的改革发展方向，更意味着为建工集团所进行的以二建公司为代表的一系列重组改制实践，特别是为争议仍然存在的国有资本不控股的创举，提供了重要的政策、政治依据。从而使这场影响巨大的争论，终于画上了一个圆满的句号。

这等于一种无言的宣告：二建的改革实践和探索没有错，它只是走在了时代的前列而已！

其次，党的十六大报告提出，在市场经济条件下生存发展，做大做强，是现代国有企业发展的方向。"重要的途径是国有企业向跨国公司看齐，发展具有国际竞争力的大公司大企业集团"。而孙维林在建工集团党代会上提出的"建设具有国际竞争力的新型企业集团"的战略目标，与党的十六大的这一精神不谋而合。

微妙的也只是一个"时间差"的问题。

党的十六大以后，全国范围内的国企改革进入了一个新阶段，开始解决制约国企发展的体制性矛盾。

早已先行一步的孙维林乘着党的十六大的强劲东风，加快步伐，全面推进二级公司的资产重组改制工作，连不久前尚因"政治风险大"而未敢轻动的三建公司也进入了重组改制的行列。

有了党的十六大的东风，建工集团这条航船是否能顺风满帆地前进？孙维林心中在思考。因此，在 2002 年即将逝去的最后几个日子里，建工集团又举办了一次领导干部理论培训班。

在这次培训班上，孙维林脱稿作了长篇即席讲话。

出人意料的是，就在大家深受公司党代会和党的十六大精神鼓舞，觉得企业改革形势大好，发展势头大好之际，孙维林却在这次讲话中给了大家一个当头棒喝！

他说："集团党代会和党的十六大都提出要建设具有国际竞争力的新型企业集团，但是，目标的提出决不等于目标的实现，也不等于目标就一定能够实现。'国际竞争力'是一个有先决条件的概念，它是要靠企业强大的综合实力、先进的经营思想和理念、高超的经营管理水平来说话的！

"要想具有国际竞争力，首先一个问题是要清楚地知道我们与国际水平的差距有多大，离这个目标还有多远的路要走。"

为了帮助大家了解这一点，孙维林列举了一家权威机构研究中关于中国的中建集团总公司、美国的富陆丹妮尔建设公司、日本的大成建设公司1996年的一组对比参照系数。

1996年，中建的营业额是49.6亿美元；富陆丹妮尔公司是110.2亿美元；大成公司是136.2亿美元。

中建的利润是0.2亿美元；富陆丹妮尔公司是2.7亿美元；大成公司是2.3亿美元。

中建的员工是24.3万人，富陆丹妮尔公司是2.7万人；大成公司是1.3万人。

中建的人均营业额和人均利润分别是2万美元和80美元；富陆丹妮尔公司分别是40万美元和9800美元；大成公司分别是104.7万美元和17700美元。

在这一组数据对比中，差距最大却又是最关键的人均利润之差，高达 220 倍之多，令人瞠目结舌！

在列举完这组数据后，孙维林向大家提出一个命题：中建集团是中国建筑企业中的"国家队"，是"国"字第一号的老大哥。与世界同行业的先进企业相比，他们尚且如此，而我们又当如何？

一句话：我们怎样才能把建工集团，真正建设成一个具有国际竞争力的新型企业集团？

对这个问题，孙维林没作正面解答。在接下来的讲话中，他只是像聊家常一样，列举了当前企业中存在的种种问题和现象。

他首先指出的是思想观念转变的速度问题："企业的每一步前进，都伴随着旧思想、旧观念的羁绊和干扰。所以，要加速、加快观念现代化的步伐，尽量缩小与国际先进的观念和思维方式之间的差距。"

话题涉及人才机制时，孙维林说："现在我们急于进入地铁、轻轨、环境工程等领域，可是企业没有这些方面的专门人才。在北京市科技周论坛举办期间，我曾在私下里做了好多香港人的工作，诚邀他们加盟建工集团，结果未招来一兵一卒。这是因为我们现在的人才机制、分配机制，还根本不足以吸引凤凰和百鸟来筑巢。所以，请大家思考：能不能用谈判工资制来吸引国内外人才？能不能让管理要素、技术要素参与分配？"

清欠是投资管理的一个重要方面。孙维林说："现在外部欠我们的工程款累计达 38 亿元，可历年来各单位拿出多少精力去清欠了呢？欠我们钱的人，大宾馆、大饭店开着，每天大把的钞票往里收。他们在那里潇潇洒洒，我们却在被资金困扰着，靠贷款过日子。能不能想出办法让他们不还钱就把宾馆饭店抵给我们办公用？总之，拖欠的 38 亿元都是国有资产，也是职工们的血汗钱，不能说扔就扔了。有本事干活却没本事要钱，还何谈向国际市场进军？难道我们'学雷锋'还要学到外国去吗？"

关于存量资产、非经营性资产的盘活问题，孙维林的描述是："建工集团的地盘内，处处是黄金，到处有宝藏，可我们缺少把这些黄金和宝藏挖出来的本事，只会守着宝藏过穷日子，端着金碗讨饭吃。所以，我建议各公司把后勤物业这一块尽快强制剥离出来，面向社会招聘经营，不仅要减少企业补贴，还要产生利润。"

孙维林认为企业内部仍然严重缺乏学习气氛。他警告说："国际市场绝不会把竞争的甜果捧给那些把业余时间尽用于喝小酒、搓麻将、看电视，而脑子里新经济、新知识空空如也的企业经营者！"

……

孙维林洋洋洒洒的讲话，几乎把企业中存在的种种问题提了个遍。他的语气虽不无委婉，但语锋四射，闪着寒光，让听者无处躲藏。当他的声音戛然而止后，听"傻"了的人们依然在顺着他的思路静静地思索。

人们在思考和交流中领悟了孙维林的用意：盲目乐观与盲目悲观同样不可取，当一个目标确定后，能理性地认识到现状与目标间的巨大落差，方能知耻而后勇。

而"知耻"的勇者，才是更有勇气和力量的勇士。

2002 年，是孙维林身兼董事长、党委书记两职后，正式大刀阔斧开展工作的第一年。冬去春来。他把 2002 年的每一个日子都安排得满满当当。建工集团的思想解放迈出了巨大步伐，产权结构改革取得重大突破，产业、产品结构多样化也显现出良好势头，主要经济技术指标连续第二年以 20% 以上的速度递增。但在孙维林眼中，目前的建工集团尚是个百病之躯，问题和困难成堆，百废待兴。深度的忧思令他没有心情去品味已取得的成绩，而塞满他脑子的是 2003 年的工作计划、方案，以及难点、重点。

2003 年开头开得很好。

春节前的严冬腊月是北京最寒冷的季节，在风中飘舞的雪花落在人的脸上、眉上，一时半会儿都不融化。所有的湖面、河面冰厚盈尺，冰面上覆盖着积雪，制造着双重的寒意。

在这严寒的冬日，建工集团 2003 年的工作会议却开得热气腾腾。孙维林在这次会上详细阐明了他的年度施政方略。其中，最重要的是要将改革深化到做强做大集团总部这个层次上来。

2003 年，建工集团有一件大喜事，即喜迎成立 50 周年。

孙维林决定将此作为一个契机，借此来凝聚和振奋人心，并调动一切可以利用的社会资源，为建设具有国际竞争力的新型企业集团这个大目标服务。

3 月份，集团成立 50 周年志庆系列活动开展得有声有色，既有轰动效应，又有实际效果。

集团在负有盛名的北京西苑饭店的大宴会厅内举办了盛大的 50 周年庆典招待会，从建工集团走上政坛的北京市两位新老副市长张百发、刘敬民，以及众多的相关领导同志应邀出席。

集团隆重表彰了一批在各个历史阶段为企业发展作出突出贡献

的劳动模范、功臣人物及功勋单位，并在北京展览馆剧场举办了一场高水平的慰问演出。

此外，还在企业内部进行了 50 年辉煌业绩回顾教育和巡展，出版了《共筑辉煌》的大型画册……

那段时日，所有"建工人"的热情都难得地被燃得那么旺。

历史上从来都是"过完小年过大年，过完大年过十五"，头几个月施工生产基本处于"冬眠"状态的建工集团，这一年气象一新。1~4 月份，完成建筑业总产值同比增长 19.8%，新签合同额同比增长 54%，完成竣工面积同比增长 88.7%，开复工面积同比增长 18.9%，实现利润同比增长 11.1%。

一年之际，有这样一个开局和良好的发展势头，当然足以令人鼓舞，连孙维林也不免有了几分踌躇满志。

然而，世事变幻，神鬼莫测。谁也没有想到，接下来的几个月，一种来自南方、肉眼看不到却幽灵般游荡于空气中的病毒，会酿成一场巨大的民族灾难。

这场天灾与"N 工程"的人祸相伴而至，从而使刚刚度过 50 华诞喜庆日子的北京建工集团瞬间进入了一个最黑暗的历史阶段，更使孙维林的仕途命运接连遭遇不测。

第十一章

"非典"惊魂　功罪只在一线间
从容应变　吹尽黄沙始见金

人生，难免遭遇生活、仕途、情感等方面的危机。"非典"带来的严重事态和危机，对孙维林的应对能力和人格品位考量出两个满分——处变不惊、临危不乱的理想状态非人人所能臻；而危机当前首先想到保护他人的境界则更非人人所能及。

自获得苏北重镇盐城市有个老污水处理厂要出售，并要兴建一个污水处理厂的信息后，有意要大力发展环保产业的孙维林于年初两次亲赴盐城谈判。谈判进行得很顺利，很快达成了新老两个污水厂均由北京建工金源环保有限责任公司来运作，采用 BOT 方式收购旧厂、兴建新厂的意向。

4 月中旬，孙维林率人再次驱车赴盐城落实此事。

但此时，北京的"非典"疫情已开始流行。随着各种媒体的高频率传播，神圣的首都北京一下子成了全国各地谈之色变的地方。

好在，孙维林等人驱车出发之时，"非典"疫情尚未到最严重的阶段，一路上，人们见到"京"字牌的车辆虽感到紧张，但尚未设卡阻拦。

时隔几日，从盐城返京。车行至山东临沂，遇上高速路堵车，两三个小时车行了不足 10 公里。孙维林决定，下高速公路，改行国道。

孰料，一下高速公路，他们很快陷入了防控"非典"的"人民战争"的汪洋大海之中。

一路关卡重重，每经过一个街镇或村庄，不是不让过，就是要喷药水消毒。孙维林等逢人便解释："我们这些车都是'非典'流行之前从北京出来的，没有'非典'病毒。"可是，这些话在警惕性极高的人们面前一律等于白说。于是，车身上刚喷的消毒药水还没干，到了下一个关口，仍要接着喷。

千难万险越过无数道"封锁线"，4 月 21 日晚，一行人终于回到了北京。

可回到北京后，已笼罩在一片肃杀气氛中的北京城令孙维林感到非常震惊。集团机关门口的礼士路大街，原来整日车水马龙，可此时马路上却变得空空荡荡。因已是晚上，他在办公室逗留了一会，打了几个电话，便下楼坐车回家。

车行至人民医院附近，孙维林猛地看到医院四周拦起了一道封闭线。封闭线外，隔几米就有一名站岗的武警战士。而不远处的地面交通枢纽西直门立交桥上，很长时间内居然未见到任何过往车辆。

这一幕幕情景让人感到阴森可怕。北京怎么一下子变成这样了？

翌日早晨上班途中，孙维林一路看到的人十之八九都戴着厚厚的白口罩。这使他很自然地想起了"白色恐怖"这个词。

一进办公室，呼啦一下拥进来好几位班子成员和机关部室的领导，一个个面容倦怠，神色严峻，争先恐后地向孙维林汇报前几日北京市以及集团抗击"非典"工作的情况。

孙维林说："大家辛苦了。看来情况很严重，请所有的班子成员马上到我这儿来开个会。"

会议很快召开。孙维林说："刚才我已听了部分情况汇报，感到前几日大家的工作很得力。现在虽然不知道'非典'到底是个什么鬼东西，但它真能要人的命。我们管理着十来万名职工、民工和家属，责任重大，就是不吃不喝不睡觉，也要把防控'非典'工作抓严抓细。会后，集团领导每人从机关带一个工作组，分头下到基层检查督促，发现问题及时报告、及时解决。从现在起，大家的手机昼夜 24 小时不得关机。现在，我们分一下工，然后立即行动！"

当日，建工集团接到市政府征用卢师山庄改作临时医院的通知，连夜清空全部房间并进行消毒，与医院完成了交接。

第十一章
"非典"惊魂 功罪只在一线间 从容应变 吹尽黄沙始见金

4月23日，孙维林正在一个工地检查情况，突然接到市政府的紧急会议通知。于是火速赶到市政府会议室开会。

市委、市政府的主要领导几乎都在场，气氛凝重。大家见了面，再没了往日的寒暄、客套，连握手礼节都免了。

说是开会，其实就是开门见山布置一个十万火急的特殊任务：7天之内，在昌平区小汤山建起一座"非典"专科医院。

这是党中央、国务院的决策。建医院、进设备，与从全国军、地医院调集医护人员等各项工作同步进行。

7天建一座医院，这无论是在人类医疗史还是建筑史上，都是闻所未闻的事情。

然而，这是情势所迫！连日来，北京市的"非典"病例和疑似病人呈几何级数增长，死亡病例与日俱增，医护人员被感染和殉职的事也屡有发生。各大医院人满为患，病房里加床加铺，连走廊和门厅里都坐满了打点滴的病人。原来住院的常见病病人，除了重症病危的，其余人都被动员出了院，可医院的空间、人手仍严重不足，该隔离的没有条件隔离，造成交叉感染，使疫情加速蔓延……

建小汤山"非典"专科医院的任务落在建工集团、城建集团等几大建筑企业身上。而在这之前的几天，建工集团已奉市委、市政府之命，调集千余人上阵，由总经理张文龙带队，为北京温泉胸科医院紧急扩建了184间5000平方米的病房。

相比而言，建小汤山专科医院的任务更要紧急和艰巨百倍。

市委、市政府交下来的，是一道死命令、一张草图。施工人员、设备由各参建企业自己调集，所有建筑材料得自行采购和运输，施工作业自行安排。不管你怎么干，7天之内，得把那张草图变成一座医院!

一场"非典",闹得各地人心惶惶,生产、运输处于停滞状态。急需的活动房、拼装房等材料无处采购,告急电话几乎打爆了孙维林的手机。

这不是要命吗?

孙维林一跺脚,和总经理张文龙研究决定:"拆!到集团所有的建筑工地上,挑最好、最新的活动房给我拆了搬来!"

比打仗还紧张的施工昼夜不停,施工进度分秒必争。所有参施人员,吃喝拉撒全在工地,总经理张文龙任现场总指挥,孙维林更是一连数日不离现场。

4月的北京,乍暖还寒,夜里,寒气阵阵袭人。民工们困累难当,一坐下,就歪倒在冰凉的地上睡着了。孙维林看了心里不是滋味,眼中热辣辣的。其实他自己何尝不是更困更累,只是,比大山还沉重的使命和责任,不允许他坐下,不允许他睡着。

就在小汤山医院抢建前,北京市市长孟学农被突然免职,代市长王岐山即刻到任。

北京市抗击"非典"的紧张局势和气氛随之显得愈加紧张。不少政府部门、团体和企业的主管领导,不管自己有责任、没责任,都平添了几分前程未卜的胆寒。

24小时中的每一秒钟都已被充分利用,每一个人的能量都已发挥到了顶点,可是上级仍然觉得进度太慢,催工令一道紧似一道。

这几天,建工集团范围内已频频发现"非典"疑似病人,这儿一个,那儿一个,都要紧急救护和处理。一个人群中出现一例疑似病人,整个人群都要找地方严密隔离观察。

第十一章
"非典"惊魂 功罪只在一线间 从容应变 吹尽黄沙始见金

病例报告一次次揪紧孙维林的心，他既要紧盯小汤山医院的建设，又要兼顾集团十来万人的安危，只恨分身乏术。

4月26日，他从小汤山驱车回集团，想与其他几位领导碰个头，说说情况，部署下一步的应对之策。

可车子刚行到北三环马甸桥，手机中便传来市建委主任刘永富嘶哑的吼声："维林，你们的速度太慢啦！七天之内完不成任务，你我都得提着乌纱帽去见市委领导！你立即给我返回小汤山，我在现场等你！"

慢？还嫌太慢？还能怎么快？

材料难采购，图纸不完善，连高级工程技术人员对这"非典"医院到底是个什么样的建筑都不清楚。一间20平方米的病房里要有两个卫生间，医护人员和病人的要分开，走的通道和出入的门也要分开，将来送水、送饭、送药都要从推拉门窗传递；设计人员就在工地，不断地在图纸上改来改去，不断地增加功能项目和施工难度，这如何还能更加快得起来？

然而，非常时期，上级领导的话不是军令胜似军令！孙维林找了个道路出口，下辅路，桥下掉头，火速返回小汤山工地……

工地上急需卫生洁具，但因"非典"的影响，商家停止进货和营业，现场材料人员多方联系无果。孙维林亲自操起电话四处拨打，苍天有眼，终于联系上一家有货的单位，于是恳请对方帮忙紧急送货。

说不尽千般艰难，万般辛苦，7天，就是7天，通过与兄弟企业的协同奋战，小汤山"非典"专科医院奇迹般地建成并交付使用，成了北京市抢救和治疗重症"非典"病人的主战场！

撤离现场时，身上汗迹稍干的孙维林用通红的双眼回望着小汤山医院。它静静地耸立于大地，一排排、一幢幢，构成了一个世界建筑史上空前的奇迹。他庆幸这个奇迹终于诞生，他和所有的参建者没有辜负党中央、国务院以及北京市委、市政府的重托。而他，也终于不需要提着"乌纱帽"去见上级领导了。

他的目光留恋地扫视着一排排透出灯光的病房窗口，里面人影闪动。他知道，随着他们7天7夜鏖战的结束，另一场生死之战已在里面打响。他压抑住自己百感交集的心绪，默默地向那些窗户里送去内心的祈祷和祝福……

就在小汤山医院交付使用的4月30日，建工集团总承包的原宣武区中华家园工地，外地民工中发现重大疫情。

前两天，这个工地的民工中就不断有疑似病例报告，一天有两三个发热送医院的。不知怎么搞的，30日这天，突然一下子冒出来40多个发烧病人。

这一严重的事态被迅速上报到北京市委、市政府。

一路上"呜哇呜哇"嘶鸣着的救护车，不断线地来回穿梭于这个工地与各医院之间。

5月1日是国际劳动节。往年的这个节日，北京城里到处张灯结彩，鼓乐笙歌。青年男女们在这一天扎堆儿结婚，长安街、二环路上摆谱显阔的迎亲车队络绎不绝；外国和外地的游客挤满各个景点和大小宾馆。

而2003年的五一节，笼罩在"非典"死亡威胁中的偌大的北京城里一片死寂。别说是外国和外地游客踪迹全无，就连原来在北京的外国人和外地人，也差不多早已跑光了。

结婚的事儿更别提了。大喜的日子，婚礼上人人都戴着白瘆瘆的口罩算怎么回事儿？如若婚礼或婚宴上再冒出几个发热病人，把救护车给招来，那就更败兴了。即便不至于如此，出席人多嘈杂的婚礼、婚宴，一不留神，携带几个鲜活的"非典"病毒回家，或者来贺喜的人把"非典"病毒带来，"漫游"到新娘的婚纱上，那可都不是闹着玩儿的。

而这个五一节对于孙维林来说更是非同寻常。刚从小汤山工地撤回，还未来得及喘口气，就出了中华家园工地这样要命的事。他预感到麻烦大了。

果然，5月1日，北京市纪委的电话来了："市纪委调查组要进驻建工集团调查中华家园工地情况，你们在京的集团领导随时准备接受询问，不得回避和隐瞒实情！"

当晚9时许，市纪委一下子来了三位处长，先找孙维林询问情况。

会议桌前，市纪委的三位处长坐在一边，孙维林坐在对面，隔在中间的会议桌成了一道森严的壁垒和阵营界线。孙维林感到这场面跟公安机关审讯疑犯没有什么差别。

是啊，在比天还大的人命面前，"功臣"与"罪人"之间的界限比纸还薄！

自始至终，三位处长的脸上找不到一丝笑容，言辞冰冷而尖刻。

处长们询问的问题个个都很要害：建工集团以及下属各级领导对抗击"非典"工作作何认识、持何态度？集团党委和领导班子是怎样贯彻市委、市政府关于抗击"非典"的若干规定和部署的？你们在全集团范围内采取了哪些措施，做了哪些工作？对中华家园工地的疫情防控采取了哪些措施？一下出了这么多疑似病人，原因与责任何在？

询问一直持续至夜里一点多钟，处长们让孙维林看询问笔录，然后签字、按手印。

三位处长接着又找别的集团领导询问，一直持续到第二天早晨方告结束。

而签完字按完手印的孙维林并没有回家，他在办公室里一直坐到天明。漫漫长夜，他心潮起伏，思绪万千，不知道下一步他将以怎样的身份继续投入这场与"非典"病魔的特殊战斗中去。

也许，除了回家写检查，已经没有什么其他的工作需要他做了。

孙维林面前的烟灰缸里积满了烟头。他本来是不会抽烟的，应酬中偶尔为之，那烟雾只在口腔中稍作停留便归了大自然了。前几日，他听到一种来自医务工作者的说法：抽烟的人不易感染"非典"，将信将疑的他便开始正儿八经学抽烟。没想到这一学进步还挺快，居然已上了点"瘾"。以后再想戒，恐怕倒成难事了。

5月2日一大早，总经理张文龙推门进了孙维林的办公室："董事长，我不干了，我辞职！"

张文龙双眼布满血丝，脸色灰暗，看来也是一夜未眠。

2002年4月，市委调原总经理刘龙华到城建集团任董事长，张文龙由常务副总经理升为总经理。上任后，工作勤奋，从来没向困难屈服过。现在，竟主动提出要辞职不干了。

孙维林很能理解张文龙此时的心情，理解他心中的委屈和思想上不堪承受的重压。抗击"非典"工作开始至今，张文龙可以说是不分日夜地操心费力。职工、民工及其职工家属们的安危，都装在他的心里。卢师山庄的征用腾让、温泉胸科医院扩建、小汤山专科医院的兴建，哪一个战役他不是身先士卒？再说，为了改善民工的居住条件和进行药物预防，集团已不惜重金投入了两千多万元。现在，中华家园出事了，一旦闹出几条人命，则一切努力和功劳都不足以抵偿。堂堂的北京市市长不是说免就免了吗？可是，巨大的难关还等着大家一起去闯呢，现在辞职怎么行？

想到这里，孙维林对他说："文龙啊，我理解你的压力和委屈。我们是拴在一根藤上的蚂蚱，出了大事，跑不了你，更跑不了我。可我们现在谁也不能辞职！"

"等着被撤啊？还不如辞了干脆！"

"辞了职，倒是省心和解脱了，可眼前的难关靠谁领着大家去闯？建工集团这一大家子的事交给谁去管……"

孙维林话未说完，手机响了，是市纪委的人打来的，通知他下午两点钟赶到市纪委冯副书记办公室接受谈话。

孙维林缓缓把手机从耳边移开，放到桌上，然后目光淡定地盯着它，好像它已经成为爆炸过的定时炸弹的残骸，而他已不需要再去猜测它是否爆炸或何时爆炸了。

见此情形，已经把这电话与"不祥"联系起来的张文龙关切地问："董事长，哪儿来的电话？说些什么？"

"市纪委来的，让我下午两点钟去冯副书记办公室谈话。"孙维林平静地告诉他。

刚才孙维林让他坐而没有坐下的张文龙，闻此言后，一屁股重重地坐到了椅子上。他把目光投向窗外，目光中喷射着火焰。他似乎要在窗外的空气中寻找到那种飘忽游荡着的夺命幽灵，然后用这目光的火焰将它烧成灰烬，让它万劫不复！

半晌，张文龙终于从这种情绪中回过神来，目光从窗外移到了孙维林脸上，那目光真诚而凄凉："董事长，建工集团要是没了您……"

张文龙说不下去了，一转身，回了自己的办公室。

离下午两点还有大约5个小时。孙维林预感到，这可能是他作为建工集团党委书记、董事长的最后5个小时了。他要好好地想一想，在这5个小时中，自己还能为建工集团做些什么？

他觉得，首先要想好下午见了市纪委领导怎么说，如何保护好张文龙等其他干部，让他们有机会继续领导大家化解危局，渡过难关。再就是向张文龙、刘运河等同志交代好善后事宜，尤其是妥善处置和安排好中华家园的"防非抗非"工作。

思谋妥当，孙维林打电话请张文龙再到他办公室来一下。

放下电话，他忽然感到今天这日子过得有些滑稽：刚才，张文龙来向他辞职，而转眼间，他却又要向张文龙交代善后工作了。

张文龙进门后，孙维林严肃而郑重地对他说："文龙啊，我们都是受党培养多年的老同志，别的话就用不着多说了。如果下午我回不来，或者被免了职，你一定不能垮，要挺起腰杆，振奋精神，带领和依靠大家，把抗击'非典'的工作继续抓紧抓好，直到夺取最后胜利。

"这次难关渡过去后，如果你还在位，一定还要带领大家重整河山，继续推进建工集团的改革发展，实现我们的既定目标！

"下午我走后，你立即召集班子成员开个会。第一，向大家通报市纪委调查组的谈话情况。第二，做好大家的思想稳定工作，正确理解和对待非常时期上级采取的非常措施。第三，立即成立一个工作组进驻中华家园工地，全力以赴做好人员隔离防护和思想安抚工作。第四……"

向张文龙交代完善后工作，孙维林嘱咐办公室主任刘涛："你把我的毛巾、牙膏等生活用品收拾一下，装好后放在我的车上。"

刘涛的眼圈一下子红了："董事长，难道真的会……"

下午一时许，孙维林在办公楼门前与众人告别。

大家的心里有无数的话要说，但谁也说不出来。一种"壮士一去兮不复还"的悲壮与凄凉压抑在众人心头。此时，任何语言都将显得苍白。倒是那一双双大手深情而有力的一握，传导了任何语言都无法表述的、患难之际的战友情谊和真诚祈愿……

"非典"期间，马路上人车稀少，孙维林提前半个小时便到了市纪委。未经通报，便径自进了冯副书记办公室。

一进门，见冯副书记正在与宣武区区委书记唐大生谈话，心里一下子明白了：中华家园工地就在宣武区……

冯副书记说："维林同志，我们还没谈完，你先在门外等一会儿，两点钟再进来。"

孙维林退出门外，心想，连宣武区的唐书记都被叫来谈话了，看来中华家园的事真的非同小可，牵涉面很广，自己一定要设法尽量保护集团的其他领导。

在这种情况下，在门口干站半小时该多难受？孙维林灵机一动，给市委常委、市纪委书记阳安江的秘书拨了个电话，请求先见一下阳安江同志。孙维林平时与阳安江工作上的接触和相互间的了解比较多。

得到允许，见了阳安江后，孙维林抓紧机会，开门见山地说："阳书记，前天，我还是建小汤山医院的功臣，昨天，我便成了罪人了，一会儿就要到纪委冯副书记那儿去领罪。不过，既然先见了您，请允许我说几句心里话。

"'非典'到底是个什么东西，它的病源、病因是什么，如何才能有效预防？直到现在，我们对这些的认识都还不清楚，在这种情况下，谁也难保不出任何问题。我们建工集团各级领导认真贯彻执行了市委、市政府关于抗击'非典'工作的各项规定，无偿投入防控资金2000多万元，可还是出了中华家园这样的问题。

"中华家园既已出了问题，我作为建工集团董事长、党委书记，责无旁贷，我服从并接受组织上对我个人作出的任何处理决定。

"建工集团的其他领导同志前一阶段对抗击'非典'的工作都是尽心尽责的。目前，'非典'正在疯狂肆虐蔓延，往下会怎么样还不知道。因此，建议市委、市政府、市纪委慎重一点儿，对其他同志就先不要动了，要不然，就没人领着干了。"

阳安江书记边听边点头，最后，对孙维林说："维林同志，我理解并赞同你的意见。一会儿，你先去跟冯副书记谈，把情况如实说清楚。至于怎么处理，那是组织上考虑的事。"

两点钟，孙维林坐到了一脸严肃的冯副书记对面。

冯副书记说："市委、市政府决定，对中华家园的事要认真调查，视情严肃处理。现在，情况已基本调查清楚了，我想听听你对这个事情的看法和态度。"

孙维林便把刚才对阳安江说的话又复述了一遍。

接着，他向冯副书记讲了这么一件事："前天下午，中华家园民工中的一位疑似病人被救护车送到友谊医院，在走廊里坐了个把小时，没人管、没人理，自己又跑回工地来了。您说，这个民工如果真是位'非典'病人，这一路上该传染多少人？"

冯副书记补充道："是啊，是啊，据我所知，这种情况并非个例，因为医院里病人太多，医生们实在顾不过来。不过这样确实很危险，除了他传染别人，还有这种可能：他本来并不是个真正的'非典'病人，到医院待了个把小时，倒有可能被传染上病毒，成了真正的'非典'病人了。"

这件事使谈话的气氛融洽了许多。孙维林趁热打铁，说："我昨天晚上7点从中华家园现场被叫回机关，晚上9点开始谈话，谈了半夜，又想了半夜，到现在，已经30多个小时没合眼了。集团的其他领导同志也大致如此。这个时候，组织上如果不给大家减点压，估计我们也都快变成发热病人被送进医院了。"

听到这里，冯副书记似乎若有所思，不免会心地笑了一下。

下午3点多钟，孙维林安然回到了集团机关，令正在会议室开会的班子成员如释重负，一个个欢呼雀跃。

虽然暂时保住了"乌纱帽"，但孙维林丝毫不敢有任何懈怠。中华家园民工中的发热病人大多被送进了医院，是不是"非典"真假未辨，生死难卜。因医院收治不下，还有一些发热病人与其他的几百名民工混在一起，被封闭管理。不少民工都想逃跑回家。尽快地把发热的病人隔离出来观察、治疗成为当务之急。

　　为了尽快解决问题，他准备晚上 9 点钟去中华家园工地，实地勘察和磋商，看能否征用黑龙江省某市驻京办事处的宾馆，作为这些发热病人隔离观察和治疗的临时医院。

　　晚上 6 时左右，孙维林疲惫不堪地回到家。离 9 点钟还早，想到已连续几天没有洗澡，没有换衣服，他决定先冲个澡，恢复一下体力。除了晚上还要出去忙，明天，他还要去奔忙另一件事：到两广路特钢厂征一块空地，搭上临时活动房，把中华家园工地上的 300 多名民工都集中转移到那里去封闭居住，以脱离原来那片是非之地，安定民工们的情绪。

　　澡还没冲完，手机又响了。孙维林来不及穿衣，裹着浴巾就冲出来接电话。非常时期，他最不愿听到的就是手机响。因为每次接听都可能给他带来预想不到的坏消息。

　　电话是市委的一位领导打来的："维林同志，我看你这个官真应该撤掉，因为你连教民工学会量体温这点工作都没做好……"

　　"什么？量体温？"

　　"哈哈，你们中华家园工地哪儿有那么多疑似病人呀？其实，有少数人可能是真感染了，而大部分人只是感冒发热，甚至根本就没发热！年轻人嘛，天热出了一身汗，图舒服凉快，用冷水一冲身子，有点感冒发热很正常。可他们不会使用体温表，一个发热的人量完了，其他的人不甩表就接着量。结果，一人发热，个个发热，哈哈哈，你维林同志觉得冤不冤？"

　　"啊？原来有这样的事！"孙维林恍若刚从一场梦魇中醒来。不过他很快又庆幸地说："谢谢您告诉我这个好消息，我孙维林宁愿自己被吓被冤，被撤被免，也不愿意他们真的是'非典'病人……"

"好了好了，维林同志，市委对建工集团预防'非典'的工作和对全市抗击'非典'战役所作的贡献是充分肯定的。现在，杜德印书记和阳安江书记都在这里，我请两位书记跟你讲话吧。"

电话中先传来的是市委副书记杜德印的声音："维林啊，非常时期，保持高度警惕、关注人命是必要的，有点草木皆兵也不足为奇。刚才市委常委会研究，我向你转达三点决定：第一点，中华家园的事就到此为止，鉴于你们工作还不够细致发生了疫情，造成了不好的影响，市委决定给予口头通报批评；第二点，这件事不上媒体作公开报道；第三点，对个人不作组织处理。"

接着，阳安江副书记又在电话中对孙维林说了好长一番安慰和鼓励的话。

孙维林早就热泪盈眶。三位市委领导轮番与他通话，又安慰又鼓励，说明了领导对他的信任和重视，这使他倍感组织的温暖。

第二天，孙维林及时把昨晚市委领导在电话中的讲话和市委常委会的三项决定向班子成员作了传达，并鼓励大家稳定思想，振作起精神来，继续做好"非典"防控工作。

这天，他听到这样一个令人哭笑不得的事儿：前几日，一位河南籍的民工从北京逃回了老家，结果被村民们拒之村外。村干部命人在麦地里搭了个临时窝棚让他住。家人给他送水送饭，先放到50米开外的地方，人跑开了，才让他去取用。村民们在村口设了监视站，日夜轮流对他进行监管。村干部说，要按照城里人的做法，对他观察14天，确实没事了，才能让他进村回家。现在，那位民工还在麦地里住着呢，都快憋疯了。

进入 5 月份，气温日渐升高。惧怕高温的"非典"病毒受到一定的抑制，疫情日渐趋缓。马路上戴口罩的人越来越少，原来已停工放假的单位陆续恢复上班，停工已久的建筑工地也按照市政府的解禁令恢复了施工。

孙维林审时度势，决定把工作重心由全力以赴抗击"非典"转变为一手抓"非典"防控工作，一手抓生产经营。

5 月 7 日，集团召开了"抗'非典'、促生产"动员大会。

孙维林非常艺术地把这次会议开成了修复心灵创伤、明确形势任务，鼓舞士气、激励斗志的大会。

他强调："虽然'非典'给集团的生产经营带来了巨大困难和损失，而且疫情尚未结束，抗击'非典'仍是当前的头等大事。但是，我们要用超常的气魄、超常的勇气来战胜'非典'的挑战，用超常的努力、超常的效率来从事生产经营，夺回因'非典'失去的时间和损失。"

他把班子成员分成抗击"非典"和生产经营两个领导小组，建立起了一个分工上既各有侧重，又相互配合、相互促进的指挥系统，他和总经理张文龙亲任两个领导小组组长，意欲劲风满帆地在两条战线同时创造最佳的战绩。

孰料，"N 工程"事件的出现，使孙维林再一次濒临了仕途的悬崖！

第十二章

风高浪急　诡秘商战藏玄机
千军鏖战　力挽狂澜慰平生

　　刚刚渡过激流，能否再越险滩？接踵而至的严重事件拷问着孙维林。然而胸中一往无前的激情令孙维林未停滞事业的脚步。他勇敢地迈向前方，化险滩为身后的坦途，也把一种殊异于"温文尔雅"的"强汉"印象嵌入人们的记忆。

第十二章

风高浪急 诡秘商战藏玄机 千军鏖战 力挽狂澜慰平生

"N工程"是一个超大规模、超高档的写字楼群，由建工集团总承包施工。

按说，多难盖的楼对建工集团而言都不在话下。但"N工程"绝对属于特殊个例。从一开始，一种极神秘的"政治工程"的色彩，便使人预感到这个工程建设中的任何一个细节和环节，都可能成为酿成不可预知后果的导火索。

问题果然发生了：施工进度严重滞后！

地下结构工程原计划5月20日出正负零，然而实际进度却延缓了3万平方米。

原因是多方面的：一是，寒季施工，劳动效率低；二是，元旦、春节、五一这三个假日的影响；三是，业主资金不到位；四是，现场施工调度不力，抓得不紧；五是，3月份，现场一个大口径自来水管突然爆裂，几乎把整个现场冲毁，大量沙石泥土被冲进基坑，清理和恢复现场工作损失了很多时间；六是，"非典"造成的停工和部分民工逃离造成的劳动力不足……

然而，由于"N工程"的极其特殊性，这些原因都可以被忽略，"未达到约定的进度"，成为业主用来作为"一票否决"的理由，要求建工集团清场退出施工。

5月20日，业主约请了北京市原常务副市长张百发和市建委主任刘永富、副主任栾德成，以及孙维林、张文龙等人开协调会。

虽名曰"协调"，但业主公开摊牌，气氛紧张，事态严重。

孙维林心里明白：建工集团以及他本人，又面临了一个凶险的"十"字路口。

如果被清场退出，企业不光要承担重大的经济损失，建工集团也将在社会上名声扫地。而且，"N 工程"背后某种特殊的因素使然，甚至可能令建工集团从此一蹶不振！

而如果他恳请张百发等领导同志从中斡旋，坚持继续承包施工，则必须在短期内使工程的进度和质量取得业主的满意。

但这并不等于往下就不再有风险与危机。

于反复的权衡之中，挑战的性格占了上风，孙维林在"十"字路口面前，选择了继续朝前走。

于是，张百发、刘永富等领导同志鼎力协调。张百发是位德高望重、极为睿智的老领导，为取得业主的妥协，他拍板："建工集团必须由孙维林董事长亲任基础施工现场总指挥，于 6 月 20 日前抢出正负零①。"

孙维林顾不得自己是不是实际上已被当作了"人质"，紧急披挂上阵。他以决战的态势，调集上千名精兵立体作战，昼夜不歇。

为了确保 6 月 20 日完成阶段性目标任务，他经集团党委与班子成员研究决定了六件事：

一是，成立现场临时党委，任命集团工会副主席田歧同志为临时党委书记，负责协调现场宣传与思想鼓动工作，统一组织各个参施单位的劳动竞赛与评比。

二是，原承担施工的总承包部、一建等单位，各划出一定的作业面，同时，从三建、四建各抽调一个完整的项目部，接管划出来的作业面施工。

三是，各个参施单位必须由经理、书记亲任现场指挥，24 小时

---

① 此处"正负零"是指施工主体工程的一个基准面，在主体工程基准面下工程完成，该进行主体地上工程施工的时候，即主体工程达到"正负零"。

轮班施工。

四是，所需一线作业人员从各单位项目部择优抽调。

五是，各参施单位要保证施工所需材料、机具的及时供应。

六是，倒排工期，每晚七点开现场协调会，统计当日的进度、质量等各项指标的完成情况，强调当日的计划形象进度必须当日完成。

犹如神兵天降，新增加的1000名施工人员，骁勇地奋战在南北长近千米的作业面上。几十台塔吊巨臂飞舞，各种机械机具轰鸣吟唱。晚上，灯火通明，灯光下的作业场面更加壮观。

付出超常的努力，便会有超常的结果。滞后的3万平方米地下负五层结构工程于一个月中出了正负零。"N工程"基础施工庆功表彰大会如期在现场召开。

孙维林以非凡的勇气和才干，又一次成功化解了人生事业征途中的一场重大危机。

从5月20日到6月20日的这一个月中，"N工程"业主方的现场老总，每天都通过办公室内的闭路电视，注视着施工现场的一切，注视着孙维林的身影和举动；也从闭路电视中全程看完了他们的庆功表彰大会。

待庆功会开完后，那位老总特意约孙维林吃饭，与他推杯换盏，称兄道弟。

席间，那位老总心中充满疑问地问孙维林："孙董事长，看上去您是个温文尔雅的人，何以能把如此艰巨的一场恶仗，运筹指挥得如同一幕轻喜剧，一场充满魔幻色彩的表演？"

"哪里，哪里，都是工人们干出来的，我充其量只是个监工而已。"

那位老总毕竟是局外人，他根本无法像张百发、刘永富等老领导一样了解孙维林。他不知道，就是这个孙维林，就在一个多月前，刚刚在小汤山指挥创造了一个世界建筑史上的奇迹。

他更不知道，类似的恶仗、硬仗，类似的经历、传奇，早在孙维林担任北京城建三公司经理时，就已经写进了他的历史。

所不同的是，那场"恶仗"般工程的业主是北京市人民政府，而代表业主方的"老总"，便是大名鼎鼎的常务副市长张百发！

第十三章

往事如烟　文武兼修真男儿
踏平坎坷　稳操胜券交军令

自古文臣武将鲜明不同地朝列两班。其实文武这两种不同的才华和气质特征完全可和谐地集于一身。与在"N工程"建设中力挽狂澜异曲同工，孙维林的这段往事告喻世人：关键时刻，文武兼修的复合型人才，才是企业乃至社稷最堪用的栋梁。

1995年，是孙维林到城建三公司当经理的第二年。他们在北京市朝阳门内大街改造工程中中了一个标段，自朝阳门桥向西至美术馆路口交界处，全长约800多米。

这段路沿线的情况特殊且复杂，对施工很不利。既有像外交部那样的重要机关，又邻近王府井和隆福大厦等商业中心，交通流量大，是北京市内的干道之一，白天交通不能中断，只能夜间施工。同时，地下有上水、下水、雨水、通信、电力、热力、煤气等共12条管线，纵横交叉，错综复杂，有的管线还是明、清时期敷设的，档案资料不全、不明，又老化脆弱，极易受损。

考虑到这些具体情况，城建集团领导认为三公司无法独立按期完成施工任务，要从这800米路段中切出一段来交给城建道桥公司干。

可是孙维林坚决不同意。

他的理由很充分。当时三公司糟糕的经营状况尚未彻底扭转，施工任务不足，好不容易中标到手的工程岂容被瓜分？这是其一。

其二，虽然独立完成施工任务确有困难，但困难并非不可战胜。他相信三公司这支队伍的战斗力，也相信自己的运筹指挥能力。

其三，如果分出一块给道桥公司，三公司投入的设备就不能发挥最大效益；同时，城建集团就要成立工程指挥部，约800米的工程，多头指挥，协调难度更大，成本亦会大量增加。

其四，他去年刚到三公司上任不久，就组织指挥了一场北京西三旗建材城新修道路的大面积返工。那条路是城建集团的4家公司共建的，其中就有三公司。当时，各参建公司造势造得很厉害，今天搞竞赛，明天摆擂台，后天搞会战。轰轰烈烈把路修完，但7月初的一场大雨后，新修的路面坑洞遍布，尤以三公司修的路段为甚，出现多处大面积下沉。原因是只顾抢工、抢功，施工不按规范进行，回填土夯得不实。这一工程让三公司在北京市市政工程界颜面全无。孙维林不想重蹈这一覆辙。相反，他要扎扎实实把这 800 米路段建成三公司的"质量标本"工程，把三公司输出去的一局"扳"回来！

多次协商未果，集团领导摊牌了："维林，朝内大街改造是北京市的重点工程，竣工日期已经定死，晚一天也不行！到时候你交不了工，谁来负这个责任？"

孙维林也摊牌了："我负责！不就是 1996 年 12 月 28 日要交工吗，到时候如果不能按时通车，唯我是问！"

"军令状"好立，施起工来那可真是困难重重，举步维艰。晚上把路面剖开，一大清早还要用钢、木板等材料在剖开的路段搭成临时路面，让人车通行，将近两年的工期实际施工周期不足一年。

最难的是管道的敷设更换。所有的老管道都暂时不能动，要等到新管道实现全线贯通，让居民和企事业单位通过新管道用上水、电、气等以后，老管道才能拆除。所以，各种管道都需要实行上下层敷设，还都要有安全距离。煤气管道与电缆电线管道近在咫尺，机械作业必须十分谨慎，机械臂操作时，安全员和领导需在边上盯着，细心地指挥。

这哪里是施工，简直比绣花还麻烦！

时光到了 1996 年夏，老天爷像遇到了什么伤心事似的常常"哭泣"，天气晴少雨多，致使施工更加艰难。

集团领导此时旧话重提，又说要切出一块让别的公司干。

孙维林依然不允："要么别动这块蛋糕，如果领导一定要'切块'，我只能选择辞职，你们组织全集团八大公司一块上我也管不了。"

到了 10 月份，集团领导对三公司能否按时完工依然持怀疑态度，三位主要领导一起找孙维林谈话。虽不直接提"切块"的事，但绕着弯子问他这个工程下一步怎么干？

孙维林说："其实我们一直是按计划进度安排施工的。为了确保工程质量，我们没有人为地抢工。同时，地下情况复杂，也不允许盲目抢工。萝卜快了不洗泥。这样吧，省得诸位领导不放心，从今天起，我把铺盖搬到现场驻地指挥。拖了工期，我提头来见！"

孙维林言出必行，真的把铺盖搬到了现场，租了一间地下室当指挥部兼住所。公司的全面工作由陈仲相副经理主持。

关键时刻豁得出去，是男人应有的一种特质。

10 月中旬，孙维林经历了一个终生难忘的"黑色星期五"。

那天夜里 3 点钟，推土机平地时不慎推断了地下的供电电缆，致使现场顿时一片漆黑。

一开始不知道事故原因，等确定了原因在黑暗中寻找被推断的电缆时，又怎么也找不到。

真是祸不单行，没过一会儿，地处东四路口的作业面上也出事了。

当时，那里正在挖热力方沟，挖到一块三四米长、六七十厘米厚的大条石，需要吊车把它吊走。谁知，吊离地面后，钢丝绳突然断了，大条石砸在了自来水管上。顿时，压力巨大的自来水从被砸断的水管中喷涌而出，水柱高度有七八米高。没过一会儿，东四路口已是一片泽国。

要想止住水，唯一的办法是关上水闸门。但这归自来水公司管，水闸门在哪儿现场无人知晓。

孙维林当机立断，一边给自来水公司打电话，一边派人沿着水管去寻找闸门。

此时，整个现场乱成了一锅粥。

孙维林感到必须加强现场的领导力量，要不，他独力难支，难以收拾。

他先后打电话叫醒了睡梦中的公司副经理黄枚本、吊装分公司经理袁相和。

急了眼的孙维林第一次在电话中骂了人："别睡大觉了，工地上出事了，我限你于一刻钟内赶到现场来，否则，老子撤你的职！"

水管被砸断的20多分钟后，工人们终于找到了水闸，关上了喷涌的自来水。

然而，此时离天亮已不远了，马路上的车辆已逐渐多了起来，但由于停电和泄水，临时路面还没来得及搭设，受阻的车辆很快堵了一长串，焦急的司机们纷纷按响了车喇叭。

果然于15分钟内赶到现场的黄枚本、袁相和，火速组织抢搭临时路面，疏通了受阻的交通。

自来水管被砸断，影响到附近几栋楼的居民用水，孙维林赶紧命人联系运水车，给居民送水。

早晨5点多钟，推断了的电缆线终于被找到，接通后，恢复了工地和片区内的照明供电。

随后，砸断的自来水管道也被修复。"黑色星期五"宣告结束。

星期六早晨，红红的太阳一如既往地从东方地平线上升起，北京又进入了新的一天的喧闹。工作或居住在朝内大街的人们，平静地继续着他们习惯了的生活。几乎无人知道刚刚过去的这个星期五的夜晚，道路改造现场发生了一些什么样的事情。更无人知道，一位现场的总指挥承受了怎样的压力，经历了怎样的煎熬，这个"黑色星期五"的夜晚，将留给他怎样的记忆。

"黑色星期五"过去不久，便进入了冬季施工。施工工序也按既定计划进入到土方回填阶段。

土方回填，是道路修建质量的关键。为了保证回填土的质量，孙维林根据专家的建议，选用北京古莲花池基坑内的砂石，加入煤灰等无机料，按比例拌和均匀，然后分层填埋压实。回填结束后，紧接着铺压沥青路面。还首创性地在道路施工完成后，在路面两边每隔 15 米打一个洞，用高压往回填层内注入一种能凝固的水煤浆，让它渗透进微小的缝隙内，形成硬壳，以加强路基的密实度和硬度，确保路面永久性不断裂、不下沉。

12 月 15 日，张百发副市长在市建委副主任高德龙等人的陪同下，在凛冽的寒风中视察朝内大街的改造工程。

张百发徒步在现场查看了一阵，问高德龙："你说，朝内大街 28 日能按时通车吗?"

"能，一定能!"高德龙回答："因为这是抢险大队在干，是孙维林在干!"

那时候，张百发已认识了孙维林，只是对他还不十分了解。但他对抢险大队却十分熟悉，那是他亲手创建的一支市政抢险队伍，是专门应对突发性的急难险重事件，为北京市的老百姓排忧解难的队伍。多年来，抢险大队无坚不摧，无难不克，屡建奇功。现在，这支抢险大队就在城建三公司。有这样的队伍作为朝内大街改造施工的中坚力量，有公司经理在这里坐镇指挥，张百发没有理由不相信高德龙的话。

张百发对披着军大衣、戴着大棉帽，看上去有些蓬头垢面的孙维林说："维林啊，抢险大队是我亲手组建的，这些年来为老百姓做了不少事。现在，这个大队交到了你手里，你可不能让这面旗帜倒了。不光不能倒，还要一代一代传下去，因为老百姓需要他们，北京的安宁需要他们。"

孙维林郑重地说："请张市长放心，我们一定不辜负您的期望！"

又查看了一程之后，张百发对孙维林说："这次朝内大街改造，你们城建三公司抽的是个'下下签'：商业中心，热闹繁华地带，施工干扰因素多。依我看，你们剩下的工作量还相当大，任务很艰巨，你可要分秒必争啊。当年建设亚运场馆时，我曾向全市人民表示，如果不能保质保量地完成亚运工程建设任务，我就从全北京最高的京广中心楼顶上跳下去。你孙维林这次完不成任务，可别怪我六亲不认！"

孙维林说："张市长，我没有您的勇气，不敢去跳京广中心。可我已向集团领导立过'军令状'了，现在，我再向您立一个'口头状'：12月28日，我如果不把一个漂漂亮亮、干干净净的朝内大街交给您，听凭发落！"

几乎所有的人都在为孙维林捏着一把汗，唯有他自己胸有成竹。

事实上，剩余的工作量都在他精确安排的日进度计划之中，到12月27日夜里12时，最后一层沥青油面铺压完成，路面改造工程完美收官。

800 米路段的路面清洁、美化工作，没有进入日进度计划表，但也在孙维林的运筹之中。在竣工前五天，他向武警特警支队求援。特警支队每天派 100 名官兵前来助民义务劳动，帮助打扫现场、清运渣土、摆放花木。一连干了三天，把朝内大街收拾得崭新利落。

12 月 28 日，风和日丽，是冬日里难得的好天气。如期举行的朝内大街改造竣工通车典礼现场热闹非凡，彩旗飞扬，鼓乐喧天。

作为业主方"大管家"的张百发，脸上的笑容格外灿烂。他的目光在人群中到处寻找孙维林。"维林呢？把他给我找来。"

曾经担负过无数重大工程建设任务的张百发深有体会，一项艰巨的工程竣工了，当人们雀跃庆功时，真正的功臣却往往会藏头藏尾，甚至会躲在一个不为人注意的地方偷偷拭泪。

当孙维林被叫到张百发的面前时，他的脸上堆着笑，但眼中的泪光却未躲过张百发的注意。

张百发伸出手去，这位中国建筑界的老劳模、老前辈的手，与孙维林的一双大手紧紧地握在了一起。

1997 年元旦这一天早上 7 点，孙维林独自驾车在刚刚扩建而成的双向六车道的朝内大街来回兜了两圈。

将近两年的艰苦鏖战，最后三个月的驻地指挥，几多艰辛、几多坎坷、几多感慨，一起涌上心头……

第十四章

意外出局　扼腕痛惜丢"鸟巢"
祸不单行　悲情又染"水立方"

　　还有哪项奥运工程比"鸟巢""水立方"更能拨动国人的心弦？明明中了标的建工集团，却因故相继丢失了这两大工程。该用什么词汇来形容如许的变故和损失？作为"掌门人"的孙维林，又该怎样承受这样的厄运和压力？

意外出局　扼腕痛惜丢"鸟巢"　祸不单行　悲情又染"水立方"

"N工程"基础施工告竣，转入正常的结构施工就简单得多了。孙维林从现场总指挥的位置抽身退出，又回到了董事长、党委书记的角色上。

此时，"非典"疫情也已基本得到遏制，全市、全国范围内已鲜见新发病例的报道，电视中每天公布的只是那些仍在住院的"非典"病人康复治疗的情况。

急于"收拾金瓯一片"，重新回到快速发展道上来的孙维林，于2003年6月27日提前召开了建党82周年的庆祝大会。

抗"非典"期间被市委口头通报批评，"N工程"又差点被迫清场，多数人的心情仍是很沉重的。

因此，孙维林借庆祝建党82周年之际，在这次大会上高调重张建设具有国际竞争力的新型企业集团这一奋斗目标，并推出一系列新思路、新设想、新举措。他甚至有些一反常态地重忆建工集团的辉煌历史，并把抗击"非典""N工程"基础施工告竣当作重大胜利和成绩来肯定，使低落的士气受到很大鼓舞。

大家重新振作起精神，摩拳擦掌，准备投入下半年的各项工作中去。

然而，2003年似乎注定是建工集团和孙维林"流年不利"的岁月。他们"走背字"的时日并未就此结束，相反，一直延续到了2004年的上半年。

接下来相继发生的"鸟巢"投标意外出局、"水立方"建设任务得而复失事件，使建工集团及其孙维林又接连遭受到了历史性的重创。

2008 年北京奥运会的主会场——国家奥林匹克体育场，因被国外的设计大师设计成了一座外表呈网络状，两头翘、中间凹，状若鸟窝的建筑，被世人俗称为"鸟巢"。

这一鸟巢形的建筑不光古今中外罕见，而且是当今世界上功能设施最为先进的体育场。奥运会和残奥会期间，神圣的奥林匹克主火炬将在这里照亮北京的夜空；举世瞩目的奥运会和残奥会的开、闭幕式都将在这里举行；奥运会开幕之日，党和国家领导人，以及布什、普京等外国政要，国际奥委会的官员，将悉数齐聚这里，全世界最杰出的体育精英也将在这里汇集。

因而，它将载入人类社会和世界奥林匹克体育运动的史册。

造型如此独特，意义如此重大，所以当"鸟巢"的设计方案一经被中国政府所选中，便受到了世界各国媒体的热烈追捧，各式、各类报道铺天盖地，使得除"水立方"以外的其他所有新建、扩建的奥运会比赛场馆，均被"鸟巢"的光环湮没得几乎不复存在。

对此，北京城建集团担任国家奥林匹克体育馆建设工程总指挥的李宝臣最有切身体会。

国家奥林匹克体育馆与"鸟巢"比肩而立，相距仅百米之遥，也同属世界最先进的体育场馆，其名称与"鸟巢"的正式名称"国家奥林匹克体育场"仅有一字之别。

有一次，李宝臣出席一个宴会，席间，有人问他正在干哪项工程，李宝臣不无骄傲地回答："国家奥林匹克体育馆，我在那里任总指挥……"

"哇，'鸟巢'！"席间好多人极其崇拜地喊了起来，赶紧向李宝臣敬酒。

李宝臣更正说："不，是国家奥林匹克体育馆！"

"知道！不就是'鸟巢'吗？"

……

事后，李宝臣不无感慨："如果没有'鸟巢'，建国家奥林匹克体育馆可以让我在建筑界吃一辈子老本。可是，由于有了'鸟巢'，我居然成了白白给'鸟巢''打工'的了！"

正因为"鸟巢"的地位如此显赫，影响如此巨大，参建过"鸟巢"的企业和个人，哪怕是仅仅分包了一个细小局部的劳务工程，或者哪怕仅仅为"鸟巢"建设搬过两块砖、铲过两锹土，在今后的言谈话语、文字宣传或企业画册中，都极力把企业说成是"鸟巢"的建设单位，把自己说成是"鸟巢"的建设者。

也正因为"鸟巢"的地位如此显赫，影响如此巨大，承建"鸟巢"工程，成为国内无数著名建筑企业的最高企求和梦想。哪家企业获此殊荣，便无疑自动站到了全国建筑企业排头兵的位置之上，成为业界不二的"大哥大"。

因此，2003年"鸟巢"工程的招投标，便成为中国实力派建筑企业间一场空前的比拼。

为了提高竞争实力和中标胜算，中建集团、中信集团、北京建工集团、城建集团等实力派企业纷纷与国内外其他企业联姻，实行强强联合，组成竞标联合体。

北京建工集团竞标联合体的合作伙伴有上海建工集团、北控集团、香港建设、美国的 M 集团等 7 家企业。

群雄逐鹿，孙维林志在必得。

开标结果，建工集团竞标联合体以 87 分高居榜首，一举中标。

中标通知送达后，按国际通行规则和本届奥运会主办者的要求，中标联合体各方必须在 3 个工作日内与北京市人民政府签订 3 份有关合同，否则视为主动弃权。

所有的合作伙伴紧张工作了两天，头两份合同顺利签完。没想到在最后的节骨眼上，美国的合作伙伴提出了施工利润等问题，死活不肯继续在合同上签字。

孙维林动员一切力量，费尽心思想说服美方代表。可美国人犯起犟时，不比美国西部的任何一头犟牛逊色。极度煎熬人的 24 小时在僵局中一分一秒地度过，至第三日午夜 12 时整，建工集团已握在手心中的"鸟巢"施工总承包中标结果，被无情地宣布为"自动弃权"！

评标时得了 65 分的北京城建集团、中信集团联合体幸运地成了最后的赢家。

组织竞标联合体时"交友不慎"，致使其从"鸟巢"意外出局，这使"建工人"痛心不已。

使"建工人"聊可自慰的是，丢了"鸟巢"，好歹他们还有"水立方"。

"水立方"，实际就是国家奥林匹克游泳馆，是奥运会进行游泳、跳水项目比赛的场馆。由于外形设计四方规整，四周外立面呈组合的水泡状，且又采用海水的蔚蓝色，看上去就如一个巨大的水的立方体，故而得此雅号。

在北京所有的奥运会比赛场馆中，唯有"鸟巢"和"水立方"因外形而得名，更因外形而闻名。就像一个人从小到大别人都只叫

意外出局　扼腕痛惜丢"鸟巢"　祸不单行　悲情又染"水立方"

他的小名，这个小名于他就是其代号，叫起来顺口、亲切，若叫大名，反倒显得生分不说，而且绝对不如小名响亮。

"水立方"毗邻"鸟巢"，两大建筑一庄一谐，一刚一柔，相得益彰。

独特的造型，形象的昵称，使"水立方"一开始便成了北京奥运会的宠儿，媒体对它的关注、炒作，以及由此而决定的在世人心目中的形象，仅次于"鸟巢"。

"水立方"的建设采用分段投标的方式。在激烈的土方及桩基工程竞标中，建工集团拔得了头筹。

这意味着建工集团实际上已获得了"水立方"建设的总承包权。因为只要在土方、桩基施工中不出意外，接下来的结构、装饰施工任务便多半不会旁落。

2003年12月，一台系着彩带的挖掘机的巨铲，在亿万世人的关注中插入了冰冻的地层，"水立方"伴随着喧天的锣鼓声破土动工。

头几个月，一切进展顺利。

到了2004年3月，全国人大、政协"两会"召开，北京进入临时交通管制时期。

由于"水立方"桩基施工用的是河北涿州的砂石、燕山水泥厂的水泥，运输受到了一定的影响。紧接着一场重大的事件和变故，便因一个轻率的决定而发生了。

"水立方"施工现场的负责人，为了材料运输的快捷通畅，未经请示报告，擅自决定改变运输路线并改用别的生产厂家的水泥、砂石。

虽然改用的水泥、砂石也是符合标准的优质建筑材料，但这位负责人没有考虑到奥运工程所使用的所有建材，只能采用经过奥组委严格筛选确认的指定产品！

施工方的这一做法一经披露，立即引起了轩然大波！

北京国有资产投资管理公司向上写报告，称"有严重问题"。

北京市委、市政府及奥组委 5 位领导在报告上批示"严查"，责令现场立即停工！

热火朝天的工地突然间变得一片死寂。插在基坑四周的彩旗虽然还在飘动，可这时的飘动看上去很像一个人在冷风中瑟瑟地发抖。

工人们一时变得无所事事，插着双手，在背风处懒散地晒着太阳。事件责任人早已吓得丢了魂一般。已经浇筑而成的 5000 多根桩基要无一例外地做切块试验，一旦查出质量问题，是撤职是坐牢，就由不得他了。

所幸，5000 多根桩基质量全部合格。

更换了现场负责人后，基础施工得以继续。

然而，重大而恶劣的影响已经不可挽回。在接下来的结构工程招投标中，建工集团不出所料地败走麦城，退出了"水立方"的建设。

第十五章

决胜机场　一战功成捍尊严
气吞山河　国门巍巍迎奥运

　　绿茵场上的输赢，既有实力的因素，亦有机遇、运气及天时地利人和等缘由。输球是难免的，但做到输球而不输志，便不是真正的失败者。孙维林和"建工人""踢"进了"挽回面子的一球"，同样让人们记住了那道美丽的进球弧线。

"鸟巢"丢了,"水立方"也丢了。

可是,"鸟"飞走,"水"流去,并不意味着建工集团"厄运"的结束,首都机场3号航站楼的B标——国际航站楼工程,似乎也在扑棱着翅膀,正欲从"建工人"的手里飞走。

首都机场3号航站楼是2008年奥运会最重要的配套工程,在奥运工程中的地位非比寻常。它规模浩大,投资惊人,虽非奥运会比赛场馆,但却是除"鸟巢""水立方"之外的名副其实的"第3号"奥运工程。建成后,不光能在奥运会期间发挥重要作用,成为全世界通向北京的窗口,也将使首都机场一举跻身全世界最现代化国际机场的行列,大大提升北京作为国际大都市的形象。

3号航站楼建设工程分为国内航站楼和国际航站楼两个标段。前者为A标,称为T3A,后者为B标,称为T3B。

花开两朵,通过竞标,北京城建集团与建工集团各折一枝:城建集团负责建设国内航站楼,建工集团负责建设国际航站楼。

然而,机场刚刚中标,便出了"水立方"换砂子、水泥事件。中标通知书已发了一个半月,业主却迟迟不与建工集团签订合同。

显然,"水立方"换砂子、水泥事件影响恶劣,动摇了机场的业主对建工集团的信任。他们一方面要看"水立方"事件的调查处理结果,另一方面要酝酿出一个妥善的方法,来取消这一通过合法招投标程序产生的中标结果。

按说建工集团在奥运工程投标中成绩斐然,位列前"三甲"的工程,他们投中了"两甲"半。

不幸的是,前"两甲"都因故"飞"走了,连这"半甲"也在跃跃欲"飞"。

孙维林不能容忍这种灾难性的结果再次变成现实。他使尽浑身解数，上下奔波，多方斡旋，终于以真诚感动了"上帝"，保住了 T3B 工程，并于比原定开工日期晚了 4 个月之际，得以开工建设。

足球比赛中往往会有这种情况：一队全场被动落后，被对方连下数城，眼看就要以 3 比 0 甚至 5 比 0 被对方"剃光头"，却在临近终场之际漂亮地攻入一球。

这一球，往往被人们称为"挽回面子的一球"。

保住了 T3B 工程，于建工集团来说，就是那"挽回面子"的"一球"。

不过，在接下来的施工中，孙维林好好地"借题发挥"了一把，使 T3B 工程不但为建工集团"挽回"了面子，而且"挽足"了面子！

T3B 工程总投资 32.5 亿元，相比较，其规模虽不如 T3A 大，但对于奥运会的意义却要远胜于 T3A。它是中国的空中门户，是向世界各国友人及奥运健儿开启的第一扇窗口，是他们踏上中国国土后欣赏和感受到的第一座建筑物。

当初投标时，孙维林就志在必得，亲自过问和参与编制标书，完善每一个细节，并作出数项重要决策，结果开标得了第一。

如今，他选派集团副总经理张立元任 T3B 工程项目经理，调集一建、三建、六建等几大公司的精兵强兵参战，而他和张文龙总经理并列担任工程建设总指挥。

一、二把手双双担任一个工程的总指挥，这不光在建工集团历史上没有过，业界也很少见。但孙维林作此安排自有他的用意："我们建工集团已经'输'不起了，此役，必须以决战的态势、必胜的把握，打成一场争气仗、翻身仗！"

开工之日，孙维林作了气壮山河的动员报告和庄严承诺。

强大的领导力量配置，强有力的战前动员和现场思想政治工作，极大地调动了参战将士的工作热情和积极性。现场的各级管理人员和技术干部，每人每月只短暂地回家一次，每日的有效工作时间达十五六个小时。

经过精心编制的施工组织方案，使庞大的现场变成了一架高速、协调运转的机器。施工进度突飞猛进，质量把关严密到位，现场管理规范有序。

虽然比原计划晚开工 4 个月，却奇迹般地实现了提前封顶、提前竣工！

建工集团尽管意外地丢失了"鸟巢""水立方"，但在首都机场 3 号航站楼 T3B 工程中打出了威风，再现了"建工人"的英勇本色。

尽管丢失了"鸟巢""水立方"，但这并未影响建工集团成为承担奥运工程建设任务最多、为北京 2008 年奥运会作出巨大贡献的企业之一。

除了 T3B，他们还独家承建了国家会议中心工程。国家会议中心也被称为奥林匹克会议中心，在所有奥运场馆中，单体建筑面积最大，达 27 万平方米，南北长逾百米，内含射击场馆、奥运会新闻中心等重要功能区。

他们总承包建造的顺义水上公园，成为所有奥运场馆第一个完工的工程。不光质量一流，所精心创造的环境也极其壮观，极尽美丽。使得那些在激流中拼搏的各国皮划艇运动员，如同置身于天堂一般。他们既享受比赛，又享受美景；既可以欣赏北京山水风光的秀丽，又能够感受中国建设者的智慧与匠心。

　　此外，在林业大学体育馆、工业大学体育馆，奥运村地下通道、地下停车场，奥运会交通指挥中心等奥运工程建设中，"建工人"也留下了无数的佳话。

第十六章

智挽危局　刘淇定音赞改制
度尽劫波　柳暗花明再逢春

如果说，乘着事业的东风，顺风满帆地前进是一种能力，那么，在遭遇逆风恶浪时，能迅速辨明风向和洋流，驾驭企业之舟化险为夷，继续航行，则是一种智慧。孙维林一次次于"疑无路"处找到通向"柳暗花明"之径，扶危局于既倒的智慧和能力，是他顽强走向事业巅峰的重要条件。

2003 年至 2004 年初，建工集团以及孙维林犹如"八字"倒转，祸事和危机连连。

尽管孙维林团结和依靠党委会和班子的全体同志，以共产党人坚强的意志品质和非凡的应对能力，一次次地闯过了激流险滩，一次次地从跌倒处勇敢地站立了起来，掸去身上的泥土，擦干伤口的血迹，向着胜利的前方继续迈进。然而，接踵而至的灾难性突发事件毕竟太多了。"非典"时期出了中华家园群体感染事故，被市委、市政府口头通报批评；"N 工程"差点被业主清场出局。这两件事中的任何一件，事态如果再稍微严重一点，或者应对、化解不力，都足以让孙维林和集团其他领导丢掉"乌纱帽"，都足以让建工集团停止前进的脚步甚至陷入倒退。

接下来，"鸟巢"丢失、"水立方"丢失，T3B 也差点丢失……

这一系列事件和危机，使建工集团的社会形象受到很大伤害，集团上下许多同志感到心力交瘁，工作打不起精神，对建设具有国际竞争力的新型企业集团这一战略目标，更是产生了怀疑和动摇。

孙维林清晰地觉察到了企业中的这一低落情绪和思想动向。多年历练而成的政治敏锐力告诉他，应该寻找一个兴奋点，让社会对建工集团有一个正面的评价，以扭转颓势。

此时，建工集团的产权重组已进入了第 3 个年头，"捆绑式"改制获得很大成功，一建至四建重组改制到位，五建、六建也已进入了改制过程中的资产评估阶段。各改制企业有了新的机制后，经营活力大增，发展势头强劲。

以二建公司为例，自 2002 年 5 月正式改制挂牌，当年的综合经营额就从上年的 3.6 亿元猛增到 7 亿元，几乎翻了一倍。新签合同额达到了 15 亿元，比上年增加了 2.66 倍。2003 年，实现综合经营额 11 亿元，同比增长 49%，新签合同额 20 亿元，同比增长 33%。职工收入与企业经营同步增长，年均增幅达 30% 左右。拖欠了多年的几百万元医药费，改制后不久便一次性报销完，职工看病难、报销难的情况再也不复存在。

其他改制公司的发展情况也与二建公司大体相仿。

但是，由于他们的改制实践走在了全社会和国家政策的前头，"卖企业""国有资产流失"等非议和争论很多，媒体对他们的报道声音很弱。

深夜，万籁俱寂，只有卧室内的座钟不知疲倦的"滴答"声，在陪伴着孙维林不知疲倦地思索着。经过深思熟虑，孙维林认为改制是一个很有张力的兴奋点，决定以此为题发挥一下，以收"内聚人心、外塑形象"之效。

于是，他约见了北京市委办公厅负责人，申请向中共中央政治局委员、北京市委书记刘淇同志作一次汇报。

当日，刘淇同志的秘书来电话，约孙维林于第二天上午八点半钟到刘淇的办公室，汇报建工集团的改制情况。

孙维林准时赶到，可正逢刘淇临时有事，让他等了半个小时。

坐下后，刘淇书记抱歉说："维林同志，对不起，本来留给你的时间又被挤去了半小时，现在还有 45 分钟。这样吧，你讲 30 分钟左右，给我留 10 分钟。"

孙维林说："我知道您忙，所以昨晚赶了一份汇报材料，留给您有时间再看。现在，我只需 20 分钟左右就可以汇报完了。"

可是，话题一接触到"捆绑式重组"和国有资产不控股，立刻引起了刘淇同志的兴趣。他不停地问这问那，孙维林则一一解答，"汇报"变成了生动的"面试"。

不知不觉中，刘淇同志忘了时间，一看手表，交谈居然已进行了一个多小时。

可刘淇同志还没听够。他想了想，说："维林同志，我感到你们的做法很好，很有创意，对推进全市国有企业的公司制改造很有借鉴和指导意义。这样吧，今天先到这里，过两天，我带有关同志到你们集团去作一次调研。"

2004 年 6 月 17 日，一列由警车开道的车队从北京市委大院出发，一路绿灯来到了建工集团机关。

车门开处，刘淇书记和另外两位市委常委笑盈盈地下了车，身后跟着市委宣传部、市国资委、发改委、建委、市政管委、规委、国土局、财政局、税务局等部门的领导同志。北京市各大媒体的记者也随之而至。

孙维林没有想到，他向刘淇汇报刚过了两天，刘淇便安排来集团调研，而且，还带来了一个如此豪华的阵容。

调研的过程进行得十分轻松也十分成功。每一位领导对建工集团的做法都饶有兴趣。

本来，刘淇和调研组是冲着建工集团二级公司重组改制而来的。但调研中却有了新的发现，原来建工集团的改革改制是一个分三步走的系统工程。

第一步，孙维林戏称为消灭"孙子企业"，亦即三级企业。几十年来，由集团公司和各二级企业投资组建的法人实体企业共达 363

个。这些小企业多则上百人，少则几十人，经营项目五花八门，效益普遍不佳。它们犹如一根根缠绕在大树上的藤蔓，争享阳光和空气，束缚大树的成长。建工集团从现代管理科学的管理思想出发，推行管理层次扁平化，缩短管理链条，通过不同的重组改制方式，国有资本退出其经营，使363个小企业与集团和二级公司实现了彻底脱钩。

第二步，即是对二级企业进行公司制改造。

第三步，是集团自身做强做大，为实现集团公司的重组改制作准备。

做强做大集团自身，体现了孙维林发展总部经济的战略思想。他向刘淇等领导勾画出了这样一幅图景：

近几年，建工集团总部已在有步骤地展开一场重大变革，改变由政府管理部门变成企业后仍然沿袭的单纯的管理职能，实行管理职能与经营职能并举，生产经营与资产经营、资本经营并举的战略。

当时，已经成立了7个经营型事业部，形成了4大板块。其中的工程总承包板块包括总承包部、总承包二部、国际工程部、商品混凝土中心。其他分别为房地产板块、市政水务板块、物业板块。2003年，7个事业部的综合经营额已达到30亿元，2004年计划实现38亿元。

同时，集团强化与国际、国内知名企业的合作，改变集团产业结构单一的现状。他们已集中投入了8.56亿元资金，与美国金洲集团合资成立了"北京建工金源环保工程公司"；与德国贝尔劳格伯格公司合资成立了以地铁等城市基础设施建设为主的市政工程公司；与浙江精工集团合作成立了大型钢结构公司；组建了系统集成公司、环保投资开发公司等新企业，进入了多个新的经营领域。

集团跨地区经营的战略迈开了较大步伐，在已设立了上海、山东、福州、南宁4个分公司的基础上，继续加快在长江三角洲、珠江三角洲大中城市的发展。

国际市场开拓也取得较大进展，在非洲、中南美洲和东南亚国家承担的建设工程和投资业务不断增多。

在做强做大集团总部，发展总部经济的同时，2004年4月，建工集团已引进世界著名的美国安永会计师事务所担任集团财务顾问和重组顾问，为将来集团自身的重组改制作准备。

刘淇书记笑着说："维林啊，我们刚来调研你们二级企业的改制情况，可你们却已在做集团公司的改制准备了，你们这是又跑到前头去了啊。"

孙维林呷了一口茶，说："三级企业剥离了，二级企业改制了，我们集团机关应超前设计，超前准备。"

刘淇说："集团公司做强做大了，兜里有了银子，这样，将来重组改制时才能找到'婆家'，你这个被人说成是'卖企业'的孙维林，才能把自己也'卖'出去，对不对？"

刘淇轻松幽默的话引起一片笑声。

孙维林补充说："这样做，我们更主要的是出于另外一种考虑。以前，集团公司与二级公司是'老子'与'儿子'的关系。二级公司有钱时躲着你，没钱时紧贴你，跟你要活干，要钱发工资。现在二级公司改制了，如果我们集团公司不增强自身的经营能力和经济实力，还一味地靠吃管理费过日子，穷兮兮的，一旦改制后的二级企业经营中遇到不测和困难，集团公司却没有能力去帮助、扶持它们，这样，就不能确保我们投入的国有资产保值增值。同时，'老子'没钱，'儿子'就容易不敬，我们对二级企业的掌控能力就会受到影响。"

"是啊，是啊，"刘淇赞同说："维林，你们的想法和做法很好。希望你们做出进一步的成效来，到时候，我会再带人来调研……"

这次调研的重点当然还是二级公司的"捆绑式"重组情况。调查组成员提出了种种疑问。

有人问："你们已经重组的几大公司，合作方怎么没有一家是国有企业呢？"

"合作伙伴不选国有企业是我们的一条基本原则。"孙维林解析了他的理由，"国有企业跟我们是同类型的，思维方式、行为方式、运行机制和体制没有什么两样。这样的结合就好比近亲结婚，而从生物遗传的角度来讲，近亲繁殖是不适宜的。所以，我们执意要选民营企业、上市公司或外资企业。目的是要把他们好的理念、好的经营方式和好的体制、机制带来，与我们国企长期积累的经验、人才和资源相结合，实现优势互补。这样重组的结果才会'1＋1'大于2而不是小于2。"

"你们在'捆绑式'重组时，对'捆绑'的非经营性资产给予了较多的补偿。曾听闻你们的重组有国有资产流失的现象，指的是不是这个呢？其他方面还有没有流失现象？"

孙维林正色说："其实这是一种误会。我们聘用的资产评估机构，是经双方共同认定的权威、公正的评估机构，评估结果是真实可信的。

"我们对非经营性资产的处置，方法是按前3年企业的补贴平均数乘以 3 一次性给予重组企业补偿，不拿现金，而是从我们的实物资产量中扣除。以往，各公司每年都要往里补贴，企业负担很重。与其如此，不如变长痛为短痛，一次性处置完毕。这样，我们解除了长远的负担，改制企业又可以利用灵活的机制，用这笔钱来盘活这些非经营性资产，用产生的利润进一步改善职工的住房等福利事业。

"同理，我们按同样的方式把退休职工的养老金一次性拨付给改制企业，他们用这笔钱投入再生产，用产生的利润就可逐年逐月支付职工的养老金。所以，这根本不是国有资产的流失。相反，这种做法对集团、改制企业、职工和社会各方都有利。"

"国有资产不控股是你们的一个大胆举动，但社会上对此多有微词和疑虑，你们是怎么考虑的？"

孙维林料到调研组会提出这个问题，于是从容作答："从理论上说，资本的本质属性是追求最大化的利润。建筑行业是微利行业，国有资产本应全部退出来，投入经济效益更好的行业中去才对。但现在一时还做不到。既然本应退出而又一时做不到，那么，国有资产所占的股比就不是越多越好，而是越少越好。

"过去总认为国有资本必须控股，实际这只是一个观念问题。而这个观念有害无益。如果我们控股了，长期养成的思维方式、行为方式就会继续主导企业的经营，难以使新机制发挥作用……"

此次调研进行得很深入，刘淇书记与第一次听孙维林汇报时一样兴趣不减，问这问那，并作了数番重要讲话。

刘淇说："'捆绑式'重组是一个创举，其方案的形成体现了决策的智慧，这个方案能让对方接受同样体现了智慧。孙维林等同志们的探索和实践，为国有企业特别是国有建筑企业的公司制改造提供了一种新鲜的模式，并形成了完整配套的经验和可仿效的范本。这相对于以往所进行的各种形式的改革是一个巨大的进步。

"建工集团经验的宝贵之处，就在于抓住了产权制度改革这个核心问题，国有资本不控股，把国有企业交给民营企业家去经营，这是我们以往想做而不敢做，甚至连想都不敢想的事情。政策性很强，风险也很大。孙维林和建工集团成了'第一个吃螃蟹'的人。这只'螃蟹'不光吃了，而且还让他们吃出了好滋味！这说明改革本身就是勇敢者的事业。如果总怕被浪花沾湿衣襟，不敢挺立潮头，做击风搏浪的弄潮儿，国企的改革就很难有大的突破。

"当然，维林同志所以敢于带头吃这只'螃蟹'，并不是一种盲目的冲动。这是建立在他对党的方针、政策的深刻理解，对国家宏观发展方向的准确把握基础之上的，也是建立在他深厚的学识涵养、先进的理论思维基础之上的。如果没有这些方面的潜心研究和长期积累，不能做到智与勇的完美结合，这种勇气是无从产生的。

"这说明，改革的主体是企业，改革的经验出在基层，市委、市政府要不断总结基层经验，适时地把基层的经验上升为政策，以推动全市国有企业的改革改制。"

最后，刘淇书记指示，市国资委、发改委、建委等部门，要对建工集团的改革实践和经验加以认真总结、推广；新闻媒体要予以大力宣传报道。

从调研的第二天起，北京市各大媒体的相关报道便席卷而来。随后，多家中央媒体也闻风跟进，建工集团于突然之间成了新闻媒体关注和追踪的焦点，找上门来采访的记者应接不暇……

孙维林和集团领导班子在企业发展重要历史关头迈出的成功一步，达到了重塑建工集团社会形象、重塑"建工人"的自信心和良好精神状态这一目的。这使得他得以继续带领"建工人"向着建设有国际竞争力的新型企业集团这一目标迅跑。

第十七章

育才强企　筑牢人才制高点
求贤若渴　敞开大门纳精英

爱才、惜才、揽才、用才，是现代企业成功的要素。孙维林为构筑企业人才高地而殚精竭虑，为求得一个人才而礼下于人，为荐用一个人才而不遗余力……在一定程度上，他对企业的贡献，即表现为他对企业人才队伍建设的贡献。

育才强企　筑牢人才制高点　求贤若渴　敞开大门纳精英

有人说，孙维林的成功也是他先进的人才观念的成功，是他唯才是举、知人善任，高度重视人才队伍建设和人力资源开发的成功。

此话不假。

楚汉相争时，刘邦因得韩信而得江山，项羽因失韩信而失天下，成为千古史鉴。

马克思主义传统理论和现代管理科学，都认为人是生产力中最基本、最重要的起决定性作用的要素。

在建工集团，孙维林几乎逢会必讲人才的问题。"我们要把选人、用人、育人与企业的前途命运相联系，与实现具有国际竞争力的新型企业集团战略目标相联系，始终把人才问题放在战略的高度来审视和对待。"

他坚定地认为："人才状况特别是领导干部的素质和能力，决定和体现着企业的竞争力。有没有一支高素质的干部人才队伍，直接关系着企业的盛衰存亡。"

在他眼中，高学历、高职称并非与"人才"画等号与标准，"人的思维方式的科学化、行为方式的现代化程度，才是人才素质高低的本质体现，才是决定企业生产力水平、决定企业竞争能力的关键所在。"

在纷繁的人才资源结构中，孙维林最为重视的无疑是领导干部人才队伍的建设。党管干部的原则在他那里绝不仅是班子的配备和干部职务的升降，培训、培养干部，提升和再造干部的素质，成为更加重要的内容。8 年中，他每年都要举办数次中层以上领导干部、青年干部、后备干部培训班，工作再忙也雷打不动，从不中断。

其次，造就一代高素质的专业技术人才，也是孙维林孜孜追求的人才目标之一。除了思想的解放和观念的更新转变，建工集团面临的最大问题，即是来自于专业技术人才稀缺和人才资源流失的双重压力。要改变传统的生产经营模式和传统的产业结构，拓展新的经营领域，要面向国际市场，建设具有国际竞争力的新型企业集团，需要大量的专业技术人才作为支撑。

然而，专业技术人才的需求与储备、需求与引进、需求与补充、需求与培养，形成了尖锐的矛盾。战争时期，常有千军易得、一将难求的情况，而处在激烈商战中的建工集团则更面临着千军易得、一"才"难求的尴尬。

为了平抑这个矛盾，求才若渴的孙维林可谓"机关"算尽。

当然，他清楚地知道，人才问题是个系统工程，东寻一个，西挖一个，不能解决根本问题。而根本的方法是要改进人才管理办法，改变企业的用人机制和分配机制，搭建能够留住人才、吸引人才，有利于人才的涌现和成长，充分发挥人才作用的舞台，使企业成为人才的摇篮和蓄水池。

早在2002年9月4日，孙维林在集团党代会的报告中就明确强调："必须建立健全能够充分调动人才积极性的激励与约束机制，努力创造有利于各方面人才脱颖而出的环境。"

他在报告中曾引用了江泽民同志的一段话：

"物质资源的开发利用是人类社会发展的基础，而人类智慧和能力的发展决定着对物质资源开发的深度与广度。"[1]

他以此来论证人力资源也是企业最可宝贵的资源，人才也是企

---

① 江泽民：《加强人力资源能力建设　共促亚太地区发展繁荣——在亚太经合组织人力资源能力建议高峰会议上的讲话》，2001年5月15日。

业最宝贵财富的理念和观点，要求企业"真正做到'事业留人、感情留人、待遇留人'三位一体，努力创造有利于各方面人才脱颖而出的良好环境，确保企业长远发展的需要"。

为此，"企业内部要建立能进能出、能上能下、择优上岗、奖罚分明的劳动人事新机制。"

孙维林认为，在当今中国的所有企业中，国有企业拥有的人才仍然是最多、最强的。但是，国有企业在与民营企业的竞争中频现颓势，重要原因之一就是因为国有企业人才机制不活，压抑了人才积极性的发挥。如果不致力于创造一种使各类人才都能在建工集团发挥聪明才智的氛围，人才的浪费和流失就不可避免。

对此，孙维林是有过亲见亲历的。

1998 年，他在任北京住总集团总经理、党委副书记时，住总集团从清华大学引进了一名博士研究生。企业为他提供了住房、电话、电脑等工作生活设施，但一年以后，这位博士仍要离开住总。他说："虽然住总待我不算薄，但外面的吸引力太大了，另一个集团能为我提供更优厚的待遇。"

那么，另一个集团能给他提供怎样的优厚待遇呢？

据了解，大约是年薪 70 万元人民币！

孙维林用马克思的资本论、劳动价值论学说原理透视了这个例子，并据此认为："在市场经济观念已深入人心的今天，中国知识分子那种自古有之的传统价值观念，也早已发生了与社会合拍的变化。在社会主义初级阶段，分配仍然是调整个人与社会之间关系的最重要的因素。所以，分配制度的改革，仍然是国有企业的当务之急。人才不是一种无偿的资源，他要求贡献和收入达到相对的平衡，实现人才价值与价格的统一。价值与价格的背离不可能留住人才。"

据此，孙维林大胆提出："建工集团要尝试对人才资源进行战略性投资、战略性管理、战略性开发。首要的是挖掘和利用好建工集团本身蕴藏的各类人才，让他们在恰当的岗位人尽其才、人尽其用，为他们建功立业搭建平台、创造环境"。

2001年，建工集团13名领导班子成员中有6人年满60周岁了，有的已经超期工作两到三年了，谁来接替他们呢？拟提升的一名主管生产的副总经理张立元，拟提升的总工程师艾永祥，年龄、资历都够，没有什么争议。拟任工会主席的刘丽臣相对年轻，虽然有理论水平、干事也利落，但也有人提出不同意见。党委首先统一思想，并经过充分讨论取得一致意见。特别是提议将年仅31岁的安装公司副经理戴彬彬破格提拔为集团副总经理，由副处级一步升到副局级，这在论资排辈严重的建工集团阻力更是可想而知，各种非议纷至沓来。集团党委在做好细致工作的同时，冲破各种阻力，经过民主推荐、组织考察，戴彬彬成为建工集团最年轻的副总经理，这在当时的整个城建系统乃至全北京市都引起了不小的震动。在2002年10月召开的建工集团党代会上，戴彬彬又被集团党委推荐为党委委员、常委候选人，并顺利当选。

毕业于清华大学的戴彬彬，年轻、有学识、有魄力、有创新、勇担当，升任副总经理后，分管集团房地产开发，兼任房地产开发部经理，后又负责集团战略投资、环保产业。戴彬彬不辱使命，积极推进集团自有土地集中统一规划和开发。2001年之前，建工集团的自有土地大多以转让的形式，卖给了相关的开发商，不光转让款收回困难，开发商拿到土地后，还让建工集团垫资为其施工，企业收益很微薄。在戴彬彬的努力下，建工集团相继收回并规划开发了百子湾一号小区、翠谷玉景小区、卢师山庄小区等项目。特别是磨石场项目，原来以一亿多元的价格将土地卖给了一家开发商，这家开发商仅支付了 600 万元定金，因为后续资本金不到位，致使该项目搁置了四五年。集团决定收回此块土地的开发权，戴彬彬花两年多时间做了大量艰苦细致的工作，最终通过法律程序收回此地块的开发权，又经 3 年的规划开发，该项目实现销售收入 18.8 亿元，为建工集团赢得纯利近 6 亿元，同时为建工地产创立了品牌。在戴彬彬的努力下，建工集团共收回自有土地 73.88 公顷，自行开发商品房约 132 万平方米，实现销售收入 76.83 亿元，为建工集团创造了巨大的资本积累。

郭延红 32 岁调任集团战略投资部经理，不久后提升为集团总经济师，负责集团系统管理、战略投资结构调整、财务成本管理等工作。她出生于军人家庭，政治敏锐，思路清晰，做事沉稳，为提升集团的经营与管理水平作出了开创性的工作与贡献，被推选为党的十六大代表。

为了培养复合型高级管理人才，集团还任命戴彬彬、郭延红兼任三建、四建公司董事长，让他（她）们了解和熟悉把握二级公司的管理决策和运作，积累历练。

刘涛是孙维林 2001 年到建工集团后，从团委副书记调任集团办公室主任的，2003 年建工集团中标首都机场 T3B 项目后，党委又将刘涛调到首都机场项目指挥部任党委书记，协助集团副总经理张立元工作。张立元具有丰富的大型工程组织指挥经验，刘涛也不辱使命，在机场项目的施工管理中，提出"不找任何借口"的工作目标，提出并做到每周只回家一次的要求，并在项目管理、劳动竞赛上提出了许多很有创意的建议，使建工集团在首都机场 T3B 项目上打了一场漂亮的"翻身仗"。3 年后，刘涛奉命到集团总承包部任党委书记，2 年后又调入三建公司任党委书记、副董事长、董事长，为建工集团总承包部和三建公司的发展作出了重要贡献。后经民主推荐，被市国资委任命为建工集团党委常委、纪委书记。

为全面培养青年干部，孙维林除了经常向他们推荐新书，与他们交流读书心得外，还建议年轻干部要了解和熟悉机关各业务系统的工作，他常说，大楼里（集团总部）的事情搞不清楚，不懂得如何发挥领导机关和系统的作用，就不会是好的领导。

建工集团内部曾发生过这样一件事：改制后的二建公司，从双圆监理公司挖来了一名普通办事员，请他来当公司市场部经理。不到两年，又将他提升为公司副总经理，成为二建公司经营活动中举足轻重的人物。

孙维林抓住这件事做文章，在集团的一次重要会议上提出："为什么这个人才集团组织部门没有发现，人事部门没有发现，双圆监理公司也没有发现，而被二建公司发现了？"并进而提问："即使这个人才被集团有关部门发现了，提议让他当集团经营部副部长，集团班子能不能通得过？"

他断言："肯定通不过，至少是反对意见会占相当多数——这个人原来连科级干部都不是，怎么能一下提拔成副处级呢？"

他以这个例子来说明转变人才观念，改变人才管理机制是何等的急迫和重要。他说，二建公司由于实行民营企业灵活的人才机制，所以他们敢于提出"不求所有，但求所用""全国的项目经理都为我所用"的口号。意思是只要他们发现和看准了的人才，他们就将竭尽全力把这个人才请到二建公司来。集团公司也应有这样的气魄和海纳百川的胸怀，让全国的优秀建设人才都为建工集团所用。

孙维林没有把这种追求停留在理论和口头上。

2003 年，建工集团冲破重重思想障碍，来了一次真刀真枪地面向社会公开招聘人才的大演练。

这次人才招聘的任用指向，明确定在集团机关共 15 个部门的 37 个正、副职领导岗位上，实行外部招聘与内部竞聘相结合。

那则登在《北京青年报》上的招聘广告，社会反响巨大，盛况空前。报名应聘和竞聘者共达 607 人，其中，企业外部的应聘者达 500 余人。经过筛选，有 150 人参加了笔试，110 人参加了面试。

这次公开招聘，虽然最终只从社会上引进了 3 个人，分别担任了集团法律合约部、信息部及财务部部长，但此举开了建工集团面向社会公开招贤纳才之先河。在全国建筑企业中，也属较早和较少见的一次人才管理改革实践。

这次公开招聘，是建工集团改革人才管理机制的一个明确的信号，是对长期以来僵死的人才机制和陈旧观念的一次宣战，在集团上下尤其是在集团机关干部中产生了巨大的思想震动，对促进人才队伍的自律和素质提高，提升集团的竞争能力起到了很大作用。

相对于改革人才管理机制这一根本之策而言，零星单个地为企业网罗有用人才，也并非没有意义。一支再庞大的队伍，一个再强大的阵仗，都是由一个一个战士组成的，人才群体也基于一个个人才个体。狐狸腋下的皮虽然很小，但是聚集起来就能缝制成一件皮袍，所谓"集腋成裘"是也。

孙维林是乐于为企业网罗人才的。

1994 年，孙维林刚到北京城建三公司当总经理时，缺一个得力的办公室主任。他在公司内部物色了一遍，没有很合适的人选。

此时，有人向他推荐了张天国。

张天国原是城建一公司的团委书记，人很机灵，很有才干，搞过宣传报道，文笔甚健。不过，他已于几年前就调到北京海关工作去了。

孙维林此前不认识张天国，但听了知情人的介绍，就打电话约张天国来谈一谈。

见面一聊，孙维林大有相见恨晚之意。不过，张天国却只是礼节性地答应先"考虑"一下。

这一"考虑"就"考虑"了个把月。

俗话都说人往高处走，张天国从建筑企业调往北京海关，属人往高处走，如再从海关回到建筑企业，岂非"水往低处流"了？

这期间，孙维林几番托人去做张天国的工作。

一天，孙维林受张天国之约与当时的一位北京市委副书记的夫人共进午餐。席间，他一番番言辞恳切地相邀于张天国，又拜托那位市委副书记的夫人去做海关的工作，请海关支持，准予调动。

张天国是个性情中人，见孙维林确有求贤之心，又肯礼下于人，当即表示同意到他麾下来工作。

张天国到任后，很快成了孙维林的左膀右臂。经理办公室不仅是一个迎来送往、承上启下的办事机构，而且成为孙维林在城建三公司大刀阔斧推行一系列改革措施的智囊机构和执行机构。

育才强企　筑牢人才制高点　求贤若渴　敞开大门纳精英

很多人都说，张天国这位办公室主任，比一位公司副总经理的作用还要大。

陈仲相，是孙维林为城建三公司"挖"到的另一个重量级人才。

当时，城建三公司管理粗放，班子中缺少懂经营、会算账的人，对所属公司监控、监管不到位，形成"诸侯经济"状态。分公司有多少钱，公司财务部门不知道，成为名副其实的记账财务、流水财务。

孙维林到任前，曾有过这样的情况：公司接了工程任务，施工过程中缺30万元钱，向分公司借，但各分公司却都说自己账上无钱。最后，公司领导只得号召机关职工集资才解了燃眉之急。

而事实上，几乎哪一家分公司账上都有钱，仅亚东混凝土分公司账上就有500多万元，但公司就是调不动，借不来。

这种与公司离心离德、不听号令的状况，到孙维林任经理后仍然存在。要改变这种状况，必须建立和推行严格的系统管理制度，使公司机关的各业务系统管理纵向到底、横向到边。但当时的公司领导班子成员中，缺少一位精明强干的经营管理人才。

于是，孙维林想到了在城建一公司当项目经理的陈仲相。

是年，陈仲相刚30多岁，却已在建筑施工一线摸爬滚打了十多年，不但管理经验丰富，而且精于算账，有经济头脑，领导能力、决策能力、执行能力、交际能力都比较强。孙维林通过集团党委的调动和任命，把陈仲相放到了城建三公司总经济师的位置上。

陈仲相不辱使命，把城建一公司的项目管理经验、承包政策、财务制度、分配制度等带到了城建三公司，着手整章建制，出台了一系列经营管理制度。

推行这些制度，势必影响到一部分人和小团体的利益，因此，陈仲相上任后一直处于矛盾的焦点。虽然他有一股年轻人天不怕、地不怕的干劲，有孙维林的支持，但孙维林觉得陈仲相的地位和权威仍不够，于是，很快又通过集团党委根据工作需要将他提升为公司副总经理兼总经济师。

1997 年，孙维林调任北京住总集团党委副书记。离任时，他建议城建集团党委任命陈仲相担任城建三公司总经理。

不管是在哪个岗位上，陈仲相都非常勤勉、称职，富于创造性，为城建三公司的改革、发展作出了重要贡献。

陈仲相以出色的能力和业绩，很快进入了北京市委组织部干部选拔的视野。不久，就被任命为首都发展集团总公司副总经理。

第十八章

慧目识珠　一将激活一池水
苦心举贤　愿效萧何荐韩信

　　如果说求贤若渴是一种胸怀和品质，知人善任则是一种能力和艺术。而这两者和谐地集于孙维林一身，使得他对人才的发掘和任用不乏成功的事例。众多这样的事例累加起来，便会形成一种"现象"，并渐次构筑成企业的人才基业。

第十八章

慧目识珠　一将激活一池水　苦心举贤　愿效萧何荐韩信

孙维林为建工集团"网罗"了不少卓有才华和贡献的人才。北京建工置业有限公司董事长任文书即是其中的一位。

建工集团原来只有"兆佳""合佳"两个小区物业管理公司，规模小，经营也不善。作为相关的产业链，与建工集团这样一个大型建筑、开发企业很不匹配。

物业管理和经营，是一个随着房地产市场形成后而出现的新兴产业。孙维林对物业在建工集团产业结构中的地位和作用有着独到的筹谋，总想着让建工集团拥有的每一寸土地、每一平方米房屋都成为经营性资产，产生出最大的效益。

2002年，他与集团总经理刘龙华等领导商量，决定成立一个物业管理部，作为集团的事业部之一，统管全集团的物业经营管理工作。

形成共识后，却苦于一时找不到合适的物业管理部经理。

北京市建委主任刘永富闻讯后，向孙维林推荐了北京门头沟区京西旅游集团党委书记任文书。

孙维林便先行与任文书接触。可谓"行家一出手，就知有没有"，一番交谈，孙维林心里已对任文书这个人有了底。"如果请你担任建工集团物业管理部经理，你有做好工作的把握吗？"

"没问题！"

任文书的自信和坦率进一步博得了孙维林的好感。

不过，虽然任文书"没问题"，但孙维林把引进他的意向提交到领导班子会讨论时却"有问题"了，争议很大。原因是他的学历低，以前又未专门从事过物业管理工作。

孙维林耐心地说服大家，坚定地主张引进。他说："这个同志我已接触过了，感觉他有思路、有魄力，懂经营，是块干事业的料。他本人很有信心，我对他也很有信心。如果引进来后，将来工作干得不好，给企业造成损失，由我个人对此负责……"

任文书上任了。可喜的是，他不但没有辜负孙维林和建工集团，而且其能力和业绩还远远超出了孙维林的预期。

他想方设法盘活集团的非经营性资产，面向社会经营，使这些非经营性资产由集团的负担变成了摇钱树。

他这个人只讲原则，不讲情面，物业经营中有收不回来的钱，只要他一出马，钱就能收回来。

同样一处房产，别人经营，年收入只有100万元，而经他一番设计运作，却能多收入100万元。

比如建工集团在北京东三环附近有一处8000平方米的房产，被办成古玩和古典家具市场。以前的经营方式为分散出租摊位，年出租收入为300万元左右，但集团的管理成本却达200多万元。任文书说："这哪儿是什么经营，跟白送、白忙乎差不多！"

他果断决策并不顾黑恶势力的威胁纠缠，将原客户全部清退，将集团的市场管理人员全部撤回，把8000平方米房产整体租给一个商户，年租金580万元。这一变化，意味着每年可增收500万元左右。

2002年，建工集团在北京亦庄经济开发区替一位老板施工建设一幢1万平方米的楼房。主体盖完后还没装修，那位老板出事了，被判了刑，没钱付建工集团的工本费，只好用那幢烂尾楼来顶账。

当时，集团领导层中的大多数人都不想要。任文书对孙维林说："要吧，不要白不要。要下来，至少我们还能落下这块地皮。"

接着，他又建议集团投入5000万元，把那幢烂尾楼改建、装修成为一座宾馆，交给他对外经营。结果，这家取名"圣坤酒店"的宾馆成为亦庄地区最上档次的旅游接待中心和会议中心，常年客满，成为集团经营性物业的一个重要支点。

任文书上任一年，建工物业跻身北京市物业管理先进单位，并晋升为二级资质。

次年，又晋升为一级资质。

建工集团的物业资源，已客观存在了几十年。但因无人去开发经营，长期成为企业沉重的负担。由于孙维林力主引进了任文书这样一个人才，便"化腐朽为神奇"般地激活了这潭死水。其创造的利润排在房地产业之后，位列第二。

楚汉相争时，萧何慧眼识人，又爱惜人才。"萧何月下追韩信"，留下的不光是一段传世佳话，更因"留"住一位人才而帮助刘邦成就了千秋霸业。

孙维林"留"人才，也颇有几分萧何之风。

建工集团副总经理丁传波，就是他用兄长般的感情为企业"留"住的人才。

丁传波原是建设部质量安全司的一位处长，几年前来建工集团在总经理助理的位置上挂职锻炼。两年挂职期间，各方面才能得到展示，也逐渐爱上了充满竞争和挑战的企业工作。

挂职期满时，丁传波面临两种选择。或者，回建设部等待升迁；或者，接受北京新奥集团伸向他的橄榄枝，去新奥集团当副总经理。

此时，孙维林却给他提供了第三种选择：留在建工集团。

丁传波说，他对建工集团已有了较深的感情，留下来工作本无不可。但他也有些顾虑。

孙维林说："我知道，你性格比较直，抓工作也比较急，有的关系难免照顾不到。这个，我可以帮你协调、弥合一下，谅无大碍。建工集团面临大发展，正是用人之际，绝不会让任何一块黄金埋在土里。你现在要考虑的问题是，是否真心愿意留下来，为这个国有老企业的振兴贡献聪明才智？能否最大限度地发挥创造能力，创造出一流的岗位业绩……"

恳切的言辞，兄长般的关爱，丁传波深受感动。他说："董事长，就冲您这位老大哥，我不走了。我的职务问题，悉听党委安排，我个人不提任何要求。在哪个岗位上我都会尽心尽力地工作。"

3个月后，建工集团内部竞聘一位副总经理，共有4个人参加竞聘，丁传波以最高的得分被聘任为集团副总经理。

在班子成员的分工中，孙维林用其所长，安排丁传波分管生产安全工作。2005年底，为了加大开拓外埠市场力度，集团成立了区域市场部。孙维林觉得丁传波曾在建设部工作多年，全国各地人际关系和情况较熟，又让他兼任了区域市场部经理。

丁传波以出色的工作和业绩兑现了自己的诺言。那几年来，企业安全生产形势平稳，外埠市场拓展形势一片大好。2006年，内蒙古自治区的5个重点工程，有3个被建工集团拿下。在其他省市也捷报频传。在2007年后的新签合同额中，外埠市场占了三分之一以上，为建工集团成功应对后奥运时期北京建筑市场萎缩和全球金融危机带来的不利局面，起到了及时雨的作用。

2008年汶川大地震后，丁传波作为建工集团抗震救灾的前线总指挥，统领骁勇善战的建工健儿，在百万救灾大军中大显神威，更是打出了建工集团的品牌和威风。

"我们要强调客观地评价他人。领导者不光要客观地认识自己，更要客观地评价、认识他人。所谓客观地认识他人，就是要辩证地看人、用人，而不是戴着有色眼镜、带着偏见和求全责备的目光去看人、用人。

"有高山才有峡谷，一个人的优点越突出，他的缺点、毛病也就可能越突出，这是符合辩证法的。我们强调要用人之长，避人之短。用人，主要是看他能干什么，而不是先看他有什么缺点。"

孙维林的这两段话从一个侧面体现了他的人才观和用人原则。

2004年之前，建工集团机关在礼士路。机关人员吃午饭，要下楼走一段路才能到食堂。为了开源节流，原来专门的机关食堂被租出去一大部分，机关人员排队买饭后，要端回办公室去吃。饭菜容易凉不说，路上还容易落进异物。要是遇上沙尘暴天气，端回来的饭菜就无法入口。2002年间沙尘暴天气频仍，这个问题就更加突出。

民以食为天。孙维林觉得吃饭问题并非小事，应该尽快改善一下机关人员的就餐环境。

他找来机关党委书记兼行政保卫处处长李乃庆，问他有什么解决的办法。

李乃庆摇摇头、咂咂嘴，想不出好办法。

孙维林觉得，你管这件事，却想不出办法，那就只能换个能想出办法的人来干了。

是年6月，三建公司经理在集团巡回办公会议上汇报工作时，说到了他们公司党委副书记崔海通在机关后勤和行政保卫工作中的一些成功的做法。

说者无意，听者有心，孙维林觉得崔海通这个人有思路，做行政服务工作有一套。

会后，他从侧面进一步了解了一下崔海通的有关情况和群众反映，都不错。于是便和班子其他成员商量：李乃庆年纪已五十八九，即将退休。退休前，能否让他只担任机关党委书记，而把行保处长的位置让出来，换崔海通来干？

沟通中，一位同志提出："崔海通作为三建公司党委副书记，花那么多精力去抓吃喝拉撒的琐事，有不务正业之嫌。如提拔使用，我个人保留不同意见。"

孙维林觉得有必要借这个机会，帮助他转变一下用人观念。于是，他和颜悦色地对这位同志说："首先我要纠正你的一个说法，吃喝拉撒的后勤工作并非什么琐事、小事。我是从部队过来的人，部队中有一种说法——连队的伙食搞好了，能顶半个指导员。所以，党委副书记去抓这些工作并非不务正业。

"其次，人无完人，我们让崔海通来当行保处长，是因为他对这方面的工作有思路，有实践，有实绩，而这并不是以他这个人没有任何缺点为标准来考量的……"

一番话，说得那位同志心悦诚服。

崔海通上任后，先用了一段时间对集团机关的周边环境和食堂的现场进行了观察、研究，并到外单位去做了一些调研，解决机关人员用餐难的两个方案就出来了。一个方案是在机关办公楼后面接出一处房来，新建一个机关食堂。另一个方案是把租出去的原食堂大厅收回一部分来，进行适当改造后用作餐厅。

集团领导采用了他提出的第二个方案。

经过崔海通一番紧锣密鼓的设计和改造，一个崭新的、功能设备齐全的自助餐厅很快面世，给了机关干部一个大大的惊喜。

自助餐厅启用的同时，机关食堂增加了供应早餐。200 多名机关人员不但有了舒适的餐桌椅和存放碗筷的地方，也省却了一早起来做早餐的辛苦和麻烦。

用餐难的问题一解决，引起了连锁的利好反应。机关上班也不用刷卡了，大家来得都很准点。一边吃早餐，一边还把某些工作商量和布置好了。

崔海通当了两三年行保处长，调任了五建公司党委书记。但是，他在集团机关建立的一整套后勤保障和行政服务、安全保卫工作制度和做法，却作为一种好的传统留了下来。2004 年，集团机关搬进新落成的建工大厦后，机关食堂办得更加出色，租用建工大厦办公的各家单位、团体的白领员工，也都在建工食堂就餐。为机关人员提供早、中餐的做法一直延续至今。

孙维林很讨厌这样的人：自己干得并不怎么样，但在任用别的干部时，却又不切实际地求全责备。

他在任城建三公司总经理时，公司市场经营部要配备一名部长，孙维林经过物色，选中了一个叫朱亚林的人，有能力，也有热情，且年富力强。

但到班子会上一讨论，通不过。

一位分管市场经营的副总经理说："朱亚林可能在外单位兼职、捞外快，这样的人不能轻用。"

孙维林问："朱亚林在外兼职、捞外快，这个事有没有事实根据？"

这一问，对方却又语焉不详，不敢肯定。

孙维林心中蹿火：选一位干部多不容易，选到一位合适的干部又是多么难得，却因为一两句缺少根据的传闻给否了。既然朱亚林通不过，那么，选人的事就交给你去办。

孙维林对那位副总经理说："经营部长的人选，就委托你去物色吧。标准嘛，不多，就几条。第一，要有思路；第二，要有经营能力和市场开拓能力；第三，要有工作热情；第四，要忠诚于城建三公司，不能有朱亚林这样的问题或其他毛病。你物色到了告诉我，不管是张三是李四，我都同意。"

过了约两个星期，那位副总经理蔫蔫地来对孙维林说："孙总，还是用朱亚林吧，比来比去，全公司还真没有比他更合适的人。"

孙维林半开玩笑半开导地说："这人才要是能按照设计图纸去加工制造就好了，保证质量全优，实行'三保'。既然这样，那就再上班子会议讨论吧。"

再次讨论的结果是全体通过，朱亚林被任命为公司市场经营部部长。

任命以后的结果，是朱亚林在这个岗位上干得非常出色，市场开拓力度很大，承接的工程任务源源不断。孙维林在城建三公司当了 3 年总经理，企业综合经营额从 2.2 亿元上升到 4 亿多元，三年翻了一番，其中就有朱亚林的一份功劳。

这就是孙维林，以睿智的眼光识人，用宽广的胸怀用人。他把良驹唤出马厩，放奔马千里驰骋。"一个孙维林"靠人格的魅力，逐渐打造出了"孙维林团队"，建工集团凭借来自五湖四海的过硬干部队伍，上演了一幕幕精彩的"市场大戏"。

孙维林特别重视团队的建设。他不断提出领导干部心胸要宽阔，要有包容精神，领导干部有多大的胸怀就能做多大的事。领导要包容别人的短处，要学习做蛋糕，让每个人做大、做好蛋糕，而不要几个人争一个蛋糕。领导可以过问具体项目、事情，但不要越级与下属争做同一件事情。他经常与班子成员特别是年轻的同志讨论为人、为官、为业之道，用平实的态度、简洁易明的道理，说服大家，以使集团班子形成合力。

第十九章

"横向到边" 系统交汇无缝隙
"纵向到底" 丝丝入扣尽职能

　　系统管理，堪称现代企业的管理要术。孙维林将系统管理奉为"至宝"，在不同的企业中强力灌输和推行，成为他经营企业屡试不爽的一个真招实术，也成为他留给建工集团的一种管理思想和文化。

人的一生，是由不同的生活、工作经历连缀而成的。孤立地看其某一时段的经历，不足以观察到一个人本真的东西。而将其不同的工作经历连贯起来看，就可看清其漫漫生涯中的主流，从而衡量其人生的价值。

1994 年至 1997 年，孙维林临危受命，到北京城建三公司任总经理，公司的生产经营额从 2.2 亿元上升到 4 亿多元，三年翻了一番。

此后，孙维林在北京住总集团任党委副书记、总经理三年半，集团的综合经营额也翻了一番。

到建工集团任职的 9 年中，企业综合经营额从 81 亿元跃升至 302.4 亿元，增长了 2 倍多；9 年中创造的财富超过了此前 50 年所创造的财富之和。

在市场经济的汹涌浪潮中艰难搏击，孙维林因何能一路鲜花、一路笙歌呢？

从"根"上说，这是他一生孜孜以学、学以致用的结果，是一种厚积薄发的现象。读破万卷书，胸藏百家术，使得他的思想拥有了超乎常人的深刻，使得他的目光变得像鹰隼般犀利。面对白刃格斗般的商海博弈和企业积重难返的纷繁局面，他能一目千里地看清企业发展的方向，高屋建瓴地提出企业经营的策略，得心应手地驾驭企业、引领企业走向成功的彼岸。

而这一切，又绝非纯粹的纸上谈兵。孙维林的成功，是以企业经营与管理中的一个个真招实术为前提的。

在管理科学中，系统管理理论的诞生是一个重大创举。众多经济学家依据系统论思想，逐步形成了成熟的系统管理理论，从而推动了世界经济突飞猛进的发展。

然而，近半个世纪的计划经济，令中国的企业管理一直远离于系统管理的思想。其结果，使中国经济和中国企业长期无法摆脱重产值、重规模而轻成本、轻效益的状态，客观上造成不光发展速度相对迟缓，而且其发展严重依赖于资源的大量消耗，并以牺牲环境利益作为代价。

孙维林初到城建三公司当经理时，即对系统管理思想和理论进行了一番大胆的实践。当时，城建三公司经过数次划小核算单位的改革，原第一工程处、第二工程处、混凝土、地铁地基、锅炉管道安装等生产经营单位被相继划走，只剩下了公司机关、第三工程处和一些后勤保障单位，企业的组织结构、生产力布局严重失衡。

在这种情况下，孙维林按照对企业实行系统管理的要求，将公司机关34个科室调整为15个职能部门，机关人员由原246人调整为148人。这一根据业务系统化管理原则设计的机构，体现了强化经营、技术、工程、财务金融四大系统的思想。经营部由原几个人增加到14人，技术部与工程部总数则达到31人。

孙维林强调，机关职能部门尽管有主有次，但15个职能部门就是15个系统，其管理工作都必须做到纵向到底、横向到边。纵向要管到最底层的生产单位，不能有断层和死角。横向则要求做到各相关业务系统之间的交会交接不能出现缝隙，要实现"无缝对接"。

在系统管理思想指导下，1994年10月，孙维林对城建三公司进行了一次缩短管理链条的大手术，撤销了原工程处，根据业务性质设置公司直属的各专业分公司。具体为：将九分公司、机务队合并，成立路桥分公司；将机运三队、五分公司合并，成立市政分公司；

机运一队改为机械分公司；运输队改为运输分公司；吊装队改组成桩基降水分公司；六分公司改组成基础分公司；七分公司组成房建分公司；另组建若干个项目经理部。各分公司与项目部一律归公司直管。

同时，公司成立了房地产开发部、商贸部、拆迁部、物资部、计量试验中心、培训中心、房管所 7 个事业部，行使对内对外的经营职能。

这种建立在系统管理基础之上的组织机构成立后，很快产生了积极的效应。地处大屯乡的一栋单身宿舍楼，原来只供少数职工居住使用。主管部门按照系统管理职责将其收回整体出租后，年租金高达 850 万元。在 20 年的租期中，第三、第四年租金还将分别递增6%。房地产开发部与吐哈油田合作开发公司一块闲置土地，建设了19110 平方米的商业用房，城建三公司负责土地和前期手续并负责施工，吐哈油田承担全部建设费用。建成后，公司将获得 11000 多平方米的商业用房，一经盘活，将可获得近亿元的收入。

城建三公司的财务部一直是传统的记账式财务，不参与企业经营决策，预测预控不了企业的经营风险。而且由于管理松散，导致各下属单位多头开设账户，一个分公司有四五个甚至七八个账户，各分公司共有 46 个银行账户。强化系统管理后，公司财务部全部撤销了分公司的银行账户。同时，成立企业内部银行，使公司长期以来的财务乱象一下子得到了根治。

孙维林在城建三公司推进的系统管理分为四个层次：公司业务系统化管理小组；业务系统管理委员会；各业务系统机关工作人员；各业务系统基层工作人员。为了提高系统管理水平，公司对各层次、各系统的管理人员进行了专门培训，并将 1995 年确定为公司基础管理年。

孙维林初到住总集团任职时，他在一个个建筑工地上看到的是这样一种情况：一个工地，有十来支外地作业队伍参与施工。十来支队伍便要搭十来个伙房。一堆堆用于工程建设的木材被刀劈斧剁用来生火做饭；有用的、没用的钢筋混杂堆放并被随意当废物处置……整个现场就像一个大车店。

针对这种情况，孙维林提纲挈领，从建立业务管理系统，加强纵向到底、横向到边的系统管理入手。

项目法施工的精髓即是强化系统管理。生产经营的各业务系统，形成一个完整的矩形方阵，直线管理，各司其职，纵向到底，横向到边。公司机关通过强化系统管理，成为一个高效运转的组织。

孙维林在住总集团大力推广严格意义上的项目法施工，彰显了系统管理的巨大威力。施工生产进入有序管理体系，向着又好又快方向发展，各施工现场面貌大变，创造出一大批亮点工程。

建工集团拥有强大的施工生产能力，但是，能盖起漂亮、高大的楼房，并不意味着能为企业带来好的效益。系统管理的缺失，使建筑施工的产值利润率不足 1%，亏损项目长期存在。特别是随着施工区域的扩张和规模的迅速扩大，管理机制严重不适应，管理的触角、人员到不了位，事故和问题频出，严重制约了企业的正常发展。

建工集团的财务系统，长期处于记账式的状态，不能渗透到企业的投资决策和经营成本控制中去。更糟糕的是，一个项目终结了，可成本却报不上来，一拖就是几个月。虽然花大成本实现了施工现场的计算机管理，可每天发生的成本却算不出来。

处于企业龙头地位的经营系统，问题同样严重。

因缺乏明确的责任目标和规范，经营部门以承揽到工程为己任。编标、投标的水平，战略、策略的水平，离市场的要求差距甚远。在一定程度上，经营部就是一个找信息的部门，找到信息后开始编标、投标；中了标，就找个项目经理部去干。至于干赔干赚就不管了。许多工程项目，中标之日即是亏损之时。

虽然弊端重重，但在建工集团这样一个老企业，传统管理模式和习惯意识根深蒂固，欲代之以全新的系统管理绝非易事。

然而，孙维林认准的事就绝不会放弃。

从 2002 年始，孙维林就开始不止一次地在各种会议和场合痛陈粗放型管理的危害，并开始一步步完善业务系统建设，提升部室职能。

2004 年，建工集团花重金聘请了著名的人力咨询机构普尔摩公司的六七名专家进驻集团机关，在与机关人员广泛沟通的基础上，评估现状，设定新的组织结构、部门职能，编印岗位职责说明书，描绘各部门之间的相互关系，制定岗位考评标准。

在普尔摩公司的帮助下，集团机关的职能部门由 19 个调整为 15 个。虽然部门减少了，但经普尔摩公司的设计，各部门职能相互衔接、交圈，构成了一个"纵向到底、横向到边"的完整体系。

机构、岗位设定了，职责、目标明确了，系统管理在艰难中一步步推进。

按照钱学森系统论中的一个重要思想，孙维林强调，职能部门和管理人员的重点，要放在两个系统的交会交接处，不能让它有"缝"。不然的话，大量的效益和财富就会从这个"缝"中漏掉，各种问题和隐患就会从这个"缝"中产生。实现了这种"无缝管理","横向到边"就有了可能。

孙维林同时强调,"横向到边"的另一要义是管理职责到边。各职能部门要在既定职责的基础上,主动跟随集团改革发展的变化,认真研究对事业部、京外公司、国外公司、二级企业的管理内容、范围和深度,要制定标准,形成规范。

"纵向到底"的关键是严格履行系统管理职能,提高执行力和调控力。孙维林下大力抓的是改变靠文件、会议去管理的"空中指挥"方式,通过现代化的信息管理手段,及时掌握基层直至重点工程项目的动态,及时提供业务指导,加强过程控制。

推行系统管理,使得建工集团"记账式"的财务发生了质变,系统职责使得财务部门对企业的每一项投资决策都事前提供经济分析数据,并进行说明和描述,如能否赚钱,如何盈利,有何风险;通过财务报表对企业的日常生产经营进行分析和监督,确保运行健康;对工程造价、材料、人工、机械价格等方面提供服务。在履行好这些基础职能之后,才是做好实际经营状况的原状财务记录。

系统管理大大强化了职能部门负责人的责任。各部门负责人对本系统的管理负责,年度有目标,月底有分解,考核有标准,分配有依据。基层出现问题,系统负责人将被追究责任。

强力的推行,带来了显著的变化和效应。春去夏来,在建工集团沿袭了半个世纪的粗放式管理逐步隐去了踪迹,系统管理得以全面覆盖。企业遍布国内外的生产经营活动在规范中有序开展。管理死角、管理漏洞被压缩到一个极低限度。出了问题找不到责任人、各级领导成天忙于应付、忙于"救火"的现象大大减少。企业的经营规模和效益，在系统管理的强力推动下一步步迈上新的台阶。

美国人詹姆斯·沃麦克和英国人丹尼尔·琼斯在《精益思想》一书中称：精益思想的核心是消灭浪费，创造价值。[①]

孙维林认为，系统管理是精益化管理思想在建筑企业中的具体运用。系统管理也是一种思想，是增强企业核心竞争力的重要推手；系统管理是一种观念，是企业精益求精、追求卓越的科学选择；系统管理是一种方法，是建设节约型、质量型、效益型企业的根本途径。

系统管理得以在建工集团生根开花，并逐步上升为一种管理思想和文化，是孙维林对建工集团的重要贡献之一。即使在孙维林退休之后，它仍将长期助推建工集团加速实现企业战略目标的步伐。

---

① ［美］詹姆斯·P.沃麦克，［英］丹尼尔·T.琼斯.精益思想［M］.沈希瑾，张文杰，李京生，译.北京：机械工业出版社，2021.

第二十章

数业并举　鸡蛋不放一个篮
力挺开发　建工地产多佳音

　　建工集团的房地产开发已有 20 多年历史，但在前十多年中似有若无。真正被当作主业之一并得以快速发展，得益于孙维林"多元化经营"的思想和他的鼎力推动。如今，房地产开发已成为集团的支柱产业和第一盈利板块。

第二十章

数业并举 鸡蛋不放一个篮 力挺开发 建工地产多佳音

"不要把所有的鸡蛋都装进一个篮子里"，这是一位著名的西方经济学家给全世界企业家的忠告。

孙维林认为这是一个真理。一个人如果把鸡蛋分装在多个篮子里，即使一个篮子落地，那他损失的也不是全部，其他篮子里的鸡蛋仍可让他维持生存并实现发展。

因此，"单一的产业结构是经不起风浪打击的，建工集团一定要走多元化发展之路"，这成了孙维林给"建工人"的一句忠告。

孙维林刚到建工集团工作的 2001 年，集团的建筑施工产值占综合经营额的 90% 以上。"鸡蛋"几乎全部装在建筑业这一个"篮子"里。

然而当时，几乎没有人对此产生忧思。相反，不少人是以此为骄傲的。因为建工集团拥有领先于全国同行业的建筑施工技术和实力。

"只要有技术、有活干，建工集团就穷不死。"

孙维林的观点截然不同："穷不死，顶多只是一种可能；但富不了，却是绝对的结果。"

在先期转变观念、统一思想的基础上，2002 年 9 月，孙维林把"坚持以产业产品结构调整为龙头，以资源配置调整为基础……全面推进集团结构性调整，集团公司形成资产经营与生产经营并举的基本格局；形成以建安施工为主，基础设施施工、建机建材工业和房地产开发、装饰装修等并举的经营架构"，写进了党代会的报告和决议。

应当说，在当时情况下，孙维林及其集团领导班子，对产业结构如何调整、产业链如何延伸、集团最适合发展哪些产业的认识，还是有较大局限性的。

在以后数年的实践中，他们审时度势，与时俱进，逐步厘清了思路和长、短期规划，并逐步培育形成了"双主业"（建筑业、房地产业）、"多板块"（市政道桥、物业物流、环境环保工程等）齐头并进的产业格局。

在北京市各大建筑企业中，建工集团的房地产开发是起步最早的。然而却"醒得早，起得晚"，自 1987 年注册成立了一级房地产开发公司后，直至进入 21 世纪，年开发销售额仍徘徊在亿元左右。其原因是认识和重视程度严重不足，靠建筑业吃饭生存的观念始终顽固地盘踞在许多人心中。

孙维林利用一切方法和机会，让越来越多的"建工人"认识到，市场经济的发展和城乡格局的改变，使得农民放下锄头就可以成为建筑工人，包工头拉起一支队伍就可以成立一家建筑公司。因此，建筑业已越来越成为"低端竞争性"行业，建筑企业则越来越成为"微利风险性"企业。

相比较而言，房地产开发虽然有风险，但与高风险相伴随的是高回报、高收益。

"我们与其把企业百分之八九十的资金投放在建筑施工上，去换取不足百分之二三十的利润份额，为什么不按资本流动的自然属性，将资本更多地集中用于高回报的房地产开发上？"

孙维林对建工集团房地产业的发展倾注了大量心血，也很快收到了成效。房地产开发年销售额迅速增长到 20 亿元左右，一跃成为集团第二大支柱产业和第一大盈利产业。

第二十章
数业并举　鸡蛋不放一个篮　力挺开发　建工地产多佳音

各二级公司均有不少自有土地，但自己没有开发能力，又换钱心切，便纷纷自行处置出售土地，顺便换来点建筑活干。这种方式效果很差。开发商不光拖着不给土地钱，你给他施工，还得先垫资，还得拖欠你工程款，以致造成一大堆问题和矛盾。

孙维林果断决定：各二级公司不得自行处置自有土地，其开发权一律收归集团房地产开发部。

此举，使建工集团的房地产开发真正挖到了第一桶金，解决了资本原始积累问题。利用自有土地开发的百子湾、阳光新干线、兰华大厦、翠谷玉景、卢师山庄等项目相继亮相京城。

然而，自有土地毕竟是有限的。在孙维林的谋划和推动下，集团房地产部适时地转向开发社会土地。开始时局限在亚运村一带，后逐渐全城开花。

同时，孙维林的眼光早已瞄向了京外市场并跃跃欲试。

但是，一些人的担心也随之而来："好不容易在北京赚了点钱，投到人生地不熟的外地去，输光赔尽算谁的？"

也许，事业的发展从来就不是一条坦途。一些人志存高远，勇于求索，却难免会有些人以高于本能而低于哲理的浅思，在事业前进的路上布下潇潇风雨。

好在孙维林是个善于和勇于迎着风雨去寻梦的人，他知道理想与现实之间必然的距离。严峻的现实把企业推上了历史的断层，你只要不甘于在市场经济的大潮中轰然跌落，就应勇敢地挺立潮头，随时择机奋然起跳。每一次机遇来临时，都应毫不犹豫地释放出智慧和胆魄，紧紧地抓住它。

2004年9月，我国的土地市场制度实行了重大改革，房地产开发用地由划拨或议价改为公开竞标交易。这使得不少中小房地产企业因无力"拿地"而开发受阻。

孙维林认定这是建工地产走向京外谋求更大发展的良机，遂紧锣密鼓地与外地政府和房企进行合作谈判，相继在长三角、珠三角、环渤海区域、西北等地区设点布局并取得了进展。

2005年9月22日，建工地产走出京外迈出历史性一步，在京外投资兴建的首个商品住宅项目"京鲁山庄"破土动工。

2006年8月30日，位于济南市二环路南、总建筑面积11.4万平方米的"京鲁山庄"隆重开盘，当日售房107套。

这标志着建工地产的京外发展战略结出了第一枚硕果。

硕果随之结满了枝头。上海、苏州、西安等地较大体量的开发项目捷报频传。仅上海外白渡桥建邦16项目就收获了25亿元的利润。

至2009年，建工地产的年开复工面积及项目储备均逾百万平方米；年销售额近30亿元，年利润2.5亿元，累计创利10多亿元。其中，京内京外各占半壁天下，形成了京内京外双轮驱动的发展趋势。

第二十一章

叩门环保　决策跟着国策走
土壤修复　朝阳产业我领军

　　孙维林敏锐地捕捉社会经济生活中有潜力、有发展、有需求的商机，在环境环保工程这个朝阳产业小试牛刀，使建工集团在这一领域快速扩张，并应运成为国内土壤修复工程的先行者和领军企业。这是一条通向未来的黄金发展渠道。

进入 21 世纪后，生态环境保护正式成为中国的基本国策。孙维林以敏锐的思维和嗅觉，及时看到了其中蕴藏的巨大商机。

2001 年，孙维林积极支持时任集团总经理的刘龙华，创建北京建工与美国金州合资的"北京建工金源环保工程有限公司"。其主要业务是污水处理厂的建设和运营管理。

有了这个平台，依据"BOT"和"TOT"方式建成运营的污水处理厂数年内发展到了几十个，主要分布于环太湖流域的昆山、宜兴、宁波以及盐城、承德等地。

2003 年 4 月中旬，孙维林冒着"非典"的危险，千里驱车赴江苏盐城，与盐城市主要领导洽商建工金源收购盐城市城南 5 万吨污水处理厂，新建 2.5 万吨污水处理厂事宜。被孙维林的真诚所感动，盐城市委书记张九汉、市长赵鹏积极支持，促成了此项收购和新建项目的成功。

2006 年春，江苏太湖蓝藻暴发。一时间，昔日美丽的太湖水面，蓝藻肆虐，臭气熏天。

由于太湖水质恶化，严重威胁上海市的用水安全，惊动了国务院领导。

国务院派出专家组，赴江苏调查太湖蓝藻事件。结论是，宜兴市环湖企业虽然建了不少污水处理厂，但为了节约成本不作为，任由生产污水直排太湖，导致湖水含氧量激增，蓝藻泛滥，拟追究当地政府和企业的责任。

机会总是留给有准备的人。孙维林敏锐地从"太湖蓝藻事件"中觅得环保产业的商机，主动联系宜兴市政府，适时提出了一揽子解决太湖蓝藻污染的"建工方案"。

经过与宜兴市政府有关部门的多轮商谈，2007年建工集团同意以2.7亿元人民币一次性收购宜兴市已建成的全部11个污水处理厂，又新建了一座日处理3000吨污水的处理工厂。至2009年，污水日处理能力总计达到了50万吨。年产值从最初的2000万元增长到4亿元左右。"建工方案"又让太湖水清澈了起来。

太湖治理大幅提高了建工集团环保产业的增量，为了进一步做大做强，孙维林把建工集团环保产业的触角伸向了全国。

2007年底，孙维林率团赴鲁，拜访时任山东省委常委、宣传部部长兼山东大学党委书记的朱振昌，有意收购"山大华特"。山东大学是我国著名的高等学府，文史哲不仅国内有名，在国际亦有影响。朱振昌和山大年仅38岁的校长、数学天才展涛等，与孙维林和建工集团党委常委、副总经理戴彬彬，集团总经济师郭延红，建工金源环境发展有限公司总经理许国栋等，就收购"山大华特"进行了磋商。

朱振昌快人快语："维林同志，我们相信建工的眼光和实力，但在商言商，如果你们愿意出8000万，山东大学同意把'山大华特'转让给建工集团，如何？"朱校长的话透着山东人的直率与真诚。

孙维林和参与收购谈判的其他同志对山东大学的出价有些犹豫了。不承想，两个月后"山大华特"股价从2元扶摇直上，涨到了20元，建工集团因而错失了收购"山大华特"的良机。多年后，孙维林谈起开辟环保产业征途路上的这一次"折戟沉沙"，仍然感到十分的惋惜。

有了数年的实践积累后，孙维林觉得，参股终非长久之计，一定要有建工集团能够主导的环保企业。

经过一番运作，2007 年上半年，建工集团整合相关资源，成立了"北京建工环境发展有限公司"，下辖 7 家企业、近 400 名员工。

为加大投入力度，建工集团为环境发展公司注册了 3 亿元资本金，相当于一个特级资质的建筑公司现行注册资本金的规模。

这并非是一场豪赌。此时的孙维林对环保产业的认知，已超越了污水处理和常规的环保工程投资的层面，而看到了"土壤修复"和环保技术研发这两个回报更高的巨大市场。

新中国成立初期，按照苏联模式，把工厂大多建在人口密集的城市中心。随着新的城市建设理念的出现和人们环境质量意识的觉醒，大量工厂企业已经或正在从城内迁往城外。

但是，原工厂生产过程中的各种有毒有害物质已渗透进地下，造成了城市土壤的污染。而这些污染物并不能被转移和分解。如果在这些工厂原址上建学校、医院、住宅、商场，那么，生活在其内的人群，将长期遭受污染释放物质的侵害，承受严重的健康威胁。

因此，运用物理、化学、生物等高技术手段来完成土壤修复，正在成为一种保障城市居民健康不可或缺的重要举措。在学习实践科学发展观和以人为本原则的指导下，土壤修复已进入了国家的"十二五"规划。

然而，对这一具有巨大潜力的市场，社会预判却相对迟钝，进军这一领域的企业不多。

北京建工环境发展有限公司捷足先登，成立了专业的土壤修复公司，一举占据了北京的垄断地位和国内的领先地位。至 2009 年，已在京内外完成了 6 个地块的土壤修复工程，年产值近 5 亿元。

也许，作为业绩，"6个地块的土壤修复"还不足以引起业内外人士的关注。但是，作为环保产业一个新兴项目的开端，其"火种"的意义却难以估量。

至2009年6月，环境修复公司在创业板上市已进入了实质性运作之中。

对于企业的产业链，孙维林看到的永远不只是某一个节点，而是由某一节点开始的无止境延伸。

要做大做强环保产业，必须提升环保产业技术。况且，环保科技研发本身就商机无限。北京建工环境发展有限公司把环保新能源、新产品开发与环境科技研究相融合，参与了"国家水体污染控制与治理"重大专项研发。2008年，公司利用国家财政支持1600万元，自身投资2000万元，与清华大学、江苏省宜兴市联合，进行环太湖城市群水环境综合管理技术的集成研究与综合示范基地的建设。环保新能源、新产品技术创新也已经形成科研、咨询和服务一体化格局，承揽了一批节能改造项目和30个政府机构节能诊断及设计示范工程。

有专家预言，建工集团有土壤修复这个前景无限的"拳头"项目在手，从长远看，环保产业对企业的贡献，有望超过建筑施工、房地产开发这两大主业而成为第一创利板块。2021年，建工集团的环境修复业务板块顺利在国内主板上市。

第二十二章

物业崛起　小鸭变成金凤凰
日进斗金　利润数亿称奇勋

　　由引进一位物业管理部经理而始，使得"建工物业"进入快速发展通道，一举成为知名品牌和集团第二大盈利板块。这般业绩当然堪称一段佳话。这佳话，既是对孙维林"唯才是举"人才观的肯定，也是对他多元化经营思想的礼赞。

物业崛起　小鸭变成金凤凰　日进斗金　利润数亿称奇勋

有了孙维林的理念，有了任文书的实干，建工集团的物业板块已由原来的"丑小鸭"变成了如今的"金凤凰"，拥有了北京市物业管理先进单位的桂冠，资质由三级升至一级，由原无利经营成长为集团一个强劲的经济增长点。

物业管理部成立7年，不断开疆拓土，扩大经营范围和规模，年经营额已逐步发展到两亿多元，管理性房产达100多万平方米，经营性房产达10多万平方米，打出了"北京建工物业"的品牌。

2006年底至2007年初，三建公司因改制出现了预想不到的反复，经营中发生了困难，欲向集团借款1亿元去付农民工工资。集团为了规避风险，就用1亿多元现金将三建公司地处中关村的紫金大厦收购了回来，交给物业管理部去经营。

而早在2005年底和2006年初，经半年多的谈判，建工集团承包经营了原北京市建委建筑面积4万多平方米的建设大厦。

建设大厦与建工集团的办公楼"建工大厦"相毗邻，本来就是两家合建的。市建委出地皮，建工集团出资金，建成后一家一幢。建设大厦是一家四星级酒店，原由市建委自管，但不赚钱，每年还要补贴300万元交给别人去经营。由建工集团承包经营后，市建委不再需要每年补贴300万元，还可获得300万元收入。而建工大厦交由物业管理部经营后，每年可向集团上缴800万元至1000万元的利润。

拥有了紫金大厦和建工大厦的物业经营权，大大提升了北京建工物业的档次和品牌形象。

2007年，物业管理部正式更名为"北京建工置业有限公司"，注册资本金1亿元，拥有了对外投资权。

成立 7 年以来，物业板块累计向集团缴利近 3 亿元，置业公司对外投资近 1 亿元，账上还积存了近 2 亿元，其盈利能力不可小觑。

孙维林多次提出，要让建工集团的每平方米土地、房屋都发挥出最佳的经济效益，在开发利用经营性房地产的同时，要积极利用政策，要用创新思维来开发和经营非经营性资产，以减少企业的补贴性投入，将有些非经营性资产转化为经营性资产。

建工物业的发展壮大，与孙维林息息相关。从物业管理部的成立，到"北京建工置业有限公司"的诞生，一步也没离开孙维林的设计和运筹。这是他事业链条中的一个亮点，是他"多业并举"经营理念的一个灿烂结晶。

第二十三章

进军地铁　英雄断臂多慷慨
硕果累枝　功成方知决策明

　　从地面挥戈挺进地下，明知赔钱也要激流勇进，这是孙维林调整产业、产品结构的一大手笔。如今，地铁施工已成为建工集团的重要经营项目之一。不管岁月流逝多远，那难忘的发轫之举却将长久地留在人们的记忆中。

北京，已发展成为世界上少有的特大型城市，进入 21 世纪，全市人口已直逼 1900 万。如此巨大的人流朝夕涌动，"交通拥堵"成为不可回避的话题。

与之相伴随，大力发展地下交通也就势在必行。

20 世纪 60 年代至 70 年代，出于战备和交通之需，北京建成了第一条地铁，后被称为"地铁 1 号线"。它由十里长安街向东西拓延，成为北京东西轴线的一条地下大动脉。

后来，又有了沿老北京城城墙旧址而建的"地铁 2 号线"，与 1 线地铁相交，构成了一横一环的地下交通格局。

如今，北京的地铁线路已发展为南北纵横，东贯西通，可用"密如蛛网"来形容了。

当人类迈进 21 世纪的门槛时，北京的地铁建设已有 30 多年的历史。然而，曾在北京的地面上创造了无数辉煌的建工集团，却始终与北京的地铁建设无缘。巨大的商机、巨大的市场、巨大的利益，仿佛都难以撩动"建工人"的心扉。嘴边的大蛋糕被城建集团、市政集团、中铁、中建等"列强"轻易瓜分，"建工人"却长期无动于衷。

不过，建工集团来了孙维林，这种局面就不可能再长期继续下去了。挺进地铁施工领域，早已成为盘旋于他脑海的一个挥之不去的念头。

当时，建工集团的产品结构严重单一化，微利的房建施工产值占了总经营额的百分之八九十，资本盈利能力非常低。

相比较，地铁施工利润要丰厚很多。由于地铁施工门槛较高，竞争的激烈程度也相对较弱。熟读了无数经济典籍的孙维林不仅对这一切洞若观火，那些在他成长过程中长期作用于他的先进理论和经济思想，也熔炼了他鹰隼般审视未来的目光。他清晰地预判到，解决中国大中城市交通难的根本出路之一，在于发展地下交通，未来几十年中，城市地铁的兴建将是一个日益膨胀的市场。建工集团要调整产品结构，实现产业、产品结构多元化，进军地铁施工领域是一个上佳的选择。

2002 年末，北京地铁 5 号线已规划到位，面临开工建设。

而这时，建工集团已有了一家与德国 BB 公司①合资成立的"长城 B + B"建筑工程公司②。德国人拥有高超的地铁施工技术和丰富经验，孙维林觉得正好可为我所用。于是，他提出参加位于东四十条的地铁 5 号线第 17 标段的竞标，以此作为进军地铁施工的发轫之举。

可是，合作方的德国公司坚决反对。

那些精明的高鼻梁、蓝眼睛的德国人，谈判时，为了捍卫他们的利益连吼带嚷，全无平日里的绅士风度："密司脱孙，难道你们中国人没学过算账吗？"

孙维林知道对方的话意，却微笑不语，等着对方的下文。

"这个标段只有 1.7 公里，造价不过 1 亿多元，可我们买一台盾构机就要花五六千万元！那几十米长的机器，要挖很深的竖井放下去，等安装调试好，一开机，三下两下，工程就完了，再把机器拉上来拆卸运走，这怎么能赚钱？"

---

① 德国 BB 公司是指德国贝尔芬格伯格工程有限公司。
② "长城 B + B"建筑工程公司是指北京长城贝尔芬格伯格建筑工程有限公司。

德国是一个拥有先进经济理念的民族，他们接工程，如果测算的利润点低于8％，就会果断地挥挥手与你道声"再见"。

德国人就17标段的经济分析一点没错。孙维林也很能理解德方的立场和利益原则。他们来中国就是为了赚钱，费劲巴拉干这种明摆着要赔钱的工程，他们莫如整天泡在凯宾斯基饭店的酒吧间里喝啤酒。

而孙维林并非真没学过算账，只不过他有他的不同于德国人的算法：只要17标段中了标，我们的施工人员就可以跟在德国人旁边学，一个工程干下来，建工集团就可成长起一批地铁施工的专门人才。赔的钱，就算我们交学费好了。

再说，你德国人算账精明，只想赚钱，不想赔钱，可是，不干赔钱的第一单，何来赚钱的第二单、第三单？

谈判谈不通。孙维林与总经理张文龙商量后，果断决策并向德方郑重承诺："这个标段干赔了，贵方的损失由我方悉数补偿。"德方在获得建工集团补偿承诺的基础上，同意承接此标段。

宁可英雄断臂，也决不放弃企业发展的机会！

事业征程中，往往因山重水复留下深刻印记，又常常以柳暗花明写下绚丽篇章。2003 年初，北京地铁 5 号线 17 标段，终于成为建工集团进军地铁施工的处女作。不出所料，借助德国人先进的施工技术，17 标段创造了日进度、月进度第一的佳绩，成为全线进度最快、质量最好，各种技术参数最理想的一个标段。建工集团在这个陌生的领域一炮打响，一鸣惊人。北京市委书记刘淇、市长王岐山、建设部部长汪光焘等领导亲临视察并给予高度评价。

几年以后，建工集团在地铁施工领域已不再是一个怯生生的"小弟弟"，而是已初步具备了与城建集团等"列强"分庭抗礼的实力。

他们相继在北京拿下了 5 个地铁施工标段，其中最大的一个标段造价达 4.2 亿元。2005 年，他们还参与了广州地铁工程建议。

到 2009 年孙维林退休时，建工集团已拥有了 8 台盾构机，总值近 5 亿元；累计实现合同额 56 亿元，其中 2009 年上半年新签合同额达到空前的 23.38 亿元。

同时，孙维林设想的一个更大、更长远的计划已经成形。他们将通过谈判，收购"B＋B"公司的德方股权，筹建一个技术一流的盾构机维修中心，整合地铁构建公司等内部资源，注册 3 亿元资本金，打造一家地铁施工上市公司。

在孙维林的推动下，建工集团前进的道路，就是这样越过一峰又一岭。即使在孙维林功成身退之后，"建工人"也依然在不断向新的领域英勇进发。

第二十四章

走出京门　神州处处皆战场
逐鹿全球　世界俨然地球村

心有多大，脚下的舞台就有多大。这对富于开疆拓土精神的企业家来说并非妄言。孙维林的开放战略成就了建工集团在京外、海外的历史性发展，企业经营在全球金融危机的凄风苦雨中逆势飘红。然而他却把目光留在了遥远的前方，期待着后人朝着企业战略发展目标迈出更大的步伐。

美国著名心理学家马斯洛指出：一个人只有在事业的成功中，才能获得人生的"高峰体验"。

应该说，孙维林的人生是"高峰体验"。

他在建工集团工作的八九年中，犹如一位画师在作一幅画，墨随心绪，经天纬地，笔走如龙蛇，气势若长虹，肆意挥洒着袭人的艺术之美。

他事业的艺术之美，不光挥洒在了京华大地，也不光挥洒在了大江南北，随着建工集团开放战略的有效实施，已经挥洒到了世界的很多个角落。

2002 年开党代会时，建工集团围绕着"建设具有国际竞争力的新型企业集团"这一战略发展目标的废与立，展开了一场激烈的思想较量和大讨论。是放眼全球、用开放的思维办企业，还是故步自封、长期囿于北京或国内，成为观念碰撞和讨论的焦点。由此而牢固确立的开放战略，为建工集团调整市场结构、成功应对后奥运经济及全球性金融危机奠定了坚实基础。

建工集团在半个世纪的历程中，形成了一种浓重的区域经济文化和"皇城"情结。在计划经济年代，他们在北京一枝独秀，一骑绝尘，政府派的活都干不过来。一般的单位要盖楼，想请某建工公司干，不请客、不送礼，是很难如愿的。

即便到了从计划经济向市场经济过渡的阶段，"建工人"也可以且战且退，豪揽了 70% 的亚运会工程即是例证。

然而，当市场经济形成了不可阻挡之势，竞争成为主导市场份额分配的不二法则之后，建工集团陷入了空前的困境，造成了十年徘徊甚至倒退的局面。

为了生存，他们也曾作出努力，在"走出去"的口号下相继承揽了一些京外、境外的工程，但步履蹒跚，进二退一，犹如一个戴枷锁的舞者。

许多人留恋"皇城"，怕离京、怕出国、怕风险、怕艰苦。也有许多人离开了熟悉的环境就变得茫然不知所措，变得不会干活。不是干部派不出去，便是派出去的干部很快便要求返京。

"我们不允许这种因循守旧、不思进取局面的继续存在，必须下决心打破这种僵局。"

在"解放思想，转变观念"这一"法宝"的强大作用下，通过数年的努力，孙维林用建设具有国际竞争力的新型企业集团这一战略目标，重构了建工集团的经营思想和文化。使"走出京门，走向国际"实现跨越式发展的内在要求，逐步变成为"建工人"的共同意志。

在稳固、发展北京市场的基础上，建工集团全力推行跨地区、跨国经营策略，同时推进外埠和国际市场的双向扩张。

2007年4月，正在全力迎接2008年北京夏季奥运会的关键时刻，人们的注意力都集中于办成一届史上最好的奥运会时，孙维林与时任集团副总经理的张立元亲赴沙特阿拉伯，考察一项工程。4月底，集团召开动员大会，动员大家在思想上做好充分准备，不能重走亚运会后多年徘徊的老路，要迎接后奥运时代的到来。为此，集团成立了区域市场部，主要承担京外市场的开拓与竞标，以争取更多的市场占有率。同时，加大了对海外市场的开拓力度，从人、财、物上给予支持。

在国内市场，以长江三角洲、珠江三角洲、西北、东北、环渤海经济圈为重要战略支点，集团建立起具有辐射功能的分公司，把市场范围覆盖到周围地区或省市。

在跨国经营方面，集团海外工程部在巩固东南亚市场基础上，大举向非洲、美洲、欧洲市场进军。至 2007 年，形成了六大境外市场区域，设立了 6 个分公司。

同时，集团支持各二级建安公司自主开拓国际市场，支持其利用集团公司的资质承揽国外工程。春去夏来，丹枫数度，各二级公司均被带出了国门，在国际建筑市场占有了一席之地。

酿得百花成蜜后，虽是艰辛苦亦甜。数年中，建工集团的海外市场越做越大。在 2001 年之前的前 10 年中，集团累计完成的海外合同额仅有 20.1 亿元人民币，折合不到 3 亿美元。而现在，在海外承接的一个大工程往往就是七八亿、十多亿美元。

而更具重要意义的是，2007 年，通过承接总合同金额达 11 亿美元的利比亚政府项目，建工集团完成了一次由国际工程总承包商到国际项目总承包商的历史性跨越。

这一利比亚政府项目为一个综合性社区，不光有住房，还包括道路等全部配套设施建设，从项目的勘探、设计、施工到最后交钥匙，全部由建工集团负责。

这成就了建工集团开拓海外市场进程中的一次质变，使其由国际工程承包商摇身变为国际项目承包商，向着"具有国际竞争力的新型企业集团"这一宏伟目标迈出了重要一步。

2008 年是全球"金融风暴"年，然而却是北京建工集团取得最佳经营业绩、呈现最强发展势头的一年。

为了第 29 届奥运会、残奥会的成功举办创造良好环境，以及为奥运会、残奥会保驾护航，集团在京的建筑施工和房地产开发停了两个多月。但由于京外、海外市场的坚挺，集团的综合经营额仍然平了 254 亿元的历史最高纪录。

而新签合同额则达到了前所未有的 408.9 亿元，同比增长了46%。其中，北京市场份额不足 2/5，京外市场占了 1/5，国外市场则超过了 2/5，达到了空前的 180 多亿元。

孙维林数年前对海外市场拓展的期望，于 2008 年提前得以实现；北京建筑规模大幅缩减的"后奥运"冲击，被京外、海外两大市场的迅猛扩展化为无形；面对全球性金融危机的凄风苦雨，实现了企业经营业绩和发展的逆势上扬……

成千上万的"建工人"在为大喜大悲的 2008 年额手称庆。

然而，人们却看不到孙维林对自己工作生涯中这一接近于"收官"的成功之作有任何骄傲和志满意得。他只是继续沉稳地运筹着下一轮的发展。在他心中，建工集团国际、国内的市场布局还远未到位，离实现企业战略目标的要求，尚有远路要行。

第二十五章

流通增值　导师名言常记怀
盘活资产　遍地白银遍地金

　　让资本、资产流通起来，在流通中增值。这一经典思想被"建工人"束之高阁了几十年，也因此苦恼了几十年。孙维林执着呼吁并身体力行，终使一潭潭死水复活成春水，去充盈企业的血脉，滋养企业的肌体。

资本只有在流通过程中才能够增值，这是马克思在《资本论》中告诉世人的一条朴素真理。

这句话早已被人熟知，但背其道而行之的状况却在建工集团存在了数十年。大量的资产沦为非经营性资产、不良资产，不但长期沉睡，无以增值，而且还有许多变为企业沉重的包袱。

一块土地，或一栋房产，在有些人眼中是宝贵资源，是摇钱树。而掌握在某些只知道"在老棉袄外扎根麻绳去干活"却不知还有别的生财之道的人手中，反倒成了吞噬企业效益、阻碍企业发展的累赘。有一家公司，辛苦了一年，生产一线报喜：赚了420万元；生活二线报忧：亏了820万元。相抵后，不仅一年白干，还亏了400万元。

2002年之前，这种状况在建工集团无处不有。它既留给了孙维林难题，也为孙维林提供了一个运用马克思主义的经典理论去改变现状的实践舞台。

几十年中，孙维林跋涉读书苦旅，绝不是为了让那些知识束之高阁。建工集团大量的资产无人去盘活，不就是把马克思主义的经典理论和思想束之高阁的结果吗？要改变这一现状，唯一的途径是实践，让那些沉睡的资产流动起来，在流动中增值。

李嘉诚的"经商之道"，谓之"健、变、诚、轮、和"，其中的"轮"，即为商家的市场流通能力。这固然是指资金的周转率，但与"盘活存量资产"实为同理。

"要让建工集团的每一平方米土地、每一平方米房产都产生出最佳效益"，这是孙维林提出和强调过千百遍的一句话。

提出这句话并不难，难的是孙维林为此付出的"虽九死其犹未悔"的努力。

在他潜心设计的"捆绑式重组"方案中，各二级公司的职工宿舍、锅炉房等非经营性资产，"捆绑"给重组后的新公司，期盼新公司用新的机制去转化为生产力，转化为资本。这相当于把这些非经营性资产转化成了现金资产，集团既减少了现金资产投入，又免去了年复一年的政策性补贴。根据实际统计，二级公司每年给后勤非经营性资产的补贴均在 1500 万元至 1800 万元之间，是一笔巨大的负担。

各二级公司的自有土地曾长期闲置。一说盘活，又纷纷自行处置出售，使良好的资源得不到良好的回报。孙维林及时刹住了这股车，将二级公司的土地一律收归集团统一开发，为集团的房地产业积累起了 10 亿元左右的原始资本。

盘活资产，科学经营资产，是"一招活"赢得"满盘活"之举。五建公司即是一例。

长期以来，五建公司常年需从银行贷款数亿元，同时却又有大量的工程款收不回来。这等于是把自己的钱无息借给别人花，自己又高息去借别人的钱花。

在"盘活"过程中，五建公司重拳出击，狠抓清欠和各项应收账款。从 2004 年 1 月至 2006 年 4 月，收回陈欠 4.86 亿元。不良资产转为良性资产，有效缓解了资金压力。

五建公司模架租赁分公司因无力购置市场需要的新产品，经营无以为继。有了孙维林的资产经营思想，他们果断处理掉闲置的几百吨废旧材料及市场不需要的旧产品，用所得款项购入外吊篮等畅租产品，在企业未新投一分钱资金的情况下实现了产品更新，当年就创利 500 万元。

五建公司有大量低价出租的营业用房、空余办公用房、职工集体宿舍等。不是租价低得离谱，便是长期被一些人无偿占用。公司还办了学校、幼儿园、养老院等，占地占房却不能产生效益，公司每年要补贴上千万元。

经清理整合，属优质资产的，收归物业公司经营管理，既可创利，又可增加就业岗位。低价出租的，一律按公开竞价方式重新出租。适合出售的，则按市场价格出售……公司不仅从此免去了"补贴"之忧，而且一笔笔动辄数千万元的现金资本，给企业经营注入了前所未有的活力。

五建公司还有一个成功之作：原公司机关地处北京东四六条，有 8000 平方米用房，形制是一个大四合院。区位优势很好，但四合院作办公用房并非上选，交通也不便利。经一番运作，五建公司将这处房和地变成了 9000 多万元现金。公司机关则以年租金 160 万元在异地租了 3000 多平方米房子办公。

加进了这笔巨款，五建公司的现金资本实力大大增强。公司用 3 亿元买下一家房地产企业，从此进入房地产开发领域。所买的这家房企有 7.9 万平方米现楼房、100 亩"七通一平"的土地、600 亩土地的开发权，总共可建 70 万平方米的楼房。投入运营后，五建公司迅速获得了丰厚的利润。

同时，五建公司进军环保产业，在河北省廊坊市兴建了华北最大的环保再生资源基地，效益前景看好。

现在，五建公司形成了建筑业、房地产业、环保业三足鼎立之势。这个几年前负债累累、濒临倒闭的企业，通过改制重组获得了新生，又通过盘活资产获得了发展的强劲动力。2010 年，五建公司以 1.67 亿元的利润额，刷新了建工集团二级公司年创利润的最高纪录。

五建公司的兴衰沉浮，是马克思资本流通增值论的一个极好注脚，也是孙维林资产经营策略的成功范例之一。

盘活存量资产，是智者的游戏，也是勇者的游戏。

因为，"盘活"并不单纯意味着挣钱，有时候需要先花钱，花大笔的钱，数以亿计的钱。

孙维林是智者，但也从不缺乏敢于担当的勇气。

一个项目，已经投进去两三亿元，却因资金不敷成了"烂尾楼"，一停几年无人问津。怎么办？如果继续投，却又最终建不起来的话，责任谁负？

孙维林到建工集团上任之初，就遇到了这样的问题。

北京市建委有块地，想盖办公楼，但没资金。便与建工集团商定：建委出地、建工集团出钱，盖两幢大楼，盖好后一家一幢。

本来只应建 5 万平方米，做规划时，领导脑子一热，改成了 10 万平方米，结果造成资金不足而中途停工数年。投进去的巨资不能产生效益，每年仅现场维护还要搭进去数百万元。

虽是前任留下的摊子，但孙维林心疼企业的钱，为盘活这个项目百思千虑。

2002 年 5 月，张文龙升任了集团总经理，戴彬彬升任了集团副总经理，主管房地产开发。孙维林对他俩说："新官上任三把火，你们的第一把火，就来抓这个烂尾楼的复工建设吧。"

两人对视一笑，已停工了几年，连图纸都找不到了，怎么复工？再说，钱从哪儿出？

办法总归会有的。这个项目原来归七建公司管，现在他们没钱，董事会可以作个决定，把项目交给房地产开发部，由房地产开发部自筹资金建设……

张文龙和戴彬彬顿时心领神会：孙维林这是在充分运用资本运作技巧，合理调节内部资金，把不可能的事变为可能。

时至 2003 年末，两座大厦建成。建工集团从此有了现代化的办公大楼。除满足机关办公外，其余大部分楼层和腾出来的原办公楼都用来对外出租，其收入成为一个长效经济生长点。建工集团机关从原办公楼搬出，用于商业开发，年收入 500 多万元；新的建工大厦除满足集团自身办公外，余下用于商业开发，年收入近 3000 万元。

建设大厦和建工大厦比肩立于北京西站东侧。太阳从东边升起又从西边落下，朝霞和夕辉交替映照着大厦的雄姿。每天，进出这两栋大厦的人不计其数，但只有知情者才清楚这两栋大厦曾经的命运。

前任用巨资堆积起来的"烂尾楼"，如不予问津，造成的损失于孙维林没有责任，而要再投巨资续建，压力和风险却要由他来承担。个人的利弊得失，孙维林是掂量得清的。但他掂量得更清的是对自己的使命负责，对企业负责，对职工负责。既然资本只有在流通中才能增值，盘活存量资产是企业发展之必需，他的决心就不会因风险和压力而变得有丝毫的犹豫。

这让人们看到了他内心一种美丽的东西，像蓝天上的白云，纯净而坦荡。

第二十六章

锱铢必较　厉行节约求效益
增收节支　精细管理是真经

规模扩张而效益低下的发展模式为孙维林所不容。他致力推动企业的科学发展和精细管理，竭尽心智改善经济运行质量。这样的努力，令他"失去"的是任期内更傲人的经营数额，开辟的却是一条又好又快的发展之路。

2001 年至 2006 年，建工集团的主要经济指标每年均以 20％ 左右的速度增长。然而，客观地说，企业在长期发展过程中积累、沉淀下来的许多深层次的矛盾、弊端和症结依然存在。

一个可称之为"焦点性"的矛盾，即是企业的经济效益问题。

经过 5 年的拼搏，企业的发展速度上来了，经济规模快速膨胀。但是，所产生的经济效益却不尽如人意。在占经营总额 80％ 左右的建筑业主板块中，产值的利润率不足 1％。有相当一部分建筑工程项目出现亏损或处于潜亏状态，以至于出现了"大干大亏、小干小亏、不干不亏"的怪况和怪论。

同时，企业的各种结构性矛盾突出。以实物资本与货币资本的结构性矛盾为例：建工集团当时拥有总资产 160 亿元，净资产 37 亿元，但货币资本却很少。日常的生产经营基本要靠银行贷款来维持运行。不但每年要支付银行四五亿元的巨额利息，而且一旦贷款链条出现断裂，整个经营工作将很难继续。

严重的结构性矛盾的存在，导致了企业综合经营额的利润率也不足 1％。

孙维林每年都在致力改善建工集团的这两项经济指标。然而，毕竟积重难返。他决定，从 2006 年新年伊始，下大力用科学发展观全面、协调、可持续发展的思想精髓来统领企业的生产经营实践，使企业走到切实转变经济增长方式，改善经济运行质量的良性发展道路上来。

这是孙维林经济管理思想和经济管理实践的一次大跨越。

2006 年 1 月 13 日，建工集团召开工作会议，孙维林给大家讲述了日本丰田公司"在拧干的毛巾中再挤出一滴水"的成本管理理念和方法。随之尖锐地指出，建工集团现在项目管理的粗放程度，如同提起毛巾来却直往下流水。他强调，要切实用科学发展观来分析和解决建工集团面临的现实而紧迫的问题，纠正企业改革和生产经营中的各种背离实际、背离科学的做法和认识。

关于建筑施工盈利低微甚至亏损，一些人把原因归咎为投标质量不高，认为"项目在中标时就已经亏损了"。对此，孙维林不同意，他说："现在是市场经济，再想干很肥的活是不可能的，没有一位业主是'傻子'。我们要做的，只能是从粗放型的施工管理方面查找原因，认真反思各个建设项目的施工组织方式、管理方式和运行方式。"

接下来，孙维林连珠炮似的诘问："各个项目部在施工前有没有科学制定一套成本分析、控制预案？有没有制定并落实经济责任制度？有没有严格扎实地实施过程控制手段？项目管理人员构成中，除了生产型、技术型的，预算、索赔、合同履约等有关成本管理的人员有多少？在占工程成本70%左右的材料采购中，有没有做到阳光操作，货比三家……"

此外，孙维林在这次会议上，一一提出了企业中存在的组织结构、产业结构、人员结构、实物资本与货币资本结构、市场区域结构、所有制结构、工业产品结构等结构性矛盾，并以科学发展观的指导原则，提出了应对思路和方法。

孙维林抓科学发展，既注重结构调整等宏观措施，也注重厉行节约等微观手段。这得益于著名的"木桶效应"理论：一只木桶的最大容水量，不是取决于木桶最长的那块木板，而是取决于木桶最短的那块木板。有了"最短木板"的存在，其他木板的长度就会变得失去意义。

孙维林认为，企业中无处不存在的浪费现象，就是那块"最短的木板"。长期以来，国有企业"家大业大，浪费点没啥"的思想根深蒂固，各种有形、无形的浪费现象比比皆是。人们对贪污受贿行为深恶痛绝，却往往可以对浪费行为熟视无睹，视而不见。事实上，浪费与贪污具有同样不可饶恕的犯罪性质，而且，浪费给企业造成的绝对损失和危害，要远远甚于少数人的贪污行为。因而，树立和培养全员的节约意识，有效遏制各种浪费行为，降低工程成本和管理成本，成为科学发展的必然要求。

基于这种深刻认识，2006 年开始的建设节约型企业活动，便成为他走出的一步实实在在的棋。

2006 年初，孙维林组织召开了建工集团建设节约型企业动员大会。

令人感到新奇的是孙维林对开好这次会议进行的精心设计和准备。他在集团内挑选了几位节约工作做得好的项目部经理，在动员会议上做典型发言，用生动的、身边的事实说话，去启发人们对厉行节约重要性和重大意义的认识，去反思日常工作中各种浪费行为的严重危害。

一建公司京桥分公司的项目经理徐敬贤在会上介绍，他们在钢筋套加工中严格执行技术规范，合理用材。在建筑面积 5.6 万平方米的国润商厦一个项目中就节约钢筋 560 吨，价值约 200 万元。

这个例子发人深省。孙维林点评说："现在，承建一个建设项目，如能最终获利 200 万元，已是很不错的业绩。然而，在一个不起眼的环节上，就存在如此巨大的节约空间。如果在用工、用料的各个环节都严格贯彻精打细算的节约原则，汇点滴而成河流，那么，企业的创利能力该得到多大的提升？

"反之，不注重点滴的节约，企业的利益就如同置于一个布满漏眼的筛子上，在不经意间流失，致使一个个通过辛辛苦苦跟踪、投标得来，又辛辛苦苦施工建设的项目，最终却不能为企业带来利润，岂不是让无数辛苦的劳动化为了徒劳？"

另一位项目经理张兴旺说，他给每个瓦工作业组都配备了一面小筛子，用来筛落地灰。抹灰、砌砖时出现落地灰，等干了后粉碎过筛，就地利用，大大减少了砂石、水泥和墙面材料的用量。施工现场几乎没有渣土。

这虽然也是一个不起眼的环节，但节约的作用同样明显。对此，孙维林也给予了简要点评："建筑材料中最便宜的要数沙子，然而每吨的价格也要27元左右。一个工程下来，被当作废渣成车成车拉走的落地灰数量惊人。那被拉走的实际上不是垃圾，而是另一种形态的人民币。"

项目经理们的典型发言，代替了孙维林在这次动员会上的长篇报告。他的总结讲话简短而明了："厉行节约，建设节约型企业，是关系国计民生，关系企业竞争力，关系企业兴衰和每个人切身利益的大事。各单位务必要在科学发展观的指导下，把节约的原则贯穿到生产和管理的全过程中去。确保企业的生产经营效益有一个大的、明显的提高。"

2006年，成了建工集团的节约年、效益年。在科学发展观原则指导下建立起来的节约意识、效益意识，渗透进了广大"建工人"的心田。告别粗放式管理，走精细化管理之路在集团上下蔚成风尚。

确立以利润为中心的理念，克服不计盈亏盲目投标揽活的现象，由追求"指标"到追求"利润"，是改变经济增长方式，改善经济运行质量，创建节约型企业最重要的环节。建工集团各二级单位在这方面都作出了努力。

以前，各公司在招投标时，主要考虑的是为了完成经营指标，至于中标后工程能否赚钱，能赚多少，就很少顾及了。

而现在，这种现象已基本不复存在。"以利润为中心"成了硬性的经营机制，有了制度上的保证。各公司成立了投标审核组，所有投标工程，在前期报名资格审查阶段，就由公司相关经济技术专家组成的投标委员会进行严格的效益审核，以确定是否投标。投标过程中，也必须由投标委员会确定投标策略及最终投标报价。对于那些只有低于成本才能中标，或者需要大量垫资的工程，一律果断放弃。

这种从源头抓效益，防止先天性亏损的做法，使各公司的经营状况发生了较明显的质变。

建设节约型企业的活动在建工集团一呼百应，节约的意识和行为从生产经营的源头一直渗透和贯穿到细枝末节。此外，由技术创新、设备更新引发的节约革命此起彼伏，创新型的管理方法犹如百花齐放，"百宝箱""拣宝袋"之类传统节约模式重新受到重视和尊重，节约一度电、一滴水、一根钉、一块砖、一张纸等行为方式重新回到了人们的工作和生活中。

在孙维林的内心深处，建设节约型企业是实践科学发展观的必然要求，是与集团确立的建设有国际竞争力的新型企业集团战略目标紧密相连的。同时，建设节约型企业应当是一种文化约束而非制度约束。因此，弘扬"节约型企业文化"是关键。

善于思考的孙维林是理性的，而他同时也是感性的、现实的人。他知道培育节约文化是一个长期的过程，而节约工作却必须从现在抓起。在节约文化尚未形成之前，强力的号召、周密的措施、制度的约束、精神的鼓励和物质的奖励就是不可或缺的东西。

于是，他组织制定了《北京建工集团职工合理化建议评审办法》（以下简称《办法》）。其中规定，凡为企业降本增效提出好点子的职工，可按实施后所取得经济效益的1%～3%给予奖励。

孙维林据此解释说："聪明的领导者必是个善于问计于民的领导者。但是，蕴藏于职工群众中的'计'，往往并非靠单纯的'问'就能'问'出来的，还必须辅之以一种合理、有利的机制，使广大职工群众人人都开动脑筋去寻计思策；一旦有了好的计策、好的思路，又乐意于将它作为建议贡献出来。"

事后，人们悟出了道理：孙维林组织制定的《办法》，把合理化建议与职工群众的实际利益有机地结合了起来，使其在为企业创造经济效益的同时得到实惠，这无疑是在建设节约型企业的活动中引进了符合经济规律的分配制度，从一个重要的方面使建设节约型企业的活动有了强劲的动力和制度的保证。

而人们悟出的更深刻的道理是：孙维林倡导的科学发展理念和发起的建设节约型企业的活动，其历史作用远远超出了提高企业经济效益这一直接目的。它使得处于高速发展中的建工集团较早地避免了单纯追求规模扩张，而较自觉地走上了一条追求又好又快发展的道路。这在建工集团的发展史中，具有重大而深远的意义。

第二十七章

巧借东风　荟萃群英推波澜
慧心独运　健体铸魂谋先行

　　孙维林善于为企业生存发展"借东风"，或扭转颓势，拨云见日；或金鼓高奏，乘胜进击。思想政治工作的威力从来不在于说教和照本宣科。孙维林在全党、全国普遍性的政治教育活动中不跟风、不随流，而是尽力使其服务于企业建设的需要，并能前瞻性地把握政治教育的精义，使建工集团学习实践科学发展观的活动远远走在了社会前列。

2004 年，孙维林的工作汇报，促成了中共中央政治局委员、北京市委书记刘淇率团来集团调研，为沉闷中的建工集团找到一个"兴奋点"，对凝聚人心、振奋精神，改善建工集团的社会形象起到了巨大作用。

这件事情充分说明，一位优秀的企业领导者，其满腔热情、忘我牺牲地投入工作，只是其优秀品质的一部分。而在企业面临危局之时，能以足够的智慧和独到的运筹，调动最有利的因素和社会资源来化解危局，驾轻舟越千层浪、驭航船过万重礁，方更显其完美的本色。

2005 年，孙维林运用一位老政工干部的潜质，慧心独运，又为"建工人""营造"了一个精神"兴奋点"。

在半个世纪的风雨历史中，建工集团培养了众多的英才，出了众多的劳模。但是，随着岁月流逝，他们中的大多数人或升迁，或调离，或退休，早已成为只存在于人们记忆中的人物。

如何让这些记忆中的人物重新鲜活在"建工人"的面前，让沉淀在历史中的光荣，变成现代"建工人"向着实现集团战略目标进军征途中的精神力量？

孙维林决定，借庆祝五一国际劳动节之机，召开一次新老劳模座谈会。

座谈会的筹备工作按照孙维林如此这般的设计和布置有条不紊地进行着。4 月 18 日，正在马来西亚洽签工程业务的孙维林接到电话：中共中央政治局常委、全国政协主席李瑞环 4 月 22 日将前来参加新老劳模座谈会。

"太好了！"孙维林兴奋得几乎手舞足蹈。有这样"重量级"的老劳模出席座谈会，无疑将给所有"建工人"以巨大的鼓舞。

但孙维林知道，李瑞环的出席非同寻常，有关方面将采取一级警卫措施，建工集团要密切配合，使安保工作做到万无一失。

他当即决定改签机票，提前回国。

4月22日下午，建工集团办公大楼六层的大报告厅内洋溢着一种特殊的喜庆气氛，李瑞环、张百发等百余名新老劳模披红戴花，欢聚一堂。

他们似天幕中一颗颗映亮夜空的群星，熠熠星光相互辉映，灿烂无比。

以李瑞环、张百发为代表的新中国第一代建筑工人，曾缔造了10个月建成北京人民大会堂的辉煌。而其他不同历史时期的劳模们，也个个各领风骚，他们以双手的茧花作笔，以智慧的火花为墨，书写劳动的光荣，把建设者的使命和品格，把"建工人"的精神和风采，镶刻进了首都北京建设的光辉篇章。

劳模们以杰出的劳动，创造了建工集团辉煌的历史。在建工集团先后获得的38项鲁班奖、20项国家优质工程奖、5项"詹天佑"大奖、42项国家级科技进步奖中，以及在建工集团承建的20世纪50年代、80年代、90年代2/3的北京市"十大建筑"中，均有他们的不朽功勋。

而今，肩负着创造建工集团未来之使命的孙维林等新一代领导，将劳模们诚邀于一堂，相聚相叙，回忆往昔，展望未来，这不仅使得每一位劳模的心中又激荡起昔日的豪情，更令他们对建工的未来充满了期待。

这天，李瑞环同志特别兴奋，笑意不断从心底流淌出来，劳动的艰辛和岁月的风霜在他额头留下的每一道刻纹都溢满了欣慰和喜悦。他在即席的讲话中，对孙维林组织召开这次新老劳模座谈会的创意深表赞赏，对建工集团近几年来的改革和进步给予了热情的肯定和鼓励。言谈之中，流露出一位老"建工人"对曾经培养他成长的企业之依依眷恋和殷殷之情。

李瑞环和张百发原来都是三建公司的职工，当年，一个是木工突击队队长，另一个是钢筋工突击队队长，都是叱咤风云、名闻华夏的重量级劳模。虽然均早已身居高位，但"树高千尺也忘不了根"，几十年来，他们仍然视三建公司及建工集团为自己的"老家"。

在谈及三建公司的重组改制时，李瑞环关照说："维林啊，你改革，我赞同；要发展，不改革不行。但不管怎么改，你可别把我和百发的三建公司的名字改没了。"

这风趣的提醒引起一片笑声。

张百发适时地附和说："是啊，维林，我和瑞环同志这一代人都老啦，建工集团的未来靠你们去创造。你的'捆绑式重组'不仅是个创举，也是建工集团求得生存发展的关键之举。不过，把我们原企业的名称留下来，也好给我们这些老同志留个念想啊。"

张百发的话同样也引起一阵笑声。

李瑞环和张百发的话使孙维林心中顿生感动。

待大家笑过之后，他正色说："两位老领导对建工的依恋和关注之情，是对我们每一位后来者的莫大鼓舞和鞭策。请瑞环和百发同志放心，改制不是改名，三建是名牌企业，从一建到七建以及其他带'北京建工'字头的企业，都是响当当的品牌，我们一个也舍不得改掉。人家民企老板、外企老板，所以出资来重组我们的企业，看中的就是'建工'这个品牌。再说，4年前我成为一名'建工人'，4年后，我也将退休。等我退休后，我也会有与二位老领导同样的'念想'。所以，这一条，我孙维林守土有责……"

"哈哈哈……"所有的人都被孙维林的一脸严肃逗乐了。

李瑞环说："维林，我和百发都支持你们改革，不但要改，还要加快。我在有生之年，希望能看到你们把建工集团真正建成有国际竞争力的跨国集团！"

报告厅里响起热烈而经久的掌声。

这次劳模座谈会开得异常成功。随后，孙维林利用企业内部报纸作了详细报道，把座谈会的盛况再现给了广大干部职工。李瑞环、张百发等新老劳模对建工集团的深厚感情和热切期望，像甘霖般沁入了广大"建工人"的心田，对凝聚人心、激励斗志起到了巨大作用。

第二十八章

匠心别具 "保先"教育为我用
高度敏感 "科学发展"独先行

第二十八章
匠心别具 "保先"教育为我用 高度敏感 "科学发展"独先行

2005 年，孙维林在企业思想政治工作方面还有浓彩重墨的一笔，这就是历时半年的"保持共产党员先进性教育活动"。

这一被简称为"保先教育"的活动，是党中央在全党统一部署开展的，是一次具有重大现实意义和深远历史意义的活动。改革开放以来，中国共产党的各级组织和广大共产党员，经受了市场经济的洗礼和考验，在建设中国特色的社会主义伟大事业中取得了举世瞩目的成就。

然而毋庸讳言，在党的建设中，也确实较为严重地存在着党性、党风、党纪方面的问题。特别是随着苏联的解体和东欧剧变，世界共产主义运动遭受重大挫折，使不少共产党员对共产主义远大目标和理想产生了怀疑和动摇。同时，受拜金主义、利己主义、享乐主义等思潮的影响，党内滋生了各种腐败现象，党组织的战斗堡垒作用和党员的先锋模范作用有所削弱，党的先进性受到质疑。因此，中央决定通过这次学习教育活动，提高党员素质，加强组织建设，永葆中国共产党无产阶级先锋队的性质。

北京市委对"保先教育"十分重视，向各大企业集团派了督导组，按计划、分步骤推进。

孙维林觉得，学习教育虽然要占用大量时间，花费很大精力，但这是一个积蓄强大思想和精神动力的过程，如果引导得力，可以进一步动员各级党组织和广大共产党员，以一种新的精神风貌投入企业改革和建设。

孙维林对这项活动进行了科学的设计。其设计的匠心，充分体现在他于 2005 年 7 月 9 日所作的《努力践行"三个代表"重要思想，深入开展保持共产党员先进性教育活动，建设具有国际竞争力的新型企业集团》这一动员报告中。

报告的主题实际上已向广大党员昭示了这次教育活动所要达到的目的和落脚点，这就是以"保先教育"为契机，促进集团党代会所提出的企业发展战略目标的实现。

虽是一次政治性、严肃性极强的政治活动的动员报告，他却能巧妙地时时紧扣企业发展实际，把"保先教育"活动的目的、意义，一步步引向企业发展的大目标。最终的归纳，就是要把这次"保先教育"活动变成一项推动集团改革发展的"保证工程"，为建设具有国际竞争力的新型企业集团提供坚强有力的思想政治保证。

在孙维林的科学设计和精心引导下，建工集团的"保先教育"活动每一步都取得了扎扎实实的效果。

2005年7月20日，北京市指定建工集团作为受检对象，接受了中央先进性教育活动巡回检查组的检查。

8月26日，北京市委副书记、市人大常委会主任于均波率市委组织部、市国资委领导，到建工集团来进行检查指导和专项调研，对建工集团紧密结合企业实际搞"保先教育"的做法给予高度评价和肯定。

时隔3日，孙维林被推荐到市国有企业和金融机构"保先教育"活动座谈会作了典型发言。

"保先教育"获得的巨大成功，除了孙维林设计的"落脚点"确保了教育活动的实效之外，还应归功于孙维林在"保先教育"活动中着力强调了树立和落实科学发展观。

这不但保证了他们在检查问题、制定措施、落实整改各个环节上的科学性，同时也充分体现了孙维林高度的政治敏锐性。

以胡锦涛同志为总书记的党中央提出"科学发展观"时，孙维林便敏锐地意识到，这是党中央从长期的革命斗争和建设历史中得出的重要思想方针。

而当时，大多数同志对其重要意义的认识尚未达到应有的高度。孙维林在这次"保先教育"中，把树立和落实科学发展观当作教育的主题和所要达到的教育目的之一，显得很是"个别"。

8月13日，他在给集团机关全体党员和二级企业党员领导干部讲党课时，把主题确定为《以共产党员的先进性，确保树立和落实科学发展观，推进建设具有国际竞争力的新型企业集团》，详细阐述了科学发展观的真谛，以及树立和落实科学发展观对企业健康发展的重要意义。

他引经据典，在论述"树立科学发展观，必须有科学的思想观念"时说："慈禧太后就缺乏科学的思想观念，当欧洲的工业化已经轰轰烈烈地发展，现代工业技术已经普遍应用，连汽车、火车都发明了，她却还坚持要坐轿子，以大清帝国的祖制为由拒绝现代技术、现代社会的进步。"

树立科学发展观，必须有科学的思维方式。所以，孙维林提倡"运用系统的思维方式、逻辑的思维方式、辩证的思维方式、理论的思维方式"。他举例说："第二次世界大战接近尾声时，钱学森在美国发表了系统论。美国的第一颗原子弹就是采用系统原理来集成的。因此，我们要把企业的经营、生产、财务等每一个问题都放在一个系统里面来分析研究，不能就事论事，头痛医头，脚痛医脚。"

孙维林号召大家学好马克思主义哲学。他说，陈云同志1937年在延安时就讲过，学习哲学，终身受益。而哲学强调辩证的思维，辩证地看待事物。他以马季先生的相声《五官争功》为例解析说："人的眼睛、鼻子、耳朵、嘴巴确实都很重要，但更重要的是它们对于人类来说缺一不可，五官俱全了方能和谐与协调。如果我们看问题、做事情像相声中的五官一样，只强调一个问题、一个局部的重要，就违背了科学的思维方式。"

孙维林还强调，树立科学发展观，必须有科学的发展思路。思路决定成败。没有明确的思路，企业就不可能有一个合理的发展轨迹。他说："再笨的建造师在动手盖楼之前也会有一个蓝图，这个蓝图就是一种思路；而再聪明的鸟在筑巢时也没有蓝图，它只是凭本能筑巢。所以，人和动物的根本区别就在于有没有思想，有没有思路。"

正是由于孙维林没有引导大家跟着本本走，更没有流于形式去做表面文章，而是以实现企业发展的战略目标为"落脚点"，并且有预见性地把党的先进性与树立和落实科学发展观紧密结合，使建工集团的"保先教育"成了全市的一大亮点。

这一年，集团实现了孙维林在"保先教育"活动中提出的新签合同额和综合经营额双突破 200 亿元的目标。集团的发展跨上了新的台阶。

第二十九章

独具慧眼　京鲁共谱英雄曲
丰碑高耸　价值导向称"标本"

对一起偶发事件性质的判断，孙维林没有人云亦云，止步于事件的表象。他独具慧眼，准确把握了事件内蕴的本质，把所谓的"安全事故"澄清为英雄壮举。更可贵的是，他还把这种政治智慧发挥到了极致，将这一英雄壮举打造成为一个引领正确价值导向的社会标本。

独具慧眼　京鲁共谱英雄曲　丰碑高耸　价值导向称"标本"

成功驾驭重大活动，运作重大事件，是一种政治能力。这种政治能力源自人的政治敏感和政治智慧。

三国时，孙权采纳周瑜的计策，设下假招亲骗局，欲害刘备。而技高一筹的诸葛亮随机择变，应时而动，不但保全了刘备性命，使孙权赔了夫人又折兵，还进一步促进了吴蜀联合抗魏的政治局面。

从"三讲"到"保先教育"，从成功申请刘淇的调研到召开新老劳模座谈会，无不体现了孙维林审时度势的能力和创造性的思维。

然而，最能体现孙维林政治敏感和政治智慧的，还得数发生在1993年的"6·15"事件。

1993年，孙维林时任北京城建一公司党委书记。这年的6月15日晨，青岛市前海的一个雨污水井泵站内发生有毒气体泄漏，造成两名操作工人中毒昏倒。正在附近施工的城建一公司青岛项目部的干部职工闻讯后，立即赶往现场救人。他们在不知泵井内险情的情况下，共有12人前仆后继沿步梯下到地下泵房内往上背人，结果造成1死8伤。河南籍职工部三喜殉难，陈志安等深度昏迷，生命垂危。

当天，孙维林接到青岛项目部经理李为为的电话。电话中的声音战战兢兢，带着哭腔："孙书记，青岛这里出了重大安全事故……我请求处分！"

消息一传开，公司机关的人全慌了。

出了这么大的安全事故，公司不仅要遭受重大经济损失，各级领导的责任也在所难免！

公司领导紧急开会，磋商如何向上级机关报告。

事故？责任！几乎所有的人都在琢磨着这两个沉重而不祥的字眼，琢磨着在报告事故的同时如何才能减轻一点领导的责任。

主持会议的孙维林正襟危坐，人们从他的脸上找不到任何表情，谁也没想到他会语出惊人："同志们，事情已经出了，但这算不算事故？我们有没有责任？依我看，这是见义勇为、舍己救人的英雄事迹！下泵房救人的同志和青岛项目部是一个英雄集体！"

犹如一语惊醒梦中人，所有人的神情都为之一变。是啊，虽然1死8伤代价沉重，虽然他们救人的过程带有一定的莽撞性，但这毕竟是为了救人哪！人命关天，情急之下，哪有那么清醒的理智和判断？

在孙维林的主张下，"6·15"事件被作为"6·15"见义勇为的壮举上报到城建集团，随即又上报到市城建工委和北京市委。

北京市委当即责成市委常委、市城建工委书记强卫率领一个北京市党政代表团，驱车赶赴青岛慰问。

6月20日，山东省委常委、青岛市委书记俞正声接见了北京市党政代表团。双方商定，青岛市和北京市分别召开一个"6·15"英雄集体表彰大会；两市分别作出向郜三喜同志及"6·15"英雄集体学习的决定，新闻媒体大力宣传。

随着两市新闻媒体展开的高频率、高强度宣传，"6·15"壮举一夜之间成为北京、青岛市民热切关心的事件。

流火夏日，故事也像流火般炽热。

流火般炽热的故事烫沸了无数腔热血。在北京和青岛这两个具有悠久文明史的古城，撼人心魄的"6·15"英雄的故事伴着千百万人民群众度过1993年的炎炎暑夏。

在青岛，英雄魂撞击出时代的回声，洞开了人们感情和良知的闸门，民心涌起的巨澜与黄海扬起的哀涛同样汹涌。整个岛城都沉浸在对英雄的敬仰和关切中。上至繁忙理政的市长，下至素昧平生的百姓，他们把对英雄深深的敬意，化为对英雄安危焦虑的询问，化为夜不成寐的牵念，化为病床前的守候，化为寄托着美好祝愿的鲜花、慰问品、慰问金，化为向英雄学习的实际行动。

抢救"6·15"英雄，在青岛医疗史上留下了浓彩重墨的一笔。10 家医院的 200 多名医护人员同心协力，共谱了一曲"抢救英雄亦英雄"的辉煌乐章。

为了救活第一个下泵井救人的陈志安，青岛海军基地 401 医院全力以赴。从未出过实验室的宝贝——价值 40 万美元的脑干诱发电位测定仪，破例搬到陈志安的床头。12 位军旅白衣天使日夜轮流守候床前。

英雄郜三喜殉难的噩耗化作倾盆泪雨，把悲恸和肃穆布满了青岛的大街小巷。6 月的青岛，前海惊涛拍岸，鸥鸟低空盘飞，它们欲寻找英雄的忠魂，追踪英雄的足迹。海水未能冲过堤岸，于是便化作漫天云雾涌入岛城，与婷婷的梧桐相拥痛哭，泪湿绿巾。这是苍天的泪，这是大海的泪。泪为牺牲的英雄而洒，泪为英雄的壮举而落。

6 月 17 日，郜三喜生前的几位工友，举着"接郜三喜妻子"的牌子出现在青岛火车站，喧闹的站前广场立时变得一片肃穆。人们带着庄严的表情聚集在牌子的周围。郜三喜的妻子等出站后，千百人"唰"地自动闪出一条通道，夹道肃立，默默迎送烈士的亲属，其情其景催人动容。

7 月 7 日，郜三喜烈士追悼会在青岛人民大会堂举行。专程前往的北京市委副书记汪家镠、市政府顾问韩伯平，以及曾为抢救"6·15"英雄操心日久的青岛市党政军领导和各界代表 400 余人参加。追悼会大厅里，松柏环绕、黑纱遮壁，表达不尽对英雄壮举的深情缅怀；花圈叠雪、哀乐低回，倾诉不尽对献身者的依依情思……

7 月 9 日，青岛市委、市政府隆重举行表彰大会，授予郜三喜等同志"舍己救人勇士"称号；授予北京城建一公司青岛项目部"舍己救人英雄集体"称号。

几乎与青岛的反响同步，在北京，"6·15"壮举震撼了这座千年古都。传播媒介骤然间扑面而来的报道，使北京的每一条街巷都激情涌动。政府和人民以极大的热情与厚爱，来回报自己的英雄。

于是，北京的"日程表"上，出现了这样一件件叩动市民心扉的事件：

团市委分别授予"6·15"英雄"北京市五四奖章""北京市新长征突击手""北京市优秀共青团员"称号，并号召全市团员青年向英雄学习。

民政部、北京市人民政府批准郜三喜为革命烈士。

北京市委追认郜三喜为中共正式党员。

市总工会授予英雄集体"首都劳动奖状"；授予郜三喜、陈志安、彭飞"首都劳动奖章"；号召全市职工向"6·15"英雄学习。

市民政局慰问郜三喜的遗属，并颁发抚恤金 5720 元和 2 万元烈士奖励基金。

中共中央委员、建设部部长侯捷看望郜三喜家属和"6·15"英雄，并代表建设部向家属赠送慰问金 1 万元。

建设部作出在全国建设系统开展向"6·15"英雄学习的决定。

独具慧眼　京鲁共谱英雄曲　丰碑高耸　价值导向称"标本"

人民日报、新华每日电讯、光明日报、工人日报、中国青年报、中国建设报等中央级媒体相继刊发消息或长篇通讯，把"6·15"英雄的颂歌传遍了中华大地……

社会对于"6·15"事件超乎寻常的反响，给了孙维林极大的鼓舞。

但他是个理性的人，他从来不习惯让自己对事物的认识停留在事物的表象上。夜深人静之时，他一次次从社会的角度、历史的角度，反复进行深刻而理性的思考。

毋庸讳言，非同寻常的反响与"6·15"壮举发生在人们感叹世风日下、社会公德日见沦丧之际，有着重要和直接的关系。在世界经济面临第三次飞跃的压力下，蹉跎了太多岁月的中华民族，无疑需要以极大的热忱和努力，去建造宏伟的国家经济大厦，实现强国富民的目标。

然而，一朝摆脱了精神枷锁和政治愚弄的人们，却迅即受到了拜金主义、享乐主义、极端个人主义浊流的严重侵蚀。商海汹涌，物欲横流，经济大潮黯淡了某些人灵魂的光芒，社会上频频发生的见死不救、冷漠旁观，甚至助纣为虐的事件，使人们痛心疾首。

孙维林本人清楚地记得——

泰安市中学教师于某某，在农贸市场因抓贼被歹徒刺断大腿股动脉，躺在血泊中几个小时无人救助，数百人袖手旁观并为歹徒让道。

一辆大货车在北京何家坟撞倒两位骑车的姑娘，围观者无一人相助。由于延误了抢救时机，其中一位姑娘因失血过多身亡。

在一辆中巴车上，两个歹徒对一位女兵施暴，司机和女售票员视而不见。机灵的女兵跳车脱身后，女售票员成了歹徒的"猎物"。

乌鲁木齐市大学生唐某某，因跳入河中抢救不相识的落水母子，不幸被激流冲走。当唐某某被人拉上岸后，周围的数百人对生死不明的救人者无动于衷，致使这位英雄在成群人的围观中逝去。

成都市一女学生落水，众多人驻足河边观看，落水者的同学跪求观者相救，竟有人开价2000元称"有偿救援"。

……

孙维林深为这些见死不救的事件感到寒心和愤慨。他冷静地分析这种道德滑坡的原因，觉得除了商品经济、市场经济的冲击，多年来社会舆论工作中出现的偏颇也难辞其咎。

自从"高大全"的英雄形象独占文艺舞台的时代结束后，我国的文化舆论工作中出现了另一种不可思议的现象：似乎英雄已成为时代的过去，对英雄的讴歌和对英雄精神的倡导已成为没有意义的事。不仅如此，一些领导同志受"左"的思想的影响，至今仍把英雄、模范与物质利益视为不相容的水火，在关心和照顾见义勇为者方面没有实实在在的举措。这不光使见义勇为者寒心，也使不少人由此得出"当英雄吃亏"的结论。

冷静的思索逐渐使孙维林得出一个清晰的判断：社会对"6·15"壮举超乎寻常的反响，是人们对于"真善美"的一次真情呼唤，是我们民族道德风尚的理性回归。

这说明，人类文明总是能不断地掸去历史的蒙尘，显出道德与正义的万丈光华。中华民族源远流长的传统美德，不会长久地被社会发展过程中扬起的尘埃所蒙蔽。尽管在市场经济大潮泥沙俱下，汹涌商海挟裹万千众生的今天，每个人的面前都有些眼花缭乱，每个人的脚步也难免略显纷杂。但是，失落后的回归，将受到格外的珍惜；困惑后的清醒，将伴随着更加坚强的意志和力量！

现在，企业中涌现出一个见义勇为的英雄集体，作为英雄集体所在企业的党委书记，该怎么办？

对这个问题，孙维林的心里早已打好一个谱："决不能让英雄吃亏！"

在公司党委会上，孙维林大声强调："建设精神文明是一个系统工程，而良好的教育，则是其基础工程，事关千秋功业；欲再塑民魂，匡扶正义，政府和社会各界都应'来点真的'。我们作为英雄所在企业，更应尽最大可能做到不让英雄吃亏！"

他和公司经理柯水深协商统一意见后，向市政府申请，将郜三喜妻子及子女的户口从河南农村迁京，由公司安排住房、工作，并为孩子们联系学校。

公司党委建议，为郜三喜遗属发放 1 万元抚恤金，并代为偿还数千元债务；给予其他见义勇为者 500 元至 2000 元不等的奖励。

公司党委建议，公司全部承担见义勇为者在青岛期间 10 多万元的医疗费用，将回京的英雄安排进职工医院最好的病房继续观察治疗，到一定的时候，安排他们到外地疗养。

7 月 10 日，孙维林和城建集团总经理、党委书记肖玉良，城建一公司经理柯水深等一起，陪同郜三喜妻子及她的一对双胞胎儿子走进了这样一个新家：三居室的单元楼修饰一新，起居室内，席梦思床、沙发、卧室柜、写字台、电视机、收录机、落地扇一应俱全；厨房内的煤气灶、烤箱、锅碗瓢盆齐全洁净；壁柜里储存着整袋的大米和面粉；床头预备着拖鞋，脸盆里放着牙具……

这一切，失去丈夫后未向组织提任何要求的烈士家属也许没有想到，但孙维林和城建一公司却把一切可能想到的都做到了。

烈士家属看见自己的新家，感激的泪水潸然而下。

孙维林劝慰说："这并不是对英雄的重奖，我们的目的只是不让英雄吃亏，不让烈士家属受苦，并有足够的能力继续生活和培养子女。"

过了一会，孙维林又告诉郜三喜妻子："你的工作已安排好了；孩子们的学校也找好了，就在附近，不用过马路，这样对从农村刚进城的孩子更安全些。近一段时间，公司派一位女同志带着你熟悉环境，帮着你料理生活……"

事后，有人为城建一公司算了一笔账，包括分给烈士家属的一套时价50万元的住房在内，公司用于"6·15"英雄集体的抚恤奖励和医疗费用等，折合人民币近百万元。而这在当时，已是个惊人的数字。

孙维林及城建一公司的明举，得到了北京市委、市政府的高度评价。市委副书记李志坚看望烈士家属后，真诚地感谢城建一公司代表政府和人民所做的这一切。

此后不久，孙维林即离开了城建一公司，调任城建三公司经理。

然而，他对"6·15"事件的处理，却作为一段佳话永久地留在了城建一公司。

正是因为孙维林独具慧思，在"事故"与"英雄壮举"之间进行科学合理、实事求是的甄别，去伪存真，致使一起闪烁着时代精神的见义勇为壮举，洞开了蒙蔽其上的云翳，放射出了璀璨的光彩。

正是因为孙维林"不让英雄吃亏"的主张和举动，填平了横亘在"英雄"与"物质"之间的鸿沟，为引领正确的社会主义价值导向，提供了一个经典范例和社会标本。

第三十章

制胜法宝　思想工作铸利剑
得心应手　所向披靡如有神

　　从孙维林的成功中去寻找他的"秘诀"和特色，你会很轻易地搜索出"思想政治工作"这个关键词，并不容置疑地将其确认为孙维林的制胜"法宝"之一。只是，他手中的这一"法宝"富于变幻，多姿多彩，因而显得神秘而奇幻。

其实，相对于"6·15"壮举这样的突发事件而言，孙维林到建工集团工作的 8 年多中，每年都把"解放思想、转变观念"作为党委的一号工程，这更是他人生中的一部大书。

坚持 8 年不辍，且每年都有新的内容、新的指向、新的方式方法，每年都能结出新的果实！

也许，从某种角度上看，孙维林搞企业也未见得比别人多出三头六臂。他全部的"招数"集中到一点，就是不断地祭起思想政治工作这一"法宝"，去开拓前进的道路，追赶时代的潮流。

然而，他成功了。靠着这一"法宝"，他推动了一架庞大而陈旧的机器的隆隆运转，他撼动了千峰万仞、层峦叠嶂，使"建工人"走出了思想观念的"盆地"，驰骋于群雄逐鹿的商战疆场，极目于风云际会的世界经济大天地。

靠着这一"法宝"，他使一个国有资本一股独大的企业，艰难而有序地走向市场化改造，逐步建立起了产权清晰、投资主体到位的现代企业制度。

靠着这一"法宝"，他使建工集团的产权结构布局、产业结构布局、市场结构布局、组织结构布局发生了全新变化，实现了由区域型企业向国际型集团的转变，并一步步接近"具有国际竞争力的新型企业集团"这一宏伟战略目标。

当然，孙维林做思想政治工作的方法是丰富而色彩纷呈的。洪钟大吕，鸿篇巨制，对于他不是难事；像春风般和煦拂面，像春雨般润物无声，对他而言，又是那样的习惯和自然。

他善于用思想政治工作的武器去催生每一位在职职工的精神力量，又乐于把思想政治工作化作暖阳和关爱，送进每一位离退休职工的心坎。企业中耄耋皓首的老红军，疾患缠身的老病号，是他逢年过节登门拜望的对象。与企业共存共荣的数万名农民工，更是时刻装在他胸中的一份牵念。

从既往历史看，孙维林应属一名较资深的老政工干部，更是一名较资深的宣传干部。

1969 年，他从苏北的纵横阡陌走入绿色军营，1971 年提升排长不久，便参加了部队新闻报道培训班，兼任了部队的新闻报道员。1972 年调进机关后，相继在团宣传股、师宣传科、军（基建工程兵北京指挥部）宣传处工作，主要分别担任营、团、师以上干部理论教员。其间有一段短暂的时间离开宣传机关到部队技术学校任职，所干的也是政治教研室教员的工作。1983 年随部队集体转业后，又在北京城建集团宣传部工作了多年。

长期的工作实践，赋予了他驾轻就熟的思想政治工作本领，更使他透彻地了解了党的思想政治工作和宣传教育工作的极端重要性。

20 世纪 90 年代，建工集团撤销了党委宣传部，其宣传职能归入办公室，因人员裁减过半，无力与媒体打交道，几乎丧失了对外发言权，企业也失去了思想政治工作的"司令部"。

作为"老宣传"的孙维林就任党委书记后，对此觉得很不适应，而且认定这未必有利于企业发展。

于是，2002 年初，在孙维林的建议下，建工集团恢复了党委宣传部。在建工集团向市场经济全面进军的进程中，宣传部发挥了凝聚人心、统一思想、振奋精神，提升企业社会形象等重要作用。

"新闻宣传是企业宣传工作的重头戏。"这是孙维林经常强调的一句话。作为一位"老政工""老宣传"出身的企业掌门人，孙维林对新闻宣传作用的认识入木三分。一家二级公司因新闻宣传工作不力受到集团的批评。这家公司主管宣传的副书记不服气，嘟囔说："我们不就是不想吹吗？"

孙维林听到反映，把那位副书记叫到办公室来，给他泡上一杯醒脑清神的酽茶，并好好地对他"吹"了一通。

"听说你把新闻宣传说成是'吹'，还说就是不想'吹'，我想听听你到底是怎么认识的。"

那位副书记振振有词："我们就是埋头苦干呗，不一定干了工作就非得上报纸、电视吹一通。"

孙维林见他仍把上报纸、电视说成是"吹"，心里不快，当头给了他一声棒喝："你的这一个'吹'字，把我党的新闻宣传工作给全盘否定了，把企业宣传工作的路子也给堵死了，依我看，就凭这一点，你这个党委副书记就不称职！"

那位党委副书记一时语塞，神情变得愣愣的。

孙维林缓和了一下语气说："我暂且不反驳你把新闻宣传说成是'吹'，但就这个'吹'字，我们也应该有一个辩证的思考。我不主张光'吹'不干，干得不好，光'吹'得好，那纯粹就叫吹牛，是庸人的一种自慰。

"但我同样不欣赏光干不'吹'。企业是社会的一部分，与社会共生共息，需要与社会共享信息资源。一方面，需要从社会获取有效信息，进而物化成企业的财富；另一方面，也有必要把自身的信息传播给社会，以使企业更充分地融入社会大家庭。而宣传媒体是企业实现这一目标的桥梁。

"像你主张的光干不'吹',按理不应叫埋头苦干,而应视为埋头'傻'干。把埋头'傻'干当作埋头苦干,其实也是庸人的一种自慰。

"因而,企业思想政治工作者的责任,是要保证企业干得好,'吹'得也好。'吹'得好,是为了干得更好。为了干得更好而'吹','吹'的就不是'牛皮',而是挥师进军的号角!"

接下来,孙维林给那位副书记讲了一个真实的故事:

"北京市扩建三环路时,城建集团负责建设北太平桥。从开工到竣工,城建集团发动宣传攻势,在各种媒体上作了密集的宣传报道。与此相反,负责建设三环路沿线其他多座桥梁的市政公司却默默无闻。社会各界只知道城建集团在为老百姓铺路架桥,却少有人知道市政公司干了些什么。"

孙维林话锋一转:"你说,城建集团'吹'得有没有意义?他们通过建设北太平桥的宣传攻势,一举确立了在市政工程领域的影响和良好的社会形象,风头压过了市政'老大哥'。现在你再看看,在市政工程领域,城建集团还甘当'小弟弟'吗?"

入理的分析、鲜活的故事,使得那位副书记腮红脸热。他深为自己的错误认识和失责行为而歉疚,站起身来表态:"董事长,请您放心,明年,我们公司的宣传报道工作,一定进入集团的前三名!"

许多年来,孙维林与媒体打交道是乐此不疲的。他到哪个企业,哪个企业必建立与媒体联络的热线。他的通讯录中,有许多是媒体记者甚至是总编辑。他很乐意媒体记者成为他的座上宾,一杯薄酒,一盏清茶,一番问答,一则消息,往往就能对企业产生巨大的利好影响。

出于对媒体特殊作用的这种深刻理解，孙维林同样重视企业内部刊物的传播作用，并将其作为企业思想政治工作的重要阵地、工具和载体。

集团宣传部主办的企业报《北京建工》，孙维林对其格外关注并关爱有加，只要是正当需要，要钱给钱，要人给人。

多年来，编辑部的故事天天发生，天天精彩，《北京建工》办得有模有样，有声有色。每一个版面都是那样文图并茂，引人入胜，每一篇文章都饱含着编辑们的智慧和心血。在企业向具有国际竞争力的新型企业集团进军的进程中，《北京建工》舆论先导和鼓舞士气的作用显著而巨大，可谓功不可没。

在全国庞大的企业报刊群中，《北京建工》无疑是一颗耀眼的明珠。2008年，《北京建工》在第二届中国企业报刊评比中获得最佳纽带奖，成为全国17家获奖企业报之一。

由清华大学、中国传媒大学的专家教授组成的评委会给该报的评价是："导向正确，内容丰富，版式精美，追随媒体发展潮流，是一份十分出色的企业报。"

在企业2万名员工心中，《北京建工》是他们自家的报纸，是离他们最近的报纸，是他们最爱看的报纸。在企业思想政治工作这个大舞台中，《北京建工》成了传播先进文化、先进思想观念、优良道德风尚的使者，成了集团党委联系职工群众的桥梁，成了广大职工抒发情感、倾诉心声的园地。

孙维林不但恢复了集团和二级公司的党委宣传部，使企业的思想政治工作有了统帅部，还每年至少召开一次大型的企业思想政治工作会议。

2002 年，他在党代会的工作报告中强调："要树立政工干部也是企业不可或缺的管理干部的观点，抓好党群干部的培训和选拔。要注意从大专院校挑选一批有培养前途的文科毕业生充实政工队伍，逐步实现政工干部队伍的年轻化、知识化。"

他说："要同等对待政工部门和业务管理部门，政工干部在企业中与相应的行政管理人员享受同等待遇。"

他说："我们党群部门、政工部门不能在每次改革中都成为削弱的对象，一说精简机构就是精简党群政工部门。"

他说："美国中央情报局、美国之音，是最大的思想政治工作部门，每天都在宣传美国人的价值观。"

他说："建工集团儿万人，年龄、学历、经历、理解能力不同，要在一个点上取得思想认识上的统一，不是一句话两句话的问题。所以要加强思想政治工作，要加强思想政治工作部门的力量。"

从他的这一系列论述中，人们可以清晰地看到，党的思想政治工作，已作为一种特殊的情结，深深地植入孙维林的心中。

出色的思想政治工作者的优秀品质与出众的经营管理才能相融合，构成了孙维林其人的综合素质。这种综合素质不仅造就了孙维林事业和人生的成功，也形成了他鲜明的工作特色和风格：

——每到一个企业，他都极力想把这个企业变成一个大学校，变成党的思想政治工作的大舞台。他利用这个学校和舞台，开启员工的心智，塑造员工的灵魂。他用文化和社会科学知识去武装员工的头脑，用思想教育的犁铧去耕耘员工的心田。

——每遇一件大事，他必进行缜密的理论思考和政治权衡，以确保企业航船不偏离党的路线、方针和政策的航向。即使是"捆绑式"改制、国有资产不控股这样的首创之举，他也有足够的把握保证企业的行为与社会发展方向的一致性。

——每推行一个主张，他必以强有力的思想政治工作开道。他到建工集团工作8年多的历史，是建工集团的一部思想解放运动史。而在这部思想解放史的每一个节点上，思想政治工作都发挥了前导和关键的作用。

理性的人可以从这部历史中清晰地得出这样的印象：孙维林所以能以一己之力去启动一个大型国有老企业的思想解放工程，凭的不是他集董事长与党委书记于一身的地位和权力，而是党的思想政治工作的巨大威力。

思想政治工作，成了孙维林手中战无不胜、攻无不克的"法宝"，也从一个重要的方面塑造了孙维林的人格魅力。思想政治工作美妙而强劲的音符，跳跃在他每一个晨昏相接的日程中，构成了他生命和工作的主旋律之一。

有时候，这种主旋律使孙维林的人生显得壮阔而激昂，似波涛汹涌的长江，一泻千里，势不可挡；似铿锵高亢的管乐，气壮山河，声震霄汉。有时候，这种主旋律又使他的人生显得细腻而婉约，像一首别有韵致的田园小令，委婉动人，沁人心脾；像一棵农家小院中的碧绿藤蔓，清新可人，富有诗情。

他的人生，就在这种壮阔与细腻、激昂与婉约的交替中，不断书写着美丽的篇章，不断变奏出神幻的交响。化激流为平湖，化腐朽为神奇，扫除事业征程中一个又一个障碍，使他的人生路总能从曲曲折折、崎崎岖岖中伸向平坦的远方。

那么，擅长思想政治工作的孙维林，有没有用过疾风暴雨的方式或者运用权力的铁腕去化解过疑难和矛盾呢？

这样的例子当然是有的。

1996 年孙维林在城建三公司当经理期间，有一次正在山东出差，却突然接到公司办公室主任张天国打来的电话："……公司给职工盖的那幢宿舍楼，结构已完，刚要装修，可是有七八位老职工串通闹事，借口以前公司分房时对他们不公平，擅自把铺盖搬进了正在施工的宿舍楼，住在里面，造成了装修工程被迫停工。陈星华书记带人与那七八位老职工交涉了 3 天，问题仍未得到解决。几位老职工态度很强硬，要求先把他们想要的房子钥匙交给他们，否则，坚决不搬出……"

孙维林在电话中听了个分明，真是火从心头起，怒从胆边生，他当即指示张天国："你跟陈书记说，召开一次党委扩大会，请那几位老职工的代表参加，听他们陈述占房的理由。如属无理取闹，先做思想工作，3 天为限，3 天内不搬出，一律开除公职，是党员的还要开除党籍，然后强制搬出，把他们的铺盖和所有东西都扔到马路上去……"

电话这头的张天国不由得心中惊讶：原来"泥菩萨"也有血性子！

不过，张天国没有想到，僵持了三四天的占房事件，就被这"泥菩萨"的几句话给摆平了。

党委扩大会开过后的第二天，七八位占房的老职工，就无一例外地怎么搬进去的，又怎么搬出去了。及至后来这幢宿舍楼建成后，分配过程中，再无一人敢出来寻衅闹事。

这件事过去的十多年中，城建三公司的人每每说起此事，往往都是带着一种赞誉的口气，去肯定孙维林如何善于运用权力的铁腕去化解矛盾，解决问题。其实，孙维林对此事的处理，并没有离开思想政治工作。

首先，他指示召开党委扩大会，请占房老职工代表参加并倾听他们的意见，这本身就是做思想政治工作的一种方式。他们擅自占房，影响施工，党委还专门开会来听他们陈述理由，这不是党委用最认真、最真诚的态度在做思想政治工作，又是什么？

其次，占房即使属于无理取闹，孙维林仍强调"先做思想工作"，并给3天期限，而不是立即采取强制行政措施。

可见，孙维林始终是强调以思想政治工作为先，强调先礼后兵的。

与别人不同的是，孙维林先把"礼"用足，如不能奏效，则再把"兵"用足——不是写检查，不是通报批评，不是给处分，也不是罚款扣钱，而是开除公职、开除党籍、强制搬出、把铺盖扔到马路上去！

在这里，孙维林确实最大限度地强调了行政权力的作用了。一级企业党委和行政领导，对违纪职工最严厉的处罚和处分，莫过于开除公职、开除党籍了。

不过，事态的发展并未让孙维林真的来运用这种行政权力，实施这种行政措施，仅仅靠这种行政权力和行政措施的威慑力，问题就顺利解决了。

从对这件事的处理中，人们可以看出，孙维林做思想政治工作是应具体对象和具体情况而变的。

疾风暴雨，和风细雨，都是思想政治工作的有效方式。但是，在何种情况下运用何种方式才能恰到好处，才能事半功倍，这大有讲究。

做人的思想工作难在对症下药。而孙维林对此事的处理，不仅体现了他在对症下药方面的高明，更体现了他善于将思想政治工作与行政权力相兼容，刚柔相济，使得思想政治工作有了一种不战而屈人之兵的神奇威力，有了一种艺术的质感。

当然，孙维林思想政治工作的艺术质感，更多的还是体现在他到建工集团工作的这八九年中。

他初来乍到的一段时间里，缄口不论建工的问题和不足。但凡要讲，总是大讲建工集团的悠久历史和辉煌成就，讲得有声有色，有韵有致，有头有尾，有根有据，俨然比一位老建工人还要陶陶然、欣欣然。

他组织领导干部到上海建工集团去考察，不说是去学习取经，而名之曰"礼节性回访"。他艺术地让这些领导干部通过观看外面的精彩世界，自己去发现和体会本企业的封闭落后，自己去思考出路，去萌生求改革、求发展的愿望和动力。

他请经济学者、专家、教授到企业来为中层以上领导干部授课，其意图和效果也是如此。谁也没有批评责难背负一身荣誉的建工集团，但却使这些"建工人"的心湖受到猛烈的激荡，根深蒂固的"老大"观念受到了强烈的撼动。

"里谚曰：欲投鼠而忌器。"

《汉书·贾谊传》中的这句话，说的大概是这样一种情形：一只老鼠待在一件精美的玉器或瓷器旁，这家的人想用手中的物件投打老鼠，却又怕打坏了它旁边的器物。

后人据此演绎，就有了"投鼠忌器"这个成语。

此时的孙维林，所面临的就是这种"欲投鼠而忌器"的尴尬境地。

孙维林不是圣人，我们没有理由要求他免俗。

孙维林更不是笨人，他只身来到建工集团，来到这个在此前半个世纪中一直处于全国建筑业界排头兵地位的企业，面临建工集团这么悠久的历史，这么辉煌的过去，这么深的水，这么封闭的文化，这么叠嶂千重的壁垒意识，"欲投鼠而忌器"几乎是一种必然。

所不同的是，《汉书·贾谊传》中的投鼠忌器者，因"忌器"而放弃了"投鼠"；孙维林则不然，虽也"忌器"，但他绝不甘放弃"投鼠"。这如同他绝不甘放弃自己生命中的太阳而湮没在别人的光辉中一样。

他只是以一位智者的选择，临机变换了一种"投鼠"的方式而已。

这如同一部优秀的音乐作品，在某个段落运用了变调。"调"虽变了，但主题依旧，旋律依然。

这很容易使人联想到"欲擒故纵""明修栈道，暗度陈仓"等著名的军事谋略。只要能确保实现军事目的，所采用的任何谋略都应属明智之策。

当然，孙维林在临机的变调之后，终归还是要再变回原调的。这就是在大多数"建工人"拂去了眼前的视障，看到了山外山的青翠、天外天的高远之后，逐步接纳了他，把他也当作了一位"建工人"之后，在看清了这位外来者确实是在为了改变建工集团的命运，开创建工集团的美好前景而殚精竭虑之后，挂在孙维林嘴边的，便不再是建工集团昔日的辉煌，而是今日的落伍、明日的危机！

他开始在各种会议上正告"建工人"正视企业的现实："北京建工集团早已不再是全国的'老大'，就算是在北京，排个'老二''老三'的位置也已有了几分勉强！"

他开始以不容置辩的事实，像揭疮疤一样揭示企业中存在和蕴藏的各种深刻的矛盾，各种现实的危机，各种陈旧的观念，各种僵死的机制，各种消极的因素，各种违背市场经济规律和市场竞争要求的不合理现象。

他开始以近乎尖刻的语词，向大家预言在墨守成规、不思进取前提下建工集团末日般的明天。他似乎有心要去刺激"建工人"的有些麻木的神经，力图使自己的每一句话都变成一声断喝或猛烈的一掌。

而可贵的是，孙维林并非一架只管透视诊病的医疗器械。他是一位既诊又治，且中西医结合，机理调养与外科手术兼施的医者。他为建工集团开出了一张张祛病强身的良方，并依靠强有力的思想政治工作，使这些良药渗透、作用于建工集团衰老的机体，使其再度焕发出勃勃的青春活力。

孙维林身为建工集团党委书记、董事长，任职8年多，始终不渝地把解放思想、转变观念作为党委工作的一号工程，作为思想政治工作的一号工程，这种坚定和执着，伴随着企业的生产经营和全面建设一路高歌猛进。他不但写就了企业思想政治工作的一部大书，使企业思想政治工作拥有了艺术质感，也拥有了一种史诗般的雄壮和音乐般的华美。

科学，成为阿基米德撬动整个地球的支点。而思想政治工作，成为孙维林手中撬动建工集团沉重历史的杠杆。

他接受市委的委派只身到任后，不等不靠，不畏难，不急躁，清醒地看着你、看着他，不动声色地进入角色，有条不紊地推行他的观念和改革宏图、施政方略。

貌似强大的习惯势力没有吞没他，旧思想、旧观念的顽固终究未能阻碍住他前进的脚步。

相反，"建工人"在一步步接纳孙维林的同时，也一步步被他同化。

从"走出去，请进来"，洗脑子，换思想，到真刀真枪的"捆绑式"重组及国有资产不控股的风险实践；从重生产、轻经营的传统模式，到生产与经营并重，生产经营与资本经营齐头并进；从以建筑施工一业为主，到大力发展房地产、物业、物流、市政、地铁、环保等多种经营；从固守一隅的地域型经营，到走出京门，面向全国、走向世界的开放性办企业……

或许，正是思想政治工作这一神奇"法宝"，帮助孙维林获得了人生的成功。在一个特定的事业舞台上，演喜剧，能轻松地让真善美迸射出理性的光芒；演正剧，则能以厚重的力量再造观众的心灵；即便是演悲剧，也能把美好的东西淋漓尽致地撕给众人看。

在这个舞台上，演员，美轮美奂，仪表非俗；演技，炉火纯青，出神入化；引人入胜的剧情尽管跌宕曲折，却总是向着好的方向不断地深化、展开。

而演出的效果则是属于喜剧式的。无数次幕起幕落，不管启幕时是喜剧、正剧，抑或是悲剧，都无一例外地落幕于喜剧的色彩中。

解放思想、转变观念的最终结果，是孙维林的价值观念和经营理念被普遍接受。他给了一代"建工人"新的精神武装。

孙维林的成功是思想政治工作的成功，是我国建筑企业思想政治工作百花园中的璀璨奇葩。

第三十一章

力倡学习　欲将建工变"清华"
皇冠明珠　"标兵"金榜题头名

　　总想把一个建筑企业办成一所大学校，这样的想法和努力是否失之于荒诞？孙维林说"不"，北京建工集团说"不"，因为这已经初步为他们的实践所证实。这个国有老企业迄今蓬勃不衰的生机和活力，也恰是他们对"全国学习型组织标兵单位"这个称号的合理解析。

力倡学习　欲将建工变"清华"　皇冠明珠　"标兵"金榜题头名

经历了一系列的变故和挫折，当企业历尽劫波，生机再现，各项工作走上正轨后，孙维林终于又可以花更多的时间来进行某些理论思维和理性思考了。他思想的犁铧在近几年耕耘的原野上犁出一道深沟，打捞出一位企业家应有的冷静与清醒。

自2001年以来，建工集团进入了一个持续快速发展的历史阶段。即便是"祸事"连连的2003年，在向具有国际竞争力的新型企业集团战略目标迈进的进程中，也并非空白的一段。这一年，集团实现综合经营额142亿元，创出历史新高并延续了20%左右的增长势头。

但是，理智告诉他，这一增长速度是建立在以往多年徘徊不前所形成的低水平基础之上的。随着全球经济一体化进程的加速，企业处在一个瞬息万变的环境中，无论是干部队伍还是员工队伍，都已明显暴露出知识不足、思维不活的严重弊端。这将成为制约企业继续发展的瓶颈。如果不用新知识、新理论来武装头脑，驾驭企业，必将迟缓集团的发展速度，而且可能再度陷入徘徊的局面。

孙维林从纷繁的思索中反复筛选出了两个字：学习！

这两个字是孙维林智慧与力量的源泉，几十年来与他的人生如影随形。他总是试图把自己这一最深切的人生体会传导给每一个人。到建工集团工作以来，他已不止一次地提到日本的土光敏夫其人其言。

土光敏夫是日本著名企业家、经济专家，曾担任过数家大公司的董事长和日本经联团的社长。他对人生的经典认识是：每个人的先天没有多大区别，区别主要在于后天，而后天的区别主要决定于业余时间的利用：是用于学习，还是用于其他没有意义的事情。

孙维林不止一次地提倡各级领导干部每个月去逛一两次书店，

不止一次地向大家推荐阅读书目，不止一次地提出要建设"学习型企业"。他的这个提法，比党的十六大号召建设"学习型国家"、比北京市委号召建设"学习型城市"都提前了一两年。

不过，他的这一愿望现在变得比以往任何时候都更加迫切，对其意义的认识变得比以往任何时候都更加深刻。

"创建学习型企业，绝非一种时髦的提法和做个样子让人看的炒作行为，而是企业适应时代发展和市场竞争的迫切需要。中国加入WTO后，企业置身于全球化、信息化、多元化、复杂化和创新、竞争、快速发展的经济环境中，企业最强大的且是唯一持久的竞争优势，已不再是技术、设备、管理或资本，而在于比竞争对手更强的学习力。

"知识经济给企业间的竞争注入了全新的概念，人才的竞争、人的素质的竞争成为企业竞争的最终表现。在现代企业中，最重要的量化数据不是眼下所创造的经营额或利润额，而是所拥有的人才数量和质量。

"因此，把建工集团打造成一个名副其实的学习型企业，让各级领导和全体员工不断学习，不断更新知识结构，是建工集团求得长远发展的根本之策。"

事实上，当许多人对创建学习型企业的重要性还浑然不觉的时候，孙维林却早已开始从战略发展的高度，以前瞻世界经济发展趋势的眼光来审视这个命题了。

而当这一理念在他心目中最终确立，他便以极大的热情投入了这一史诗般的创造。

时值 2004 年"七一"到来前夕，孙维林提议并经党委会讨论形成决议，借召开建党 83 周年庆祝大会之际，正式发出创建学习型企业的号召，进行动员，制定规划，作出安排。因而，孙维林事实上把这次党的生日纪念大会变成了创建学习型企业的动员大会。

孙维林历来信奉言必行、行必果。这次动员大会后，随即下发了《北京建工集团关于深入开展"创争"活动，建设学习型企业的意见》，对建设学习型企业的活动提出了详尽的部署安排和具体要求。创建活动在集团上下强势启动。

孙维林致力在中层以上领导干部中进行学习型企业理念的普及，先后举办了 6 期专题培训班，邀请专家、学者为大家讲授创建学习型企业的基本原理和操作流程。

通过培训，集团拥有了一支由 139 人组成的内训师队伍。他们分布在各个系统和各个基层企业组织中，成为创建学习型企业在整个集团形成燎原之势的火种，成为广大职工身边的良师益友。

"学习"，是人们经常挂在嘴边的两个字。然而，对于现实生活中的大多数人来说，一旦结束了十年寒窗走出校门之后，"学习"就从他们的生活中远去了。日后为了职位或职称的晋升阶段性地恶补一下，其实与自觉的、真正意义上的"学习"远非一码事。

而孙维林的成功之处，就在于他改变了数万"建工人"对"学习"的本真意义的认识。偌大的建工集团俨然成了一所大学校、大课堂。

正常情况下，建工集团使用农民工队伍超过 8 万人。

孙维林强调："农民工不是简单依附于我们总承包企业的劳务队伍，而是我们的'战略合作伙伴'。建工集团创建学习型企业的首要任务之一，就是要锻造一支'学习型农民工队伍'，提高农民工整体的文化、技能和思想素质。"

对于农民工而言，以往，在接受过企业对他们入场前所进行的"应知应会"培训以后，"学习"二字，对他们简直就是个不着边际的字眼了。工余时间，睡大觉，聊大天，打打扑克，钻钻桌子，或者坐在马路边看看过往的行人、汽车，过过眼瘾；或者一群乡党扎成一堆，相互说些"带荤"的笑话，过过嘴瘾。此外，他们几乎无以打发时光。他们中的一些人，根本就没想到生活中还有一件应该做的事情——学习；而即便有些人想学习，但也没有条件。哪有工夫去买书？哪有富余的钱去买书？

孙维林清楚地知道农民工的这种现状。2005 年，他拨出专款，与首都图书馆合作，创建了北京市第一家直接服务农民工的图书馆——首都图书馆北京建工集团分馆；随后，又在农民工集中的重点工程工地建立了 17 个图书角。

首都图书馆方面表示，今后农民工想看什么书，只要做个登记，他们就会去专门采购。广大农民工不但破天荒地享受到了不出工地就能借阅图书的惬意，而且，凭借从分馆取得的首图"一卡通"，还可在首图总馆和市内各联网图书馆借阅图书。

此举一出，想学习的农民工如禾苗得甘霖。原本没有学习愿望和兴趣的农民工也被带动起来，一卷在手，人读亦读。

2006 年 8 月，建工集团在北京市开创先河，创办了第一家农民工夜校。

夜校的诞生，受到农民工空前的欢迎。

而第一所农民工夜校就犹如一粒燎原的火种，建工集团开办农民工夜校的数量由一而十，由十而百，两年左右的时间中发展到 292 家。

建工集团的 8 万多农民工，地域、年龄、文化、性格、爱好千差万别。因此，农民工的学习绝不是用一两种规定性的统一方式就可以完全奏效的。开办图书角和农民工夜校，虽为农民工读书学习开辟了两条主渠道，但显然并不能满足所有农民工的学习需要，也并不能适应所有农民工的接受习惯。

于是，又一项创举在建工集团诞生并迅速成为各新闻媒体关注的热点。这就是建工集团有组织、有计划开展的文明礼仪、图书、文艺演出、科普健康、百场电影和卡拉 OK 进工地的系列文化教育活动。

几年中，这样的一份"套餐"让数万名农民工"吃"得津津有味。工余时间，或者是"戏剧大篷车"开到工地来为农民工演戏，或者是用大轿车把农民工拉到剧场，请他们看戏；或者是把农民工请去听文明礼仪的专场报告会，或者是医学专家到工地来给农民工讲科普健康知识。

而最为经常和普及的是四年来连续四届的"百场电影进工地"活动。

在孙维林的授意和策划下，百场电影伴随着百场影前学习教育。这种学习教育有时靠有针对性地加映短片来完成，有时则靠"有奖问答"游戏等方式来实现。虽然奖品只是毛巾、肥皂一类生活用品，但足以让获奖人兴高采烈，足以提高农民工自觉学习的积极性。

自 2005 年至 2008 年的四年间，四届"百场电影进工地"活动共放映电影 449 场，惠及农民工 42.5 万人次。

四年间，共有 30 余家中央和北京市媒体对此进行了多次集中报道，《人民日报》《工人日报》等先后发表了评论和编者按，在社会上产生了强烈反响。

　　深谙学习对于人生之意义的孙维林，走到哪里都想把企业办成一所学校。这成了他事业上的一个追求。

　　2004 年 1 月 30 日，全国总工会、中央文明办、国家发改委、教育部、科技部、人事部、劳动和社会保障部、国务院国资委、全国工商联等九部委，联合发起了开展创建学习型组织，争做知识型职工活动。

　　2009 年初，九部委在北京隆重召开了全国"创建学习型组织，争做知识型职工"表彰大会。

　　在各行各业千千万万个学习型组织中，共有 10 个单位获得了"全国学习型组织标兵单位"的最高荣誉，并同时获得了"全国五一劳动奖状"。

　　而位列这 10 个单位之首的，便是北京建工集团！

第三十二章

心系社会　位卑未敢忘忧国
勇担道义　一枝一叶总关情

　　效力企业，客观上亦即效力社会。但能时时处处把个人命运、企业利益与社会大家庭的命运和利益相系，并服从、服务于社会的需求，却有赖企业家的自觉意识。孙维林的这种自觉意识不但支配了自身，也燃旺了建工集团报效社会的激情。

第三十二章

心系社会　位卑未敢忘忧国　勇担道义　一枝一叶总关情

中华民族，历代都有无数的仁人志士"位卑未敢忘忧国"。他们以报效祖国、关爱人民为己任，在史册中留下无数佳话。

"北京建工集团党委书记、董事长"的职务，注定了孙维林的企业家身份。然而，考察孙维林八九年的任职史，却不难发现他的身上集中着企业家、思想家、慈善家等种种人生角色和品格。让人感受到他对祖国的忠诚之情，对人民群众的关爱之情。

进入21世纪，中国的改革开放已经历20多个年头了。20多年中，国有企业改革经历了党委领导下的经理负责制、党委领导下的承包经营责任制，以及百元产值工资含量、企业兼并、关停并转、减人增效等不同阶段和多种形式。

然而这些无一不是停留在一定浅表层面上的"改良式"变革，它并未触及国有企业体制、机制僵化落后的根本弊端。

体现在投资主体上，仍然为纯国有资产的单一产权结构。

以北京建工集团为例，它先由政府行政局改为北京建工总公司，以后组建为北京建工集团总公司，又改为北京建工集团有限责任公司。名号变了三四次，但变来变去，其核心问题没有变，国有资产一股独有、一股独大没有变，企业的体制、机制没有变。现代企业制度从形式上已建立起来，有董事会、有监事会、有经营层，董事会、监事会、经营层的人事为政府所任命，企业并未真正按现代企业制度的体制去运行，因而严重缺乏生机和活力。

建工集团的这种情况并非个案，而是所有国有企业20多年艰难改革的一个缩影。

1993年至2002年，国有企业深陷十年低谷，一部分国有企业被迫从竞争领域退出。

国企改革的出路在哪里？

改革开放的 20 多年里，无数改革志士上下求索。

虽然，当蛹化蝶成功，即可迅速灿烂绽放，然而蝶蛹蜕变的过程却艰苦而缓慢。党的十六大召开之前，由于国有企业体制改革的方向、原则尚不明朗，这种探索既艰难又充满风险。

正是在这种社会背景下，孙维林抱着为国有企业改革蹚水探路的意志和决心，潜心研究设计了一套"捆绑式重组"的国企改制方案，冒着"卖企业"的骂名，顶着重重阻力和巨大风险，毅然决然地在建工集团有序推行。

以二建公司成功重组为起点和标志，孙维林在建工集团的改制实践，为我国的国有企业尤其是国有建筑企业管理体制的根本性变革提供了一个成功的范本。

第一个吃螃蟹者，也许是在看到螃蟹的凶悍长相和坚硬甲壳的同时，预判到了甲壳内蟹膏的丰腴和蟹肉的鲜美。因此，吃螃蟹成为一种对于美味的勇敢追求。而孙维林超越社会前进的脚步进行的"捆绑式重组"和国有资产不控股的风险探索，除了智与勇的完美结合，更体现了一位有思想、有抱负的企业家对于"社会责任"的强烈意识。

孙维林使五建公司免遭破产厄运，同样是强烈的社会责任使然。

五建公司堪称北京建筑企业的"鼻祖"，其前身，可追溯到新中国诞生之前。

1949 年 1 月，北京和平解放。是年 4 月，中共中央办公厅组建了中直机关修建处；8 月，北京市组建了第一个公营建筑企业——永茂建筑公司。这两个早于全国解放就已诞生的建筑先驱的一部分，即是五建公司的前身。此外，五建公司还包括了新中国成立前就有的 66 个营造厂、68 个水暖铁工厂、4 个电器安装队、4 个凿井队和 109 个席棚队。

历史悠久自不待言，五建公司的辉煌业绩也无可比肩。在 50 多年中建起各类房屋 1700 多万平方米，相当于大半个旧北京城。其中，有中国革命历史博物馆、北京饭店、天安门城楼（重建）等数以百计的著名和重要建筑。为世人称道的天安门广场建筑群，以及以天安门城楼为中心的长安街沿线的大型标志性建筑，近 1/5 皆为五建人的手笔。

更应大书一笔的是，五建公司是在使馆建设领域独领风骚的"王牌军"。他们共建成使馆 115 座，占世界各国驻华大使馆的 95% 以上。此外，所建的外交官大楼、外交公寓、国际俱乐部等大量外事工程也素负盛名。

"五建人"用半个世纪的奋斗，创造了无数个建筑奇迹和神话，捧得了 7 尊鲁班金像奖杯，成为中国建筑企业群英谱中大美的一员。

然而，当中国社会进入到市场经济时代后，五建公司落伍了。

它的沉沦落伍，是国有老企业在社会变革之际所遇尴尬的典型例子。

长期的计划经济为五建公司积淀下千般问题、万般困难。2004 年，五建公司的在职职工近 4000 人，离退休人员却达 5000 余人，各种历史的包袱使得企业不堪重负。

但更主要的还是人的思想观念僵化。"五建人"长期踯躅徘徊在市场和竞争的边缘，无力走出计划经济时代僵死的观念和体制机制，依然习惯于过去那种几十年不变的思维和行为方式，抱残守缺，一任岁月蹉跎，终致债台高筑。时至 2004 年，仅欠税就达 2.2 亿元，职工的工资拖欠，"五险一金"停缴，企业濒临倒闭。

当年，在酝酿和进行企业重组时，五建公司的资产评估为负 1.7 亿元。诸多不确定因素隐藏在各个项目上。

按企业破产法，像这样严重资不抵债的企业理应破产。

然而，重要的决策时刻，孙维林首先考虑的是自己和建工集团应负的社会责任：一旦实行破产处理，不只意味着五建公司这个经历了半个世纪风雨的企业番号将就此消亡，更严峻的问题是，五建公司的 8000 多名在职和离退休职工将被推向社会！

这些人和家庭未来靠什么生存？他们将可能对首都的和谐安宁带来怎样的潜在威胁？

孙维林召开数次党委会、董事会进行研究，力主由建工集团出资 1.7 亿元为五建公司填平亏空，另出资 4700 万元，以债转股方式作为五建公司一方的重组股本，从而促成了五建公司与北京正华房地产开发公司的顺利重组。

"救人一命，胜造七级浮屠。"孙维林救活五建公司这样一个业界"鼻祖"辈的国有老企业，又当胜造多少级"浮屠"，令他欣慰的是，在世纪风雨中铸就大美风骨的"五建"，正如涅槃的凤凰，经浴火重生，重又变得美艳无朋。改制后的五建公司，迅速完成了经营效益"减亏、持平、盈利"的"三级跳"，由欠税大户一跃成为纳税先进企业，五年累计纳税 1.84 亿元，企业的党政工团建设全面发展，荣获了全国五一劳动奖状。

企业是社会的细胞。孙维林坚定地主张："企业在追求自身发展的同时，必须高度重视兼顾国家利益；在经济效益与社会效益的权衡中，以社会效益为先；当企业利益与国家利益相矛盾时，以国家利益为重。"

可以说，孙维林在建工集团与国家利益的每一个契合点上，都完美实现了与国家利益的"无缝对接"。

为支持教育事业，集团斥资为国家级贫困县——河北省张北县捐建了6所"希望小学"。建成后，还每年派人去慰问师生并给予适当的物质捐助。

集团还斥资100万元，为青海省贫困地区的学校购买教学电脑；斥资35万元支援青海、甘肃等贫困地区的"春雷工程"。

2003年北京"非典"疫情肆虐时，建工集团在极短的时间内，建造了包括小汤山"非典"医院在内的9000多平方米抗"非典"用房；筹资4500多万元用于改善民工住房和健康防护，彰显了一个国有企业与社会共赴危难的襟怀。

置身京畿重地、首善之区，"维稳"成为建工集团与国家利益最重要的一个契合点。对此，孙维林的处置唯有果断，绝无含糊。

建工集团建机厂改制期间，由于厂领导宣传引导不力，处置失当，导致百余名职工到市委集体上访。孙维林闻讯后，立即派人把上访职工劝回，并火速派工作组驻厂调查处理。

"工作中犯别的错误，我们尚可给予改正的机会，如影响到首都的和谐安宁，必须挥泪斩马谡！"

事件平息后，集团党委双双免去了建机厂党、政主管领导人的职务。

2008年上半年,孙维林闻讯有个别二级企业拖欠职工的"三险一金",大怒,在一次会议上向有关企业领导发布"通牒":

"'三险一金'事关职工思想的稳定和首都的安宁,限你们在6月30日前补交齐,如若不然,先卖你们的车;不够,就卖我的车!"

没过几天,所欠"三险一金"统统交齐。

拖欠农民工工资是建筑界的一大顽症。建工集团常年用工达七八万人。孙维林不允许任何一家下属企业拖欠农民工工资。他与人解析说:"我这么要求,有两个原因:一则,农民工是我们的兄弟和朋友,他们辛苦劳作,论理论情都应及时足额地获得报酬。他们一年才回家一次,即春节回家过年,如果领不到工钱,他们一年的汗水和付出,如何向家人回报?二则,你拖欠了他们的工资,如遇别有用心的人一挑唆,一群农民工跑到市府大院甚至天安门广场去整点动静,闹点事儿,那是什么影响?国际影响!"

所以,每到年关节下,孙维林必严令各用工单位领导:"要么,你拿钱去足额支付农民工工资;要么,你拿辞职报告来!"

其言其行,丹心可鉴。

2008年,在史所罕见的抗震救灾及灾后重建战斗中,孙维林使建工集团勇担社会责任的美德,得到了最为夺目的升华。

"5·12"汶川大地震,于瞬间吞噬了数万条鲜活的生命,令数百万人无家可归,惨况震撼了世界。

"国难面前,我们责无旁贷!"在震情尚不很清楚之时,孙维林在第一时间组织召开了紧急会议,第一时间成立了集团抗震救灾指挥部并亲任总指挥，第一时间发动全体员工捐款 136 万余元，第一时间作出集团捐助 1000 万元善款的决定，第一时间组织人员和机械设备赶赴灾区……

党中央、国务院决定举全国之力，为灾区人民援建 100 万套过渡安置房。建工集团领命援建其中的 1.5 万套。

5 月 21 日，建工集团首批 13 名援建干部赴川，成为全国第一支到达灾区的外地援建先遣队伍。

5 月 22 日，首批 8 台大型机械设备和 11 名押运人员启程。北京市委书记刘淇、市长郭金龙亲临大红门货运站为出征将士壮行。

是日下午，建工集团副总经理、集团前方援建指挥部总指挥丁传波宣布：北京市援建的首批过渡安置房正式开工。

10 天后的 5 月 31 日，这个位于四川安县花荄镇、共 350 多套、可供 1500 多人居住的"京安小区"奇迹般落成，6 月 4 日交付使用，成为全国第一个交付使用的过渡安置房示范小区。

在"京安小区"建设的同时，数千名建工将士在主战场江油县展开了壮怀激烈的决战。

6 月初，孙维林亲赴援建一线慰问、督战。

在唐家山堰塞湖面临溃坝、市民大量撤离、绵阳市几近空城之时，身着援建工服、头戴安全帽的他仍与身处险境的援建将士在一起坚守。

援建，意味着大量财力、物力的投入，企业的资金供应经受着考验。孙维林令出如山："就是后方不发工资，也要确保前方资金供应。急需的资金必须 10 小时内到账！"

带着党中央、国务院的重托，带着首都人民的深情，建工集团给灾区人民留下了永难忘怀的"北京的精神、北京的速度、北京的水平"。同时，也把一个国有企业的"社会责任"，永久地镌刻在了那片灾难深重的土地上。

面对举办 2008 年北京奥运会这样的民族盛事，孙维林和建工集团的万千儿女，同样把一个国有企业高度的社会责任感写进了不朽的奥运历史。

他们以数年的辛勤创造，为国人百年期盼的奥运会奉献了数十座高标准、高质量的比赛场馆和配套设施。而在奥运会、残奥会举办期间，建工集团组织专业保驾服务人员 1592 人，织就了严密的"保驾服务网"，圆满完成了国家会议中心、奥运水上公园、媒体村等 22 项奥运场馆及相关配套设施的保驾服务工作。此外，还担负了奥运中心区 6 个比赛场馆群、4 项附属设施、4 个训练场馆的应急抢险任务，向全世界运动健儿演绎了"平安奥运"的北京理念。

在迎接奥运及奥运会举办的日子里，处在"保驾服务网"中心点上的孙维林，每一根神经都被日夜绷紧。任何一丝纰漏和闪失，都可能造成不利的国际影响。《北京建工集团落实平安奥运行动工作方案及处理突发性群体事件应急预案》《奥运期间安全保卫工作指导意见》的字里行间，无不浸润着他的责任和智慧；一次次演练、一番番实战，无不是他心中"国家意识"的真情释放。

第三十三章

华丽笙歌 "高唱低吟" 皆是美
实践检验 "先知先觉" 原是真

事业中的得意之作犹如赞歌，且无须吟唱自高亢，寂无声处亦嘹亮。孙维林无意向人渲染自己的那些作品，也不介意不同的人毁誉参差的评说，因为人生历史的客观性只相信忠实的纪录。

第三十三章
华丽笙歌 "高唱低吟" 皆是美 实践检验 "先知先觉" 原是真

自从人类社会出现了"企业"这种社会组织，便应运产生了经营企业的"企业家"。

"企业家"不是官衔，但经营企业却不比当官容易。它是一门深无止境的科学，也是一门博大无涯的艺术。

孙维林当企业领导近 20 年，时刻都在追求把这门科学和艺术运用、发挥到极致。并且，他所获得的成功雄辩地证明，他并未留下太多的遗憾，而唱响的，是一曲曲华丽笙歌。

这一曲曲华丽笙歌嘹亮在他的人生旅途和事业征程中，从而使他生命的乐章，完成了对于平凡的超越，而接近了音乐最深刻的内涵。

这一曲曲笙歌还使人们感觉到，孙维林仿若一个能够超越时空的人。他并无先知先觉，却总能走在社会和时代潮流的前面。

有些事情，当时看来他是冒险的、激进的，不切实际甚至是错误的，但若干时间后回头再看，又几乎无一例外地证明他是正确的。

这种情况的反复出现，构成了他事业链条中的一种奇异的"返照"现象。

2002 年，他设计和推行了二建公司的"捆绑式"重组，特别是开创了国有资产不控股的先河，阻力重重，争议激烈，"卖企业"之声不绝于耳，使得许多人都为他捏了一把汗。

不久后召开的党的十六大，正式吹响了国企产权重组的号角。北京市委书记刘淇在调研中，高度肯定和评价了孙维林的创举。"捆绑式"重组，至今仍是国企产权制度多元化改造最为先进的理念和模式。

此后的几年，建工集团改制后的二级企业中，个别企业因重组双方磨合不善等原因而导致重组解体，出现了暂时的挫折。

有人很快生出担心和狐疑：重组之路到底能不能走得通？

孙维林并不避讳出现的失败，他的解析充满坚定和冷静："社会历史从来都是在反复中发展，在曲折中前进的。重组企业出现解体并不足为奇。即便是像二建这样改得最早、目前运行情况最好的重组企业，将来因双方情况发生变化，也有可能出现反复和解体。"

"但解体并不意味着国有企业产权重组的方向有什么问题，也不意味着重组之路就此终结。这条路是必然要、也必然会继续走下去的。改革是一个探索的过程，需要经过几代人的努力方能渐臻完善。"三建公司与上海智富的重组，经过 3 年多的磨合，双方仍统一不了意见。建工集团立即采取果断措施，在劝说上海智富同意的情况下，收回股权！为了加强对三建的领导与经营，集团派戴彬彬副总经理兼任三建公司董事长，郭延红副总经理兼任三建公司董事。收回股权的三建公司，也不再是重组改制前的三建公司了，人们的观念、意识、思路发生了重大的变化。在集团的支持下，三建公司重新创业，不但产品结构有了重大调整，区域结构也同样有了重大的拓展。他们走出北京，创业全国，不仅在房屋建筑上有了大发展，还进入高铁领域，先后承揽京沪高铁天津站、京广高铁石家庄站的施工总承包。2012 年开始，重新启航的三建公司以年增 20% 的速度，向百亿元企业冲刺。

集团召开党代会时，孙维林坚持确立建设具有国际竞争力的新型企业集团这一战略发展目标，将其作为大会报告的主题并写进会议决议。这在当时招致不少人的反对和质疑，认为这是孙维林在犯政工干部爱唱高调的毛病。"国内的事情还没整明白，市场立足不稳，还何谈什么国际竞争力？"

然而此后的事实证明，提出这一战略发展目标，既切合实际，又是企业长远发展之必需。

通过党代会后几年的努力，建工集团占领了越来越多的国际市场份额。在 2008 年 408 亿元的新签合同额中，国外合同额达 180 亿元。

如果不是这样，当后奥运经济和全球金融危机结伴而来时，建工集团重蹈后亚运时期覆辙，几将成为不可避免的事。

2005 年，中央根据党的建设需要，在全党统一进行"保持共产党员先进性教育"活动。孙维林不去引导大家阔论大道理，而着力强调在"保先教育"中树立和落实科学发展观，为努力实现建设具有国际竞争力的新型企业集团这一战略目标服务。

当时，不少人认为他的这一设计方向有偏，可能会犯政治错误。

然而，建工集团的"保先教育"不但受到北京市委领导的肯定，还代表北京市企业接受了中央巡回检查组的检查。

孙维林在建工集团力倡建设学习型企业。有人嗤笑说："孙维林真是想起一出是一出，一个与钢筋水泥、瓦刀灰铲打交道的企业，还提什么学习型不学习型，难道还能把建工集团办成北大、清华不成？"

孙维林当然无法把建工集团办成北大、清华，然而几年中，建工集团创建学习型企业的活动取得了全国瞩目的成就，位列国家九部委评出的 10 个"全国学习型组织标兵单位"之首。

早在 2003 年，孙维林力主花重金聘请美国安永公司作集团的财务顾问，招致反对声一片："花那 200 万元有什么用啊，我们 50 年都过来了，没请顾问，不也一样吗？"

后来的事实表明，那 200 万元花得绝对物超所值。安永公司经过艰苦工作，帮助建工集团调整建立了一整套企业内控制度，为建工集团提高经济管理质量、堵塞经济运行漏洞，规避投资决策风险，起到了至关重要的作用，所产生的潜在价值和长远利益，绝非区区 200 万元可比。

时至 2008 年，北京市国资委根据市属大型国有企业经济运行中的实际问题，正式提出要加强风险管理。这表明孙维林当初的决策是没有错的。

2008 年 11 月之后，孙维林一再恳请组织安排自己及早退休，并鼎力主张和建议由建工集团内部产生"三驾马车"式的新班子。这在常人看来不可思议，也不符合市委组织部、市国资委领导当时的想法。

当他的请求和建议终于被采纳后，建工集团的班子在平稳过渡、和谐交接中体现出了极大的合理性，保障了各项工作顺利而有序的开展，也保障了企业既定战略目标的继续推进。

事后，市国资委党委书记、主任周毓秋女士夸奖说："维林同志，多亏采纳了你的建议，建工集团班子安排得很合理、很顺利！"

企划、决策中的高屋建瓴，以及"先知先觉"般的超前意识，是一种大智慧。孙维林面对重大突发事件临危不乱，处置机敏而果断，驾驭企业一次次成功化解重大危机，当然也是一种大智慧。

面对七八位老职工抢占住房，别人做了多天工作仍无济于事的局面，他一个电话，兵不血刃就令难解的纠纷化为无形。

在朝内大街改造中遭遇"黑色星期五"时，他果断处置，调度有方，使度过"黑色星期五"之夜后迎来的星期六，依然朝霞满天，灿烂明丽。

2003～2004年，建工集团祸事连连。"非典"肆虐时出现民工群体感染事故，被北京市委、市政府当作要案查处并给予口头通报批评；关系重大的Z工程因故差点被清退出场，孙维林被当作"人质"亲任基础施工总指挥；全球瞩目的"鸟巢""水立方"意外跑标，首都机场国际航站楼项目又险些旁落……真是山雨欲来风满楼，黑云压城城欲摧。

然而，流年不利带来了接踵而至的劫难，也给孙维林带来一展雄才大略的机会。他从纷繁的危局中厘清思绪，以最有效的方式为伤痕累累的建工集团疗伤敷疾，使建工集团奇迹般地迅速恢复了元气，重又步伐矫健地回到了实现既定战略目标的隆隆进程中。

第三十四章

少小多艰　食难果腹终难忘
苦难磨砺　九死不改求学志

　　青少年时期饱受苦难，求学之路充满坎坷。然
而，也许正是这些，锻造了孙维林坚韧的意志和性
格，也使他倍感学习对于人生的重要。他跋涉于求
学求知的漫漫长途，挫折不能泯其心，艰辛不足易
其志，终于从荒漠、荆棘中拓出一条开满鲜花、通
向成功的路。

少小多艰　食难果腹终难忘　苦难磨砺　九死不改求学志

孙维林是一位从小在求学路上历尽坎坷的人。童年时代赐予他的苦难，远比赐予他的知识要多。

1949 年 2 月 10 日，孙维林出生于江苏省淮阴县（今淮安市淮阴区）赵集乡红星村。

淮阴，是一块古老而饱经沧桑的土地。先秦时，淮阴有"交通、灌溉之利甲于全国"的美誉，经济发达，文化繁荣，名人辈出。但南宋以后，黄河夺泗夺淮，肆虐 700 余年，导致淮阴农业经济的严重倒退。到孙维林出生的新中国成立前夕，两万平方公里的淮阴大地几乎已是万户萧疏的一片赤地。

红星村是个仅有几十户人家的小村子，村上姓孙的人居多。

孙维林的父亲孙洪艮在兄妹 7 人中排行老大，从小过继给膝下无子的叔父为后嗣。叔父多病，家境赤贫，孙洪艮长大顶立门户后，成为兄妹 7 人中家道最为不济的一个。

孙维林幼时的记忆中，最刻骨铭心的就是家中的粮食总是不够吃，一家人经常靠寅吃卯粮度日。

所谓寅吃卯粮，就是苏北农家俗称的"吃青"。而所谓"吃青"，就是把尚未长成的小麦、玉米弄回家来，用磨碾碎了，放进柴锅加水熬成稀粥，再往里面掺进青菜、地瓜叶之类，聊以果腹。

孙维林小时候嘴刁，不爱"吃青"，为此常常挨打。

他家有兄妹 3 人，哥哥孙维考、姐姐孙维香，他排行最小。

最小的"老疙瘩"虽然受宠，但有一条，穿衣服得"捡剩"。哥哥、姐姐嫌小穿不了了，经母亲缝缝补补，便成了孙维林身上的"新衣"。他自称是个从小穿衣不讲究的人，其实哪里是不讲究，而是根本就没有条件"讲究"。夏天，光屁股，反正那年月农村的小男孩都一样，谁也不嫌寒碜。冬天，就是一件棉袄、一条棉裤。农村孩子根本就没有毛衣毛裤、衬衣衬裤这些概念。开了春，天气渐暖了，母亲把棉衣棉裤的棉胎取下，便又成了他的单衣单裤。

1957年秋，8岁的孙维林进马场小学读一年级，开始了他的求学之途。

马场小学建在洪泽湖的一块湿地上。洪泽湖水面缩小了，露出滩涂，杂草丛生，成了可以用来牧马的马场。在此形成的村庄就叫马场村，村里的小学，就叫马场小学。

马场小学是一所只有一至四年级的初小，为附近五六个村庄所共有。那时候有的农家孩子十三四岁才上学，所以同年级的学生年龄相差六七岁并不稀奇。

1958年，全国进入了"大跃进"的时代，学校里办起了食堂，学生们开始在校"吃食堂"。

学生们的肚皮一饿，吃饭时排队便不以先来后到为序，而是凭力气大小说话。这下可苦了孙维林这些年龄小的低年级同学，排队时老被力气大的同学挤在身后，经常只能吃个半饱甚至干脆吃不上饭。

孙维林就是在这种半饥半饱的状态中读完初小的。不过孙维林至今记得，那时候他觉得很开心，很美好，因为有学上，有书读。黑板天地宽，书中乾坤大，知识像一面魔镜一样吸引着幼小的孙维林，让他在那条饿着肚子、光着脚丫的求学路上，留下无数难忘的回忆。

1961年，孙维林以优异的成绩考上了完小。

上完小，学校离家更远了，有四五里路，一天跑两个来回。但这对一心求学的孙维林来说根本不在话下。

五年级的第一学期，他仍是班上的优等生。

然而，从 1961 年至 1963 年，苏北连续遭受大水灾，稍低洼处的庄稼全部被淹，学校食堂已无粮下锅，孙维林家中也进入了空前困难的时期，一天只能喝上两顿掺着野菜野草的稀粥。

1962 年春，上五年级的孙维林因饥饿患上了浮肿病，面呈菜色，浑身浮肿得皮肤发亮，用手指一按一个坑。母亲带着他多处求医，但无收效。五年级的下半学期，上学就变得断断续续。虽然考上了六年级，但因无力走路，只得辍学。

这年春节前夕，家中只剩下了几十斤玉米粒，100 斤左右的地瓜干，一些晒干的地瓜叶。全家人这一冬一春的日子和这个年关怎么过？

孙维林的三叔家住盱眙县，当时家境略好。奶奶对孙维林的母亲说："要不，还上你三叔家去借点粮吧，不然，一家老小是度不过这场饥荒了。"

母亲便收拾上路了。一路上倒还顺利，坐五六个小时的长途汽车，再走七八个小时的山路，就到了。

三叔是个好心人，虽然自家也并不宽裕，但好歹装上一口袋胡萝卜，让母亲背回家敷衍日子。又蒸了 5 个馒头，给母亲路上当干粮。

母亲千恩万谢，正欲上路，没想到突遇大雪封山断路，只好在三叔家过了除夕和大年初一，等到天放晴了，才匆匆踏上归途。

一路上，积雪没膝，每走一步都异常困难，一天的路程竟走了三四天。大过年的，借粮的母亲背着胡萝卜和干粮，成了漫漫山路中的风雪未归人。途中，要过一山涧，上面只有两根木头为桥，平日，壮壮胆，人还勉强能过去。可现在，木头上堆着积雪，积雪又冻成了冰块，又硬又滑，根本无法行走。

没办法，母亲只得跪下身子来爬。她将装着胡萝卜的袋子放在身前，推一下，爬一步。既要防止袋子滑落，更要防止人和袋子一起坠落，真是步步艰难，步步惊险。

直到大年初六，历尽千难万险的母亲终于跌跌撞撞地进了家门。一家人抱头痛哭。

这一路上，她饿得实在不行了，就啃两根胡萝卜，硬是没舍得吃一口给她当干粮的馒头。

冻、饿、累，已使母亲没了人样，能活着回来，已是万幸。

孙维林的另一位叔叔是生产队的队长，为人武断霸道，又自私，做了好多不公平的事。孙维林的母亲是大队妇女主任，批评过他，因此遭嫉恨。生产队发救济粮时，这位狠心的叔叔偏偏不发给孙维林家。一次，辍学在家的孙维林拿着口袋在那儿等，可等到最后，却只能拿着空口袋哭着回了家。

家里人都感到在这个生产队受欺侮，村里、队里又这么穷，自然条件差，父母就商量，不如迁到别处去。

母亲有位娘家远房叔叔在老场大队当民兵营长，母亲通过他说情，老场大队同意接收孙维林一家来投亲。那时候，苏北地广人稀，土地不金贵，只要年景好，多养活几口人不是问题。

当时，哥哥孙维考已结婚成家，没有随迁。父亲到临迁时又觉得实在故土难离，变卦未迁。于是，母亲便带着奶奶、孙维林及姐姐孙维香，暂时先迁居到了老场大队。

因有母亲的叔叔这层关系，老场大队对他们很照顾。母亲的远房叔叔把自家两间不到 20 平方米的厨房借给他们当新家，生产队还分给了两分自留地，让他们种些瓜菜。

两间小屋总共不到 20 平方米，住 4 口人实在太挤，孙维林是个男孩子，好打发，就跟生产队养牛的刘大爷住牛房。

刘大爷睡的"床"是用土坯砌的，上面铺了一张苇席，苇席下垫些稻草。孙维林与刘大爷合盖一床破被子。爷孙俩挨挨挤挤，互相说些乡村里的笑话取乐。

自从孙维林来了，刘大爷晚上就有了说话的伴儿。此外，还多了一乐：后背痒痒了，孙维林就卖力地给他挠痒，刘大爷"喔哟、喔哟"地哼哼着，十分享受，简直美得不得了。

连续 3 年的自然灾害终于过去。到 1964 年，庄稼已有了收成，已能吃饱肚子了。这时候，孙维林的浮肿病也逐渐康复，已能参加生产队的劳动。

队里的副队长姓陆，人称"陆三爷"，负责队里的生产分配。

"陆三爷"不识字，但很喜欢认识几个字的孙维林，戏称他为"小秀才"。

"陆三爷"交给"小秀才"一个小本子，一支钢笔，任命孙维林为生产队的记工员。每晚，各家来一个人聚到牛房里，"陆三爷"说，孙维林记，张三几分，李四几分，孙维林记得一丝不差。到年底累计也无差错。于是在"陆三爷"的眼中，"小秀才"也是个"大能人"。

孙维林也没想到，自己五年级的文化能在这里派上用场。

不仅如此，到春上，为生产队培育地瓜苗以及栽种地瓜时，孙维林还能根据读过的书，给社员们讲出点道理来。

1964年春，队里的地瓜苗落了地，15岁的孙维林与社员们挑水去浇。那地瓜苗被从母体上剪下来，埋到土里，一浇水，地瓜苗就与泥土结合到一起。浇上两三遍水，地瓜苗上生出根须来，就栽活了。

那年春上少雨，河塘里的水都快被挑没了。取水，得下河坎，到接近水面的地方，把水桶放到两块铲好的平面上，用水勺往桶里舀水，把桶舀满了，再往上挑。

这天，孙维林挑起一担水爬河坡，爬到一半，不料脚下一滑，连人带桶滚进了河塘里。

因是负重滑倒，孙维林被摔得腰椎间盘错位。当时，剧烈的疼痛几乎让他昏厥，倒在河里，他挣扎着想爬，但腰不作劲，爬不起来，于是喝了好多水，幸亏别的社员七手八脚把他从河中抬上岸来。

病了数年初愈不久，孙维林便又重新回到了病榻上。母亲又重新四处为他求医问药。可那时候农村的医疗条件和水平实在有限，县、乡医院都没法治，孙维林在家躺了3个多月。

哥哥孙维考曾读到高中毕业，在农村已是个"大知识分子"。毕业后娶妻成家，在红星村生产队里当会计。孙维考有文化，人又聪明，闲下来时看些医书，又求教过乡间医者，竟学会了针灸，常给村民们医个头疼脑热、小病小灾。只是他没有名声，又不是以此为业，连母亲也不相信大儿子能治好小儿子的伤，所以一直也没想起让他来试试。

孙维考闻讯孙维林受伤后，便从老家赶过来，要为孙维林扎针。母亲和孙维林也没别的法子，只好让他死马当作活马医。

孙维考一边看医书，一边在弟弟瘦小的身体上找穴位，把那些长长短短的银针一根根刺进他的皮肉里。

说来也真神，隔一天扎一次针，扎了十几次后，孙维林竟能起床了。于是接着扎，一个多月后，基本痊愈，居然能下地干些轻活了。

母亲喜出望外。孙维林也觉得哥哥的高中没有白念，有了文化知识，人就会变得神通广大。

孙维林的腰伤虽然基本治愈了，却也留下了终生的病根，从此不能长时间站立，否则，腰就会疼。

三年自然灾害，加上生病，中断了孙维林的学业。不管是在家养病、养伤，也不管是在生产队劳动、当记工员，哪怕是与刘大爷挤住在牛房里，孙维林脑子里经常想的一件事就是继续上学读书。

可是，苏北农村经济落后，学校奇缺，几个乡镇才有一所中学。孙维林是外迁来的，小学又没读完，中学不可能接收他入学。

这成了少小的孙维林心中无言的痛，常常偷偷流泪。

他羡慕那些能背着书包上中学念书的同龄人，崇拜那些上级派到农村来搞各种活动的有文化的年轻人，觉得他们说话特别有水平。

1964 年夏，县里派工作组到农村来搞社会主义"四教"运动。工作组里有个师范生叫宋立元，他问孙维林："我看你挺聪明的，为啥不上学？"

孙维林说："我是外迁来的，没地方上学。"说完，眼圈就红了，脑袋耷拉得低低的。

宋立元告诉孙维林，他是本公社邻村的人，公社里现在正委托他和另一个人一起筹办老场农业中学，等办成了，就让孙维林到农中来读书。

"真的?"孙维林简直高兴坏了,立刻破涕为笑,跳着蹦着回家告诉母亲,自己又能上学念书了。

从此,孙维林就每天盼望着老场农中早些办成,夜里便多了许多梦,无数次在梦中又背上了书包,坐进了教室……

在孙维林日日夜夜的期盼中,老场农业中学真的办成了。宋立元当了校长。

本来,上农中的人应是小学毕业,并经入学考试合格才行。可宋立元校长特批孙维林插班入学。秋季开学时,孙维林便成了老场农中一年级的学生。

毕竟没有读6年级,又辍学在家荒废了几年,农中一年级的课程,孙维林学起来非常吃力。语文还行,数学就不灵了,老师讲的课他只能听个半生不熟,回家做作业挺费劲,点灯熬油,题就是做不出来。孙维林只好央求姐姐给他当"家教",一对一辅导。

经过半年多的用功,孙维林补上了6年级的知识空白,逐步赶上了农中一年级的教学步伐。这一年的学习虽然异常艰苦,但孙维林觉得十分充实和幸福。重回知识的殿堂,遨游在知识的海洋里,是他这个时期最大的期盼和愿望。他暗暗立志:一定要把农中的各门功课学好,然后再去考高中、考大学。

他沉浸在用知识武装人生、改变人生的希冀中,并为这一希冀付出每一堂课、每一个夜晚的孜孜努力。

不幸的是,接连而至的政治运动再次毁灭了这位少年求学的梦想。

1965年,"社教"运动风潮席卷广袤的农村,"社会主义道路"与"资本主义道路"等政治讨论进入了人们的生活,社会上和学校里开始出现派性斗争,三尺讲台已不再是一方清静之地。

少小多艰　食难果腹终难忘　苦难磨砺　九死不改求学志

到了 1966 年夏，一场"文化大革命"于瞬间点燃了亿万人"大革文化命"的政治热情。知识、文化于一夜之间沦为"封、资、修"的代名词，勤勉敬业的老师和学校领导成了批斗的对象，稚嫩的学生娃猛然间变成了威风凛凛、杀气腾腾的"红卫兵"。黄军装、黄军帽、红袖标、语录本、伟人像章，使他们周身透出"革命有理，造反无罪"的万丈豪情。

老场农中自然也不例外。先是处于半停课状态，开批斗会，写大字报，成了学生们的"主业"。接着，便是彻底地停课闹革命，学校关门上锁，校园内成为蒿草疯长的地方。学生们停学回家，白天参加生产队的劳动，晚上便参加游行、喊口号等各种政治活动。

好不容易有了重新上学的机会，然而仅仅上了一年，孙维林便又怀着对复课的殷殷期待告别了校园。

回到生产队后，孙维林重又成了副队长"陆三爷"的手下大将，白天干农活，晚上当记工员。"陆三爷"说："不上学也好，我这儿还真离不开你呢。"

"陆三爷"当然无从知道眼前这位少年心中对知识的渴望，他的这句听上去像是安慰的话，让再度失学的孙维林心中更加难受。

光阴荏苒，这些已是 50 多年前的往事。

现在，两万平方公里的淮阴大地早已是一派社会主义新农村的欣荣景象。也许，孙维林再也找不回他青少年时期生活过的那些村庄、草房和校舍了，但他毕竟把一部分青春和生命留在了那里，成为他走向未来的一个路标。

有人说过，苦难是一本书。对于孙维林来说，苦难和不幸是一笔人生的财富。

两次入学，两度辍学，加起来不过在学校念了 6 年书。然而，正如风，能吹灭蜡烛，也能吹旺篝火。青少年时期求学的艰辛与曲折，反而使他更深刻地认识到了知识的宝贵。

社会向他关上了学校的大门，却没有关上学习的大门。

第三十五章

成年接力　群书垒起求知路
军中淬火　百炼终得大器成

　　一个企业的面貌、变化及其成就，往往是企业
主要领导者个人素养、意志的一种被放大了的结晶。
孙维林所率企业在创建学习型组织活动中，成为灿
烂皇冠顶上的明珠，这一史诗般的创造，与孙维林
本人一生钟情于学习的禀赋密切相关。

成年接力　群书垒起求知路　军中淬火　百炼终得大器成

　　人民解放军是一座"大熔炉"，更是一所"大学校"。

　　1969 年 2 月，孙维林入伍成为铁道兵第 10 师 46 团 3 营 12 连的一名战士。他所在的铁道兵第 10 师 46 团，承担着成昆铁路西昌段德昌县境内的建设施工。

　　成昆铁路从四川的成都到云南昆明，全长 1125 公里，沿线地质复杂，环境极为恶劣，有"地质博物馆之称"，在当年的生产力条件下，施工难度大到不敢想象。

　　成昆铁路战略意义重大。毛主席说过："成昆铁路要快修，铁路修不好，我睡不好觉。没有钱，把我的工资拿出来。没有铁轨，把沿海铁路拆下来。没有路，我骑着毛驴下西昌。一定要把成昆铁路打通！"[①] 军人，怎么能让自己的领袖骑毛驴下西昌呢？所以，官兵们施工英勇顽强，做出了很大的牺牲。

　　他所在的 12 连负责打通德昌县境内的永朗隧道。为确保工期，连里按照上级命令，将时间与进度倒排，关死后门：每个工班必须在 8 小时内完成 1.2 米的掘进度。

　　孙维林在隧道的作业面上当过风枪手、爆破手，一年半时间里每天都要面对生与死的考验。这年 6 月的一天，他和一起入伍的同乡战友董士刚正在永朗隧道里抱着风枪"突突突"地向前掘进。风枪的噪声淹没了他们的听觉，以至于丝毫没有感觉到来自头顶上方的不祥之兆：一块 2 米多的石头突然塌了下来！孙维林眼睁睁地看着石头从董士刚的身上碾压过去，鲜血染红了隧道的作业面。董士刚 20 岁的鲜活生命和灿烂青春就这样一瞬间永远地留在了永朗隧道里。

---

①　刘静 . 巍巍成昆"奇迹之路"［N］. 工人日报，2021 - 07 - 01.

如今，50 多年前的这一幕，仍然常常会浮现在孙维林的眼前。

孙维林说，成昆铁路几乎每完成一公里，就会有一名战士牺牲，成昆铁路于 1970 年 7 月 1 日胜利通车，有近 1200 多名铁道兵干部战士长眠于沿线的各个烈士陵园。一方面是因为当时生产力水平低下，一方面也充分展现了铁道兵战士为了建设战略大后方，一不怕苦，二不怕死，前仆后继，气吞山河的大无畏精神。

1970 年 10 月，成昆铁路建成通车后，孙维林又随部队转战陕西安康，参加襄渝铁路建设。

襄渝铁路起自湖北襄樊（今襄阳）至重庆，正线约 900 公里。铁道兵第 10 师 46 团 12 连负责打通安康地区旬阳县境内的大宗溪隧道。

旬阳县是当时全国 4 个不通公路的县之一，部队有限的车辆全部用来运送施工机械设备。人员则从四川德昌乘火车到陕西省西安市，上级命令官兵们在西安东方红机械厂（军工企业）休整 3 天后，用两条腿翻越秦岭山脉，15 天后必须到达大宗溪镇的施工现场。

仲秋的西安，天高云淡，10 月 3 日，脆亮的集合军号声划破了清晨的寂静，官兵们身背行装踏上了征程。

头一日，他们步行 60 里，横跨西安市区，孙维林的脚板磨出了 5 个水泡。在长安小学的宿营地，他按老兵教的法子，先用热水浸泡双脚，擦干水后，用缝衣服的针线从水泡中依次穿过，这样就能排出泡子里的水了，否则就会影响第二天的行军。

当晚 9 点休息。仅仅睡了 3 个小时，午夜零点，全连就在睡梦中被起床号唤醒，收拾行囊，打扫卫生。吃早饭时，连里给每个人分发了两个馒头，3 块大蒜片。另外，每人还给两根辣椒。大蒜有消毒作用，辣椒能够醒脑提神。

凌晨 1 点，部队摸着黑向秦岭挺进。

秦岭是中国地理上最重要的南北分界线，主峰太白山海拔 3700 多米。秦岭南北的温度、气候、地形均呈现差异性变化。

部队行军翻越的山脉海拔约 3000 米。出发时，官兵们上身只穿了衬衫，走着走着，大家不约而同地都穿上了外套。天刚放亮时，只见眼前层峦叠嶂，脚下云雾缭绕。登顶时，一片北国风光如画般徐徐展开。

孙维林看到低洼处已经有了积雪，许多崖石下垂着参差不齐的冰挂，长的有 1 米多，寒风一阵一阵地袭来，很多战士冻得瑟瑟发抖。此时此刻，孙维林情不自禁地想起了李白的《蜀道难》："蜀道之难，难于上青天……尔来四万八千岁，不与秦塞通人烟……地崩山摧壮士死，然后天梯石栈相勾连……黄鹤之飞尚不得过，猿猱欲度愁攀援……"

孙维林和战友们翻越崇山峻岭，不知爬过多少山头，也不知跨过多少山涧，蹚过多少小溪小河，吃尽了千辛万苦，15 天后到达旬阳大宗溪镇。

那段艰难困苦的岁月磨砺了孙维林的意志，更铸就了他不畏险阻敢攀高峰的品格。

孙维林始终将这段经历视为人生的宝贵财富。

孙维林 1969 年 2 月应征入伍，11 月就光荣地加入了中国共产党，12 月当副班长，8 个月后担任副排长。1970 年 12 月底，经团政治处考察并报铁道兵政治部拟破格提升为排长。因军龄不满两年未获批准。1971 年 4 月，孙维林作为干部"苗子"选调到驻北京的铁道兵第 15 师。在师教导队 4 个多月的集训期间，他参加了永清农场的农田整理、水稻插秧、田间管理等劳动锻炼，后经上级组织考察，于 1971 年 8 月被任命为铁道兵第 15 师 73 团 2 营 6 连 3 排排长，投入北京地铁与 519 工程的紧张施工中。

战备施工异常紧张艰苦，但他的生活中从来没有离开过书本。政治的、历史的、军事的、文学的、科技的，他什么书都读，什么书都读得津津有味。那些年月，他就如一只春临人间、时花开放季节的蜜蜂，辛勤地飞翔于花园、田间，贪婪地追花逐蜜，吮吸知识的琼浆。书中向他展示的，是广博、新鲜、未知的世界。无数个夜晚，当繁星多情地向他眨眼时，他却在灯下奋力遨游在书海中，向着这个未知的世界进行着不懈地探索和进军。

一分耕耘，一分收获。勤奋的学习，不但使孙维林成为部队这所"大学校"中最优秀的"学员"，而且使他很快执掌起了这所"大学校"中的"教鞭"。

当兵的第 3 年，他便从连队调到团宣传股，成了一名营、连干部的理论教员。后来又被调到部队高级机关，成为师、团级干部的理论教员。到 1983 年随部队集体转业时，他已是一位资深且优秀的部队宣传干部和政治思想工作者了。

1983 年，我国的政治、经济体制改革已经经历了几个年头。由部队集体转业改编而成的北京市城建集团，立足未稳，便受到了市场竞争的猛烈冲击。人才匮乏，管理生疏，技术落后，北京市大型的房建工程根本没他们的份儿，除了传统的地铁施工，只能干些天坛搬（垃圾）山、颐和园昆明湖清淤、元大都小月河开挖疏浚这些靠打"人海战术"的活儿。

社会发展的现实使孙维林愈加感到学习对于人生、对于企业生存发展的重要。他几乎是在第一时间投入了社会上刚刚兴起的在职学习和自学高考。

春去秋来，3 年以后，他通过了党政干部基础科的全部科目考试，获得了大专文凭。

那是 1986 年金秋的一天，孙维林手捧赫然盖着中国人民大学和北京市高等教育自学考试委员会红印的大专毕业证书，两行热泪潸然而下。青少年时期曲折多艰的求学经历一幕幕浮现在眼前。他曾经那么强烈地做过大学梦，可是，命运捉弄了他，学校的大门两次向他关闭，把他和他那金色的梦无情地拒之于校门之外。

此时，已是中年的他以另一种方式重拾旧梦，并且令他圆了这个梦，怎不令他悲喜交集！

社会进步，总会伴随着某些迷离。一如成人高考热的兴起，伴随的即是唯学历论和为学历而学习之风的盛行。

然而，孙维林没有在这盛行的风潮中晕眩。"为学历而学习，单纯将学历作为求官求位的敲门砖，则学历再高，也未必于国于民于己真正有利。"他觉得要成为一个有用的人才，除了拥有广博的知识，同时还必须深切地关注社会的发展和企业的命运。这种关注又必须是超越私利的。

当时，军转工企业所面临的困境和竞争压力，使孙维林自觉而自主地选择了潜心研读经济理论和经营管理。

马克思的《资本论》，让他了解了资本的血腥、资本的本质和资本的流通规律。从《资本论》的经典论述，到马克思主义政治经济学的普遍原理；从陈嘉庚、霍英东、李嘉诚等香港巨贾的商道秘诀，到世界级商业领袖们的传奇人生；从把人看作经济动物的泰勒制、把人的需求分为 5 个层次的行为科学，到以人为本的现代管理科学；从资本主义市场经济的历史，到社会主义市场经济理论，像磁铁一样吸引着孙维林。

这些人类智慧的结晶和国内外经济精英们的商道人生，使孙维林逐渐变得深邃、深刻、充盈、充实，使得他成为企业领导后，总能得心应手地运用超前的理论思维和经济思想，引领着企业航船在市场经济的汪洋大海中破浪前进。

孙维林在部队时曾长期担任理论教员，成为企业领导后，也总致力于用知识的钥匙去开启人们的心智。

广博的知识涵养，使孙维林周身都浸润着一种饱学者的温文尔雅。你可以说他颇有师表风范，像一位执教多年、饱尝三尺讲台滋味的老师，也可以说他微微驼着背，走路沉稳，像一位洞悉万事，满腹经纶的学者，就是不能把他与少小辍学联系起来。

第三十六章

丹青作色　书香人生品自高
完美谢幕　续写辉煌待后人

知识源于学习和实践。孙维林把无数的时光交给了读书，交给了思考和求索，使人生充满了书香。他勤于对知识加以熔炼并灵活运用于实践，又使人生与智慧相伴。书香作了他人生的底色，而智慧给了他生命的光芒。

第三十六章
丹青作色　书香人生品自高　完美谢幕　续写辉煌待后人

非凡的智慧、卓越的才能源自何处？

对此，除了终生不辍地学习，人们不可能从孙维林身上找到更确切的答案。

青少年时期，孙维林迫于命运，只断断续续上过六年学。但他成年后用于读书学习的时间，却多得难以计数。

1983 年从部队转业后，孙维林通过自学党政干部基础科专业，于 1986 年捧得了第一个大专文凭，生平第一次圆了"大学梦"，悲喜交集的他曾经潸然泪下。

不过，此后的他一天也没放松继续深造的努力。

接下来的两年，他浸润在法学专业的浩瀚律条中，又获得了法学大专学历。

随着市场经济的兴起，萌动了孙维林钻研经济管理学的强烈欲望。博大精深、结晶着人类智慧的经济典籍，令他一连数年手不释卷。他获得的不只是中国社会科学院研究生院和北京市委党校分别颁发给他的两本经济管理学本科毕业证书，更有满腹的经纶，车载斗量的学识涵养。

然而，当孙维林担任了北京住总集团总经理后，持有四张文凭的他仍感到知识储备的不足。

于是，1999 年至 2002 年，他重又苦研苦读，攻克了澳门国际公开大学工商管理 MBA 博士研究生专业，洞开了更为豁亮的知识窗门。

或许应该说，对于"学习"，孙维林是个贪婪甚至贪得无厌的人。

他的"贪婪"不光表现在阶段性的苦读上，更表现在日常点滴的积累上。不光表现在对教科书的研修上，也表现在对芸芸"闲书"的兴趣上。各式人物传记，各类史话典章，都能令他读得忘记晨昏、如醉如迷。

就任住总集团总经理时，因班子内部矛盾，孙维林时常郁闷。

有一次，他与时任中央政策研究室主任滕文生以及中央电视台播音员李瑞英等数人在中山公园"来靳雨轩"小酌。席间，滕文生以长者的关爱询问孙维林的工作情况，孙维林便抱怨般地说了些因班子不睦带来的不快。

滕文生听罢，不紧不慢地给孙维林讲了个"唾面自干"的典故。

唐朝武则天当女皇时的宰相楼师德，与弟弟同朝为官。武则天钦封楼师德的弟弟为代州刺史，其弟赴任前与楼师德告别，问兄长有何嘱咐。楼师德说："现在我们都荣宠一身，别人一定会嫉妒我们，怎样才能避免呢？"

其弟说："自今以后，如有人往我的脸上吐唾沫，我就悄悄擦掉，和什么事都没有发生一样。"

楼师德摇摇头，忧心地说："我担心的就是这样。别人唾了你，你马上擦掉，便会使人不满。脸上的唾沫须不擦自干，含笑接受才是。"

其弟大受教益。

自此，"唾面自干"的典故和成语多被用来礼赞那种为了社稷和大局而忍辱负重的美德。

孙维林听罢，不免觉得脸颊有些发热。他问滕文生，这个故事出自哪里？

滕文生说，你想看吗？书店里有，书名是《中国宰相全传》。

吃完饭，孙维林不及回家，命司机驱车直奔书店，买回上、中、下三本《中国宰相全传》。

不唯"唾面自干"，孙维林从此书中获益颇多。此后，他在处理各任班子成员关系、上下级关系、朋友关系中，多有借鉴。

2001 年初，孙维林因市委对他的职务安排，思想上一时有疙瘩，曾去贵州"散心"。

滕文生知道这个情况后，又向他推荐了《御批阅览》一书。

孙维林又立即买回来读，其中的帝王之道和官场轶事也令他受益匪浅。

知识，锻造了孙维林，使他的人生变得充盈、深刻。

知识，武装了孙维林，使他拥有了飞翔的翅膀、制胜的利器。

没有人溢美他才高八斗，却也没有人能够否认他学富五车。

孙维林贵在没有让所学的知识仅仅作为一种积累深锁于脑海，他善于将各类知识有机融合，变成思想，变成智慧，变成胆识，变成人们通常所说的能力。

善于和勤于思考帮助孙维林做到了这一点。在对书本知识深刻理解的基础上，理性地进行由此及彼的推理、由表及里的甄别，举一反三，融会贯通。一旦运用时，便应了"厚积薄发"之说，灵感和智慧火花的出现便显得自然天成。

浙江广厦集团的老板楼忠福曾玩笑般地问过孙维林：在国有企业中，是党委书记位尊，还是董事长权重？

在建工集团，孙维林集党委书记和董事长于一身，可谓位也尊、权也重。不过，真正了解孙维林的人却知道，孙维林在建工集团树立的威望、创造的业绩，靠的不是职务的位尊权重，而是超越常人之上的知识的力量、思想的力量、理论的力量，和由这些综合而成的人格力量。

孙维林坚信理论是行动的指南。他一再提倡理论思维，每遇大事，必以先进的理论为镜，缜密对照思考。尔后的抉择和决策，便有了人所不及的明智和高度。

由此，熟知者云，孙维林这些年来，实际上不是在用权力统领企业，而是在用先进的思想武装企业，用先进的理论引领企业。

正是不断的学习和思考，使他变成了一个真正的、成功的企业家。

正是不断的学习和思考，使他的人生变成了用丹青翰墨作色的书香人生。

2009 年 7 月 24 日下午，北京市委组织部、市国资委领导宣布孙维林退休暨新班子成员任命的人会，在建工集团多功能厅隆重举行。

这天，多功能厅内布置一新，醒目的会标扣人心弦。

主席台上，坐着市委组织部、市国资委领导，以及孙维林、张文龙、刘志国等人。台下乌压压一片，坐的是各二级企业党政领导和集团机关干部。

这阵势，与 8 年多前上级领导来宣布孙维林任职时颇为相似。

8 年多前的那天，孙维林喜剧性地登场，掀开了建工集团悠久历史中崭新的一页。

8 年多后的今天，孙维林喜剧性地谢幕，在建工集团的史册中留下了一段辉煌的史话。

这史话的辉煌恰当地体现在了市国资委主任周毓秋女士代表市委、市政府领导对孙维林所作的评价中。

当然，这史话的辉煌也恰当地体现在了孙维林对自己 8 年多工作的回顾中。

史实，历来是不容抹杀也无法粉饰的。在 8 年零 7 个月的 3000 多个日子里，孙维林以建工集团这一国有老企业的改革发展为舞台，擘画风云，恣意挥洒，施回春妙手于百病之躯，收回天奇效于运筹之间，接近完美地实现了对自己、对历史的超越。

他赋予了这个国有老企业全新的面貌、全新的理念、全新的文化、全新的未来！

八度春秋，多少次风尘漫漫，遮掩了前路，多少次在风雨中趔趄，又无畏地挺立。

艰难困苦，玉汝于成。他驱散了建工集团深陷经营低谷的寒意，把温暖的微笑洋溢在建工人的脸上。

如同凤凰涅槃之后的魂，那微笑是一种永远青春的图腾。

是孙维林成就了建工集团，也是建工集团成就了孙维林，使他拥有了人生的得意之笔。

8 年多里，他行走了无数的路，攀登了无数的高峰。但实际上，他只走了小小的也是大大的一步——把建工集团引出传统计划经济思想观念的泥潭，引上市场化竞争的生存发展之路。

这一步，使建工集团抖落了历史的尘埃，重现了巨人的风采，雄峙华夏，芳馨海外。

完成了逆风飞翔、逆境奋起的奠基，完成了数万建工人心与心的凝聚，孙维林在事业最辉煌的顶峰轰然引退。

此刻，坐在主席台上的孙维林淡定而从容，脸上的微笑显得十分真诚，让人看到一个中国男人温文尔雅之外的外柔内刚。

一俟散会，孙维林便将勒转命运的辔头，走向一个新的生命坐标——退休生活。

往日的辉煌今天归于淡泊，这是人生中只有一次的神圣时刻，是经历几十年艰辛奋斗后的平静时刻，是对自己漫长工作生涯冷静审视的时刻，是宏大追求满足后自然的精神回归。

从此，他也许会无数次梦回曾经的激情岁月，梦回那些难以忘怀的记忆。

而在他的身后，"建工人"的目光正穿越千重高山、万里阔海，向着更远更远的前方……

附录

孙维林沉思录

　　孙维林是企业家，也是思想者。他在实践中以企业家的视角，思考和研究中国特色社会主义市场经济条件下，大型国有企业的经营管理和可持续发展问题。从而对中国特色社会主义市场经济条件下，国有企业的内在发展规律有着深刻的理解；对国有企业管理体制改革和产权制度改革有着深刻的理解；对国有企业加强党的领导和党的建设有着深刻的理解。他坚持从实践中来又到实践中去，善于把管理企业的实践成果上升为科学的理论，又运用于企业管理实践，使理论得到了实践的检验，在实现理论与实践有机统一的同时，增强了理论的现实指导作用，形成了自己的独到见解。

　　2020年12月，中国工人出版社出版了孙维林的专著《企业管理方法论》。书中，他以习近平新时代中国特色社会主义思想为根本遵循，从国企改革改制、国企经营管理、国企领导班子、国企党的建设四个维度，言简意赅地阐述了现代国有企业的治理方略，不浮夸，接地气，受到读者好评。

本书呈现的 6 篇论文，是孙维林担任大型国有企业主要领导干部期间的研究成果，曾分别刊登在中央主要媒体，受到有关方面的关注——

企业家队伍成长中的矛盾与解决途径[*]

引　言

　　企业家在工商社会中的巨擘地位是无可替代的。美国通用公司因为韦尔奇而经久不衰，中国海尔集团因为张瑞敏而闻名世界，此例不胜枚举。物以稀为贵，人因贵而稀。世界各国的经济发展表明，企业家资源比技术、资金等要素更加珍贵；发展中国家的企业家资源比起发达国家则更加稀少。在我国加入 WTO，走向近乎残酷的世界经济竞技场之际，企业家短缺已成为一个严肃的问题摆在世人面前，打造企业家队伍已是迫在眉睫、刻不容缓。但近年来我国企业家队伍的发展现状表明，企业家在成长过程中羁绊重重。在社会强烈呼吁为企业家成长创造有利条件的同时，理论界也在从各个角度剖析制约企业家成长的因素。具有代表性的观点：一是政企不分；二是激励约束不力；三是传统价值观影响；四是个人素质较低。

　　＊　亚洲（澳门）国际公开大学 MBA 论文，写于 2001 年 10 月。

作为一名国有大型企业的经营者，笔者先后在分公司经理、总经理、董事长等不同的管理岗位上进行了十余年的实践，其间不免困惑，并因此而思考。结合自己的经历，笔者认为学者们的分析有一定的道理，在一定程度上说明了个中原因。但在系统学习 MBA 课程的过程中，对学者们的上述观点又产生了疑问，比如，是什么导致了政企不分？激励约束不力的原因又是什么？通过对 MBA 课程中产权理论、人力资本理论等相关经济理论的学习，笔者认为传统的产权制度与企业家的成长存在着根本对立，其他的人事体制、激励约束机制只不过是这种根本对立的种种折射而已。这就是笔者试图从产权制度分析、解决企业家成长中矛盾的原因。可以说，学习 MBA 的有关理论使笔者的认识产生了飞跃，实现了升华。尽管这一研究结果不可能为某一个企业设计出培养企业家的具体方案，或者说为某一个经营者指出成长为企业家的具体途径，但现阶段每一个国有企业的改革和每一名企业家的成长都不可能回避产权关系和人力资本这一实质性的问题。从这个角度来看，它是有一点指导意义的。更重要的是，笔者希望通过对这一问题的研究能够起到抛砖引玉的作用。

第一章 绪 论

一、命题背景

（一）理论界对世界先进管理理论的认同和借鉴

中国二十年的改革开放，一个重要的成果是理论界不再对西方先进文化持全盘否定和排斥的态度，终于认识到中国要发展就必须大胆吸收和借鉴人类社会创造的一切文明成果，吸收和借鉴当今世界各国包括资本主义发达国家的一切反映现代化生产规律的先进经营方式、管理方法（邓小平，1992）。这一结果可从我国理论界大量介绍、研究西方的管理理论得到进一步印证。学者们在对西方的"古典管理理论""行为科学理论""社会科学学派""系统管理学派"以及"激励机制设计理论"和"新制度经济学"的研究中，开始对企业管理中"人"这一要素给予极大的关注。二十世纪末，国有企业改革的目标仍徘徊在走出"三分之一明亏，三分之一暗亏，三分之一微利"的困境上，这一现象更促使社会尤其理论界把改革成功的很大希望寄托于中国未来的企业家。由此，"造就中国真正的企业家"之类的文章频频见诸报端。笔者正是在这一大的氛围中探讨本命题的。

（二）国有企业改革的深化

国有企业改革面临的最主要的任务是建立现代企业制度，推进股份制改造，强化科学管理（朱镕基，2000）。然而，现代企业制度的建立是以一个职业化的企业队伍的存在为前提的，健全的市场经济离不开一支成熟的企业家队伍。所以，进行现代企业制度改革应与建设企业家队伍同步进行。

（三）作为一名国有企业高层管理者，笔者对企业家这一角色的亲历和思考

自二十世纪八十年代初期，笔者就在国有大型企业工作。从一名普通员工到一名高层管理者，笔者有幸亲历了中国国有企业改革的整个历程，也目睹了中国企业家成长中的风风雨雨。毋庸置疑，随着改革的不断深入和市场经济的逐步完善，中国涌现了张瑞敏、

倪润峰等一批优秀的企业家，他们的成功已向世人展示了中国企业家的独特品质，并激励着成千上万个有志之士向着这个目标迈进。与此同时，也应清楚地看到中国企业家的成长道路充满着艰辛和阻力，一些不利因素严重地束缚着企业家队伍的形成和壮大。有材料统计，到1997年底，在20名第一届（1987年）全国优秀企业家获得者中，只有4位仍在原来的企业。在其他16位企业家中，3位被提升为政府官员，5位因年龄正式退休，4位被解职，1位转移资产后逃亡菲律宾，1位病故。总共159位获奖者（至1995年）的命运大体如此。即使是那些仍然在位的企业家也很担忧他们的未来（张维迎，2000）。是这些企业家的个人素质所致，还是与体制、文化相悖？作为一个企业高层管理者，不能不去认真地思考这种现象。

二、命题的目的与意义

美国哈佛大学的迈克米雷教授曾经指出："一个民族经济的发展，依赖于一种成就动机，有成就感，民族才能发展，民族的这种动机集中体现在企业家身上；企业家起来了，民族经济也就发展了"（支树平，1999）。这说明，企业家的发展与民族的发展壮大休戚相关。从我国经济发展的现状看，建立现代企业制度，加入世贸组织参与国际竞争，都迫切需要一支职业化的企业家队伍。但是我国真正市场意义上的企业家阶层还远未形成。2000年中国企业经营者成长与发展专题调查报告就能充分说明这一问题。单从企业经营者选拔方式看，1998~1999年，国有企业经营者由上级指派的比例仍然占55%，人才市场配置仅占0.9%（中国企业家调查系统，2000）。从这种现象中不难发现，中国企业家队伍的形成，既不能指望一蹴而就，更要估计到她在成长过程中的艰巨性，她是在博弈与冲突中求生存求壮大。著名经济学家厉以宁教授对此有独到的见解，他把中国企业家比喻为"非常植物"。他指出，外国企业家都是在正常条件下生长的植物，因为那里宏观经济持续正常，法律法规健全。而中国的企业不同。中国的企业家都是特殊环境中生长的植物（厉以宁，2000）。随着中国经济和世界经济一体化的互动以及中国国企改革的深入，企业家队伍的成长与"特殊环境"的矛盾和冲突将从隐层发展到表层。所以，运用 MBA 课程中的有关理论，系统地研究企业家队伍成长的矛盾，分析制约企业家成长的因素并提出相关对策建议，对于我国企业家队伍的健康成长乃至中国市场经济的良性发展都有着十分重要的现实意义。

三、理论概念

本文试图运用企业理论、企业家理论、人力资本理论分析企业家成长过程中的矛盾，文中出现的相关概念表述如下：

（一）现代企业制度

现代企业制度的概念，是在 20 世纪 80 年代中期由经济学界提出的。它主要包括现代企业产权制度、现代企业组织制度和现代企业管理制度三大基本内容。现代企业产权制度明晰了企业出资者的所有权、企业法人财产权和企业经营者的经营权三者的关系，确立了企业的法人地位，使企业真正拥有独立的法人财产权，并据此享有民事权利，承担民事责任，独立地从事经营活动。

（二）产权

所谓产权就是财产权，即对某种财产的占有权。现代企业制度的产权概念包括财产所有权、归属权，也包括财产占有权和经营权，并且使这些权利发生分离，即财产的所有权、归属权和占有权、经营权发生分离。因此，所谓产权的内容也演变为两个方面的内容：一是出资者的财产所有权；二是企业的法人财产权。出资者的财产所有权是指财产在法律上归谁所有，由谁授权；企业法人财产权是指对财产中的生产资料的实际占有、使用和对产品处分的权利，其核心是占有权。两种权利一种是最终控制权，一种是实际支配权。最终控制权拥有者无权干涉企业日常活动，实际支配权拥有者应当尽职尽责地承担资产保值增值的职责。

（三）自增强说

自增强说认为，在边际报酬递增的假设下，经济系统中能产生一种局部正反馈的自增强机制。也就是说，一个系统可能由于前期历史的影响而进入一个不一定是最有效率的均衡状态，这个均衡一旦被选择，就会不断地重复选择下去，从而形成一种"选择优势"，把系统"锁定"于这个均衡状态。要使系统从这个状态退出，转移到新的均衡状态，就要看系统是否能够积累充分的能量，克服原"锁定"状态积累的"现选择优势"。

（四）人力资本

人力资本理论是 20 世纪 60 年代兴起的一门新兴的理论，它是在传统资本理论受到严重挑战的情况下，针对资本同质性假设而提出的。它是指劳动者的知识、技术、信息与能力同劳动力分离，成为独立商品参与市场交换，且这种交易在市场交换中占主导地位条件下，由投资而形成的高级劳动力。

四、研究的范围与局限性

由于论文的篇幅和所掌握的资料所限，并考虑到笔者自身的经历，论文考察、研究的对象主要针对国有企业。但这并不排斥民营企业家作为我国企业家队伍的重要组成部分。事实上，民营企业家以其简便灵活的运作方式，已经形成了一个比较成熟的经理市场——这个经理市场就是存在于国有企业外部，主要以非国有企业及其经理们为主的市场（芮明杰，赵春明，1997）。随着这个市场的发展壮大，它必将对整个中国的企业家市场和企业家队伍的成长产生深远的影响。从这个意义上说，本论文存在着一定的局限性。

第二章　文献回顾

一、企业家的含义

"企业家"一词最早出现于 1755 年法国经济学家康替龙所著的《商业概况》一书。康替龙用法语词汇"entrepreneur"来表达企业家之意，被译为"商人""冒险家"。法国早期政治经济学代表人物萨伊认为企业家是把土地、劳动、资本三个生产要素有效地结合到一起进行活动的第四个生产要素，而且在他看来，企业家不一定是资本所有者。萨伊的观点对后来的企业家理论有很大的影响。英国剑桥学派创始人马歇尔认为，企业家是以自己的创造力、洞察力和统帅力，发现和消除市场的不均衡性，创造交易机会和效用，给生产过程指出方向，是生产要素组织化的人。被称为现代企业家之父的熊彼特则认为，企业家是不断对旧的生产方式进行"创造性的破坏""实现新的生产要素结合方式"的人，其本质特征是不断创新。按照熊彼特的观点，企业家不仅包括一身二任的企业主，而且包括董事、经理等实际上完成创新职能的人。但是，这些人并非在任何时期都具备企业家资格，一旦企业家实现了新的生产要素结合，创新浪潮完全平复，企业开始进入新的均衡并循环运转，他也就失去了企业家的特征。所以熊彼特的企业家概念具有某种动态性，不能把它与企业主、董事、经理们简单地画等号。当代著名管理学家德鲁克也认为，企业家是敢于承担风险，有目的地寻找创新的源泉，善于捕捉可供开发利用的机会的人。哈佛大学教授斯蒂文森则主张"企业家精神是一种管理方式"，其本质是"追求机会而不顾及手头现有的资源"。我国著名经济学家魏杰认为企业家身上有着一般人不具备的特殊素质。那就是强烈的创新精神、永不停止的经济冲动、坚韧不拔的内在毅力、对市场变化的灵敏触觉和极强的复合素质。

综合以上所述的一些具有代表性的关于企业家的观点，可以明确，企业家是社会化的生产的具体组织者，是先进生产方式的开拓者，是经营管理企业的实践者，是企业法人财产的支配者。根据我国经济发展的客观要求，所谓企业家，就是那些不断探求新的机会，通过创新性地组合经营要素，使企业得以不断发展壮大，并承担风险的专门经营者群体。由于这个群体的出现，企业的所有者日益脱离企业的经营活动，这就意味着所有权和经营权分离，标志经营者身份已经独立。

企业家是以经营企业为终身追求，靠企业发展来获得自己的社会价值和社会地位的人。他们以经营管理企业为生，决定着企业行为，在激烈的市场竞争中经受考验，不断更新，追求企业的蓬勃发展，对社会的贡献与创造利润是他们的最高理想，而企业破产，职业生涯的断送是他们的最大损失。与企业利益融为一体的企业家，决定着企业的生存与发展。

需要明确的是企业家和企业经营者不是一个概念，企业家是个人素质的标志，企业经营者是个人职业的称谓。高素质的企业经营者是企业家，但不是所有的经营者都可称得上企业家。

二、对我国企业经营者现状的考察

我国学者对企业经营者现状的考察研究主要体现在以下几个问题：

（一）我国企业经营者的配置问题

我国国有企业经营者通过上级任命的行政配置方式依然占有很大比重，学者们认为这是影响我国企业家队伍形成的最严重的障碍。《2000年中国企业经营者成长与发展报告》显示，近年来，通过董事会选举、职工推荐、公开竞争等方式选拔经营者的方式已开始实行，但上级指派的比例在1998～1999年间仍占55%（中国企业家调查系统，2000）。

（二）我国企业经营者的激励约束等相关机制问题

我国对企业经营者缺乏科学有效的激励、约束、评价、监督机制也是我国企业家队伍难以形成的一个主要原因。西安交通大学《企业家成长机制研究》课题组在一份报告中指出："我国企业经营者激励与约束机制的现状是：激励空缺与激励失效并存；约束机制乏力，即内部机制软化，外部机制空缺，法律机制滞后"（西安交大课题组，2000）。这种机制状况直接导致了我国企业家"59现象"的发生。

（三）我国企业经营者的素质问题

企业家应具备的素质在本章"2.1 企业家的含义"一节中已作专门表述。目前我国企业经营者的个人素质参差不齐，在一定程度上也影响了企业家队伍的形成。从受教育状况来看，《2000年报告》显示，在接受调查的企业经营者中，大学本科以上者只占

44.6%，最有可能成为现代企业家的工商管理硕士（MBA）仅占7.9%。从整体看，当前最突出的问题表现在：“（1）思想观念不适应；（2）经营方式不适应；（3）决策能力不适应；（4）知识构成不适应”（沈荣华，2000）。

三、对发达国家企业家成长过程的考察

企业家产生于西方，是资本主义发展到一定阶段上的必然产物。研究我国企业家成长中的矛盾，有必要对西方企业家产生发展过程作一回顾。

（一）我国学者对发达国家企业家形成过程的考察

（1）关于发达国家企业家形成的过程。马泉山在其《企业家角色与企业法人产权制度》一文中指出，从历史的起点考察，资本家的企业财产形态最初是比较完整的。资本家集占有、使用、收益和处分等构成其企业财产所有权的各项法定权力于一身，充当着既是企业主又是经营管理者的双重使命。伴随着资本的扩张与企业规模的扩大，开始了资本主义企业形态及其财权关系的逐步演变过程。发生在19世纪的企业主与管理者的分工也许是资本所有权与使用权相分离的最初形式。在此，马泉山引用了发生在19世纪美国的一起偶然事件。1841年1月5日，美国本土连接马萨诸塞州到纽约的西部铁路上，发生了一起客车相撞的伤亡事件。这引起强烈反响，舆论纷纷指责铁路管理不善。在马萨诸塞州议会推动下，这个铁路公司进行了改革，选拔有管理才能的人领导该公司，并建立起各级责任制度，老板不再兼管公司事务。这就是美国首家由“特种雇工”充任经理进行管理的企业。这种做法迅速显示的优越性为越来越多的企业所仿效。这是所有权与管理权的一定分离。马泉

山认为，从一般意义上来说，这种分离形式的管理学意义较为明显，还看不到产权关系有什么变化。后来的情况越来越不同。这主要是资本主义在它的继续发展中，大量出现了单个资本的联合形式。新技术的采用，新产业的建立，市场竞争形成的巨大压力，无不给社会趋势以推动。作为资本联合形成的合伙企业与股份制企业纷纷建立并在股份公司中找到较理想的财产组织形式与企业形式。仅有企业主与管理者的分工显然不够用了，新的企业形态需要新的产权关系与之相匹配。这就是近现代西方经济史上出现的两项意义重大的发展。一是资本所有权与法人所有权即现实使用权在比较严格意义上的相对分解与分离。二是资本家作为出资者与经营者二重身份的分离。这两个分离过程促使经营者成为名副其实的企业家（马泉山，1999）。

（2）关于企业家产生的几个阶段。沈荣华在其所著的《中国"经理革命"》中总结了西方企业家成长的历程。他指出，从资本主义模式演变来看，现代资本主义制度取代早期资本主义制度的过程，曾先后经历了企业的所有权与生产管理权的分离，再与经营决策权的分离，最后是与企业控制权（资产控制权）的分离这样三个阶段（沈荣华，2000）。

（3）关于企业家产生和发展的制度条件。张荣刚在其《发达国家企业家的形成、发展及其运作机制》一文中指出，从制度上看，如果说最初的职业经营者的产生源于传统所有权与经营权的分离，那么，现代企业家的产生和形成则源于现代公司制度的形成和确立。其结果便是现代经济生活中所形成的"经营者支配"格局。他引用了美国经济学家于1963年对200家公司的调查。由所有者控制和支配的公司占 11.5％，资产份额占 12％，而经营者控制和支配的公司占 84.5％，资产份额占 85％。这种现象和结果表明：在发达国家，对公司的控制权已经越来越多地转移到公司的经营者——企业家手中，公司的经营者已经在事实上掌握了公司至高无上的权利。而产生这种现象和结果的制度条件主要是公司产权的独立化和公司股权的分散化（张荣刚，1999）。

另外，中国学者还对西方企业家的激励约束机制做了深入研究，在此不再表述。

（二）从上述学者的考察中得出的几点重要结论

（1）企业家产生的前提是资本主义的私有财产制度，也就是说，企业家赖以生存和发展的企业的所有者主体是非常明确的。

（2）职业企业家的出现和企业家队伍的形成是因为企业所有者的需求，并因为后者的大量需求才形成了职业企业家市场。所以，可以说，没有企业所有者存在，就没有企业家存在；没有形成所有者阶层，就不会形成企业家队伍。

（3）职业企业家所涉及的，只是企业资产的所有权与企业控制权（资产控制权）的分离问题，而不涉及企业所有者是谁的问题。

（4）无论是企业的所有者最初放弃企业的生产管理权和部分经营决策权，还是他最终放弃企业的资产控制权和全部的经营决策权，从某种意义上说，都是企业所有者既得利益的需要。企业所有者之所以如此，是因为所有者如果不放弃这些权利，就会给他的经济利益带来较大的损失。在这里起作用的，仍是企业所有者追求自身经济利益最大化的要求。正是基于这一实际意义，这种变革从一开始就具有自发性，所以，企业家的产生及成长也就自然而然了，面临的矛盾也就显得微乎其微了。

第三章　研究方法与设计

一、题目的选定

关于企业家队伍成长中的矛盾与解决途径的研究，是经过系统地学习 MBA 课程，受到 MBA 人力资源管理理论的启发，在王茹芹教授的指导下确定的。首先考虑了论文的内容要符合 MBA 专业的要求；其次，要在别人研究的基础上进行创新；最后，研究的成果要与我国国有企业的改革实际相结合，解决国有企业中经营者面临的矛盾，为企业家的成长创造良好的机制与环境。

二、资料的搜集

（一）资料的来源

国有企业的经营者是本论文的研究对象，所以资料的搜集主要集中在有影响有代表意义的国有企业及其经营者中，笔者本人及笔者曾工作过的三个国有建筑企业是本论文资料的首要来源；第二个渠道是由于笔者本人的工作关系，在经常和众多国有企业经营者的工作交往中，获取了大量的关于企业家问题的第一手资料；第三个渠道是利用两年来从《经济日报》《厂长经理日报》《北京青年报》等报刊上收集的有关企业家的信息；第四个渠道是笔者在论文写作之前，从国家图书馆丰富的藏书中获得了大量的有关企业家成长的理论支持。

（二）资料的内容

题目确定后，主要围绕四个问题搜集资料。一是国外有关企业家的论述；二是我国学者关于企业家的论述；三是企业家产生和成长的内在规律及客观基础要求；四是国有企业经营者中矛盾冲突的根源及实例。

（三）调查样本说明

本论文选用中国企业家调查系统 2000 年的企业家抽样调查。本次调查以企业法人代表为调查对象，按照我国企业的实际构成情况进行等比例抽样，采用邮寄问卷方式进行。调查共发放问卷 10000 份，回收问卷 3629 份，其中有效问卷 3562 份，有效回收率为 35.6%。通过对部分未填写问卷与填写问卷企业的对比分析，未发现存在系统偏差，说明本次调查有效。样本构成的基本情况如表 3 - 1、表 3 - 2 所示。

表 3 - 1　　　　　　　　　　调查样本基本情况　　　　　单位：%

行业构成	农林牧渔业	1.9	规模构成	特大型	2.0
	采掘业	3.1		大型	33.1
	电力	2.9			
	建筑业	6.5		中型	47.3
	交通运输、仓储及邮电业	4.4			
	批发贸易、餐饮业	10.5		小型	17.6
	金融保险业	0.4	盈亏	盈利企业	50.4
	房地产业	3.3			
	社会服务业	2.9		持平企业	20.0
	其他行业	7.9			
地区	东部地区	55.1		亏损企业	29.6
	中部地区	27.0			
	西部地区	17.9			

表 3－2　　　　　　　　调查对象基本情况　　　　　单位：%

性别	男	96.7	现任职务	董事长	39.4
	女	3.3		总经理	58.2
年龄	35 岁以下	5.6		厂长	24.6
	36～45 岁	31.9		党委书记	33.5
	46～55 岁	47.3		其他	5.6
	56 岁以上	15.2			
文化程度	初中或以下	2.0	所学专业	文史哲法律	6.8
	高中	6.2		财经	7.7
	中专	7.1		MBA	7.9
	大专	40.1		管理	37.4
	大学本科	34.8		理工农医	31.4
	研究生	9.8		其他	8.8

样本可以反映出：（1）论文所依据的调查结果是有关企业经营者的最新信息；（2）调查的范围几乎涵盖了国有企业的所有行业和类型；（3）被调查的地区主要是国有企业集中的东部、西部和中部地区；（4）调查对象基本囊括了各个年龄段、各个学历层次及不同职务的企业高层管理者。所以，引用的调查结果具有一定的权威性、代表性和有效度。

三、研究方法

本文主要采用了实证分析法、定量分析法、对比分析法和个案分析法等有关经济研究的其他方法。

（一）实证分析法

揭示经济现象内在的构成因素及因素间普遍联系，归纳概括现象的本质及其运行规律。

（二）定量分析法

对数字信息进行分析，以数字来反映经济现象的本质特征。

（三）对比分析法

通过分析不同研究对象之间的共同点和差异以达到对事物的深入认识。

（四）个案分析法

选择具有典型性的个案进行深入剖析，以求研究的结果更具说服力。

四、论文的逻辑结构

论文的逻辑结构可以用简图表示为图 3－1。

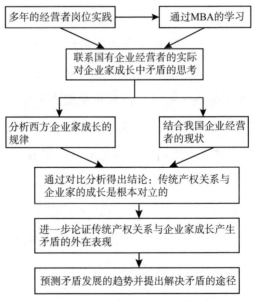

图 3－1　论文的逻辑结构

第四章　我国企业家队伍成长中的矛盾分析

一、我国企业家队伍成长中矛盾的不可避免性

在第二章中，笔者通过对发达国家企业家成长过程的回顾得出了几个重要结论，其中最重要的是西方的企业家得以产生和发展的首要前提是有资本（企业）所有者的存在，资产本所有者主体十分明确。如果说企业家是市场经济的产物，那么，资本所有者就是企业家劳动——这一特殊商品唯一的买主。现在有必要考察一下我国国有企业的产权关系。

我国计划经济体制下国有企业基本都是全民所有制，全国人民是企业的所有者。在理论上讲，虽然是主人，但这么多主人在实践中显然不具备操作性。全国人民把行使所有者权利委托给国家最高权力机关——全国人民代表大会，全国人大再委托给政府首脑机关——国务院，但国务院也不可能直接管理全国成千上万个国有企业，各级地方政府又接受国务院的委托，再次把行使所有者的权利委托给政府的各级主管部门，最后由主管部门的官员代表政府对国有企业进行直接管理，而真正的企业所有者要行使所有权须经过从全国人大到政府各级主管部门如此多的"链条"，实际效果怎样呢？张维迎引用"变压器理论"（张维迎，1986）对这种现象作了分析。这个理论设想，从最终的财产所有者到财产的直接支配者之间的关系由若干个"变压器"串联而成，其中每一个"变压器"都是"降压器"（至少不升压），变压器越多，降压幅度就越大。设"初始输入电压"为全民对财产的关心度，"最终输出电压"为主管部门对

财产的关心度。在国家所有制下，一方面，财产属于全民所有，由于全民的范围太大，任何单个的人对应属于自己的一份财产都没有独立的支配权，所以"初始输入电压"很低，甚至接近零，再把全民与政府主管部门之间的无数个"降压器"计算在内，"输出电压"就更低了。从这个意义上看，"全民"只不过是一个抽象的概念而已，企业真正的所有者是不存在的。没有所有者，谁还要企业家呢？问题的关键不在于这些主管部门，说具体一点就是代表政府的官员们不需要企业家，而在于他们对资产的关心根本不同于真正资本所有者对资产的关心。所以，计划体制下中国没有企业家。

中国的国有企业改革经历了放权让利、利改税和经营承包三个阶段。在这一过程中，由于企业的经营自主权相对而言有所扩大，企业经营者个人短期利益的驱动使企业经营者的企业家能力有所提高。但这几个阶段的改革都是绕开产权关系这个敏感的问题，也就没有可能造就一大批真正意义上的企业家。从 1999 年中共十五届四中全会开始，我国国企改革的目标明确为建立现代企业制度，实行股份制改造。这表明国企改革已开始触及产权这一根本性问题，它必将打破原先国有企业国有制的封闭状态，实现企业资产主体多元化，造就一定数额的社会法人股，并在一定程度上会形成不同股东要求刚性约束资本经营的机制。但是，从近年推行的股份制实践来看，进行股份重组的企业在产权结构安排上存在一些共同特点：其一，多数企业只是变换了企业的名称，即将原国有企业改为现在的国有独资公司；其二，国家股在全部股本中占绝对份额；其三，在股份制的国有企业中，股东虽然实现了多元化，但股东多为公有法人股，由不同地区、行业的公有制性质的法人企业组成。在此情况下，一方面，企业的所有者仍非真正的资本所有者；另一方面，国家持股企业的经营者仍然摆脱不了政府干系。与以前一样，政府官员有权利选择国有企业的董事会成员和经理，但他们不必为其选择承担责任的后果，因为他们手中的投票权是典型的"廉价投票权"（张维迎，1998）。这样一来，有幸被任命的企业经营者，在积极运营企业的同时，还必须花大力气去运营政府。道理很简单，如果不取悦于任命你的官员，谁能保证你的位子不被别人占去呢？中国企业家调查系统的一份报告表明，63.7%的企业家的主要精力都是花在与上级主管官员打交道上（《北京青年报》，1998.3.18）。所以，国家持股形式公司制改造也不能有效地解决造就企业家这一问题，用张维迎的比喻是"你不能在马背上画白道道的方法制造出斑马来"（张维迎，1998）。

在股份制下（国家持股），企业家运营企业的行为与运营政府的行为发生着直接的矛盾，矛盾双方力量的此消彼长直接决定着企业家的成长。因此，可以说，只要产权关系得不到彻底的改革，企业家与其产生矛盾而且是根本性的矛盾，就成为不可避免的了。

二、我国企业家队伍成长中矛盾的表现

（一）与传统价值观的矛盾

我国几千年的儒家文化，也闪烁着管理思想的光芒，世界各国尤其是东南亚国家曾把这一文化的精髓融于他们的管理理念之中，为其经济的发展起到了积极的作用。有学者在研究这一现象时就明确指出："东亚经济发展是受儒家思想的影响"（王赞源，2000）。同时，也有大量的研究表明，这种根植于封建社会的自然经济价值观与源于资本主义的企业家价值观有着质的不同，这种质的差异性已经成为市场经济发展中的严重障碍。德国社会学家费伟克从历史事件的分析中得出结论：中国早期工业化的失败，关键在于无法突破儒家制度的藩篱（王赞源，2000）。在世界经济一体化的潮流中，西方文化也是在被排斥中的被吸收。所以，我国企业家的成长中一个重要问题还是要解决与儒家文化价值观的矛盾。

（1）企业家的"唯利"价值观与儒家文化的"避利"价值观的矛盾。企业家与作家、政治家、艺术家等社会中的其他职业家一样，都有自己明显的职业特征。企业家区别于他人的是毫不隐讳自己的"经济人"身份（辛向阳，1999），也就是说，追求最大化的经济利益是企业家的唯一目标；而传统儒家伦理，重义轻利。孔子"罕言利""君子谋道不谋食""君子喻于义，小人喻于利"，孟子"为富不仁矣，为人不富矣"，义与利、富与仁的对立表明逐利行为在儒家伦理体系中缺乏应有的正当性和合理性。

（2）企业家的经营管理职业观与儒家文化的"官本位"价值观的矛盾。著名学者卡尔文·柯立芝说，美国的事业是企业。美国总统罗斯福也曾郑重地引述过此话（支树平，1999）。由此可以推断，作为企业灵魂的企业家在美国应是一个备受尊敬的职业。能成为企业家无疑是个人成功的一个重要标志。但传统儒家文化认为，商人是四民之末，甚至在"三教九流"中工商根本不入"流"。正统的观念是"学而优则仕"，人们自我成就的标准是仕途升迁，官要越做越大，有官就有权，有权就有钱，根本不需要发展企业，创造财富。在现阶段，这种官本位的价值观依然还有很大的影响，它不仅使在岗的企业经营者随时准备"跳槽"，而且直接主导着大批优秀人才远离企业。

（3）企业家的冒险精神和创新精神与儒家文化的平安思想、中庸思想的矛盾。法国经济学家康替龙是第一个把企业家这一术语引入经济学理论的人。他在《一般商业的性质》一书中，是用"entrepreneurship"一词来解释企业家的，意即冒险家（西安交通大学，2000）。被称为企业家理论之父的熊彼特认为企业家的本质特征是创新（邓荣霖，李琦，1999）。可见，有无冒险精神和创新精神是企业家和一般人相区别的主要标志；而传统儒家伦理却推崇与此恰恰相反的信条，"平平安安是福"，"不偏不倚之为中"，"比上不足比下有余"。正是由于这种价值观的支配，我国相当一部分经营者担心"枪打出头鸟"，总抱着"不求无功，但求无过"的思想。小富即安，知足常乐。所以，称得上企业家的经营者在我国就更加稀有了。

（4）企业家的人力资本回报观与儒家文化的"孝""仁"观的矛盾。企业家作为一种资本而非一般的"劳动"投入企业，必然要参加企业的利润分配。舒尔茨于40年前提出的人力资本理论是基于对人性的充分研究（焦斌龙，2000）。传统的儒家文化强调对国家要"孝"，对"社会"要"仁"。反映在企业经营中就是要求经营者讲贡献，少索取。这种把对社会的普遍要求和对企业家的特殊要求等同起来的价值观是对企业经营者积极性的极大扼杀，这种与人性的冲突无疑是对我国企业家队伍难以形成缘由的合理解释。

（二）与相关机制的矛盾

（1）市场配置机制与行政配置机制的矛盾。如果说企业家的劳动是一种特殊商品，那么市场的需求状况直接决定着企业家的数量和质量，市场有需求，企业家的数量和质量随之增大，反之则不然。从这个意义上看，完善的企业家市场配置机制是企业家生成的一种有效途径。

但源于现存产权关系，中国国有企业企业经营者的配置依然是一种行政配置。传统意义上的国有企业管理者被上级主管部门当作官员任命，这些企业经营者只需对上级行政部门负责，至于企业经营的好坏，并不决定着他们的去留。张维迎在其《企业家与所有制》一文中，对传统国有企业经营者作了这样的评述："在他们看来，经营企业不过是走入仕途的一个阶梯而已；只要有可能，他们就想步入政界对原来的同伴发号施令而达到这一目的的最好办法就是尽快'放卫星'"（张维迎，1986）。随着中国国有企业的渐进式改革，企业经营者单一的上级任命机制已打破。中国企业调查系统的 2000 年报告显示，90 年代以来企业经营者的选拔方式呈现出上级指派、职工推荐、公开竞争、资格考试、人才市场配置等多种方式共存的格局。而且市场配置的比例由 1993 年以前的 0.2% 上升到 1999 年的 0.9%。但同一份调查报告还显示，1999 年国有企业经营者由上级指派的比例占 55%。行政配置的比重占一半以上。但还有问题的另一面，即使在非行政任命方式中，有多大比例是真正按照市场的标准进行评估、考核、选择的呢？北京市近三年向社会公开招聘的国企高级管理人员的程序表明，每一次招聘的最后一关都由政府的某些部门决定。如果再把这些因素考虑进去，实际由上级指派的比重会远远超过 55% 这个比重。从这些数据来分析，笔者仍无法推翻这些结论：十多年改革之后，官员仍然对企业有相当大的行政干预权力。企业主管部门在很大程度上仍然决定着企业组织管理机构的设立和企业主要领导人的任免（高拴平，申嫦娥，1999）。

这种机制的矛盾在短期内难以化解。原因是行政配置的力量仍显强势。黄群慧引入"自增强理论"（参见前文第一章第三节"理论概念"）对"市场配置"不能克服"行政配置"的现象做了分析。黄群慧认为，中国国有企业经营者系统或国有企业干部人事管理制度由于"路径依靠"而处于一种被"锁定"的状态，虽然这种具有行政级别的企业经营者制度从企业经营管理角度看并不是最有效率的，但由于计划经济体制的最初选择的"选择优势"而很难退出，因而也就不能转移到企业家的职业化的状态。这种自增强一方面是由于原国有企业干部人事管理制度是与整个计划经济体制下的人事管理庞大体系相匹配的，构建成本很高，很难重新构建；另一方面这个庞大的人事管理体系内部的制度是自增强的。例如，企业经营者由上级主管部门选拔任命，工作业绩（未必是经营业绩）突出的经营者就升迁，就任主管部门领导和各级行政领导，升迁的领导又具有选拔任命新的企业经营者的权力。这样企业经营者的激励制度就是由"控制权回报"为核心的权力链条构成。已升迁的领导对现任企业经营者具有示范效应，学习其做法（学习效应），顺应主管部门要求（合作效应），适应权力增大和职位升迁的轨迹（适应性预期），就成为每个经营者的追求和必然选择，这进而就强化为一种行为准则而"固不可撤"了。如果要打破这种自增强的"锁定"状态，需要积累足够的能量以抵消其"选择优势"，这就需要时间来完成这种能量积累过程。中国国有企业经理市场的逐渐发育过程就是这样一个积累能量打破企业经营者制度"锁定"状态的过程，20 年的国有企业改革不仅没有完成这个过程，而只是刚刚开始这个过程。

（2）激励机制与工资机制的矛盾。现代企业理论认为，企业家与一般管理人员的最大区别是他拥有一种价值很高的人力资本，企业家人力资本是一种极为稀缺的资源，而且是现代经济增长中最具有能动性的因素（辛向阳，1999）。企业家人力资本完全依附于企业家个人，又与企业家不可分离。企业家人力资本只有产权化，才能使人力资本的作用充分发挥出来，甚至使它的作用百分之百地涌流出来。但是人力资本的产权一旦发生"残缺"，企业家将关闭其人力资本，其经济价值立刻降低，甚至会趋于零。企业家的人力资本是趋向百分之百还是趋向零，完全取决于企业家人力资本的产权化。企业家人力资本的产权化的第一个要求就是享有剩余索取权，即对企业总收入扣除所有的固定的合理支付（原材料付款、工资、利息、租金、其他成本性费用）之后的剩余（利润）要求权。

西方发达国家通过几百年的企业实践，已形成了对经理人比较完善的激励制度。其中物质报酬是激励制度的核心内容。以美国为例对经理人员的报酬激励大多是通过把当期业绩的奖励和长期业绩奖励结合起来的方式进行的。1990年高层管理人员年均工资达120万美元，加上股票选择权及其他长期激励方案带来的报酬，每年平均收入可达195万美元。按1990年普通工厂工人工资折算，一名工人需要85年时间才能挣到高层管理人员一年的收入，工程师则需要45年。目前，美国企业首席执行官的年平均收入是一个蓝领的209倍，他们平均152万美元的收入是美国总统年薪的7.5倍。从整体上看，美国的总裁们的收入在1992年是他们雇员的142倍；到1997年这个倍数高达185倍（辛向阳，1999）。

1996年以后，我国打破经营者收入的单一工资模式，开始试行年薪制、奖金、期权股权等多种形式的激励机制。但在实行这一激励机制的同时，又人为地规定经营者的总收入不能超过普通职工的1~3

倍，所以，从经营者的收入结果来看，还没有完全超出工资机制的框架。中国企业家调查系统 2000 年的调查报告显示，国有企业经营者收入相对较低，2 万元以下收入的比重在其他类型企业中排在首位，高达 62.6%（见表 4 - 1）。

表 4 - 1　　　　不同类型企业的经营者 1998 年的工资收入水平　　　　单位：%

项目	国有	集体	私营	股份合作	股份有限	有限责任	外商及港澳台	所占比重
2 万元以下	62.6	50.3	20.0	49.5	32.3	42.2	15.8	48.1
2 万 ~ 4 万元	25.0	23.5	14.2	26.3	25.5	27.0	25.7	25.0
4 万 ~ 6 万元	7.9	8.7	15.0	7.1	14.9	10.9	20.1	10.7
6 万 ~ 10 万元	3.9	8.0	19.9	6.0	14.5	10.1	17.6	8.5
10 万 ~ 50 万元	0.5	8.7	16.7	7.1	11.7	6.8	12.7	5.6
50 万元以上	0.1	0.8	14.2	4.0	1.1	3.0	8.1	2.1
合计	100.0	100.0	100.0	100.0	100.0	100.0	100.0	100.0
被调查人数（人）	1579	264	120	99	470	600	284	3416

从收入形式看，2 万元以下的经营者采取月薪形式仍占绝大多数，占 71.4%。期权股权这一形式只占 13.1%（见表 4 - 2）。

表 4 - 2　　　　1998 年不同收入形式的企业经营者年工资收入水平　　　　单位：%

项目	月薪	月薪加奖金	年薪制	风险抵押承包制	股息加红利	期权股份	所占比重
2 万元以下	71.4	44.3	28.0	46.0	32.2	13.1	48.2
2 万 ~ 4 万元	15.0	30.4	29.4	26.8	22.0	9.8	25.0
4 万 ~ 6 万元	5.9	11.4	15.6	10.2	10.5	13.1	10.7

项目	月薪	月薪加奖金	年薪制	风险抵押承包制	股息加红利	期权股份	所占比重
6万~10万元	4.1	8.3	13.9	9.4	13.2	21.3	8.6
10万~50万元	2.1	4.6	11.4	5.8	13.2	19.7	5.5
50万元以上	1.5	1.0	1.7	1.8	8.9	23.0	2.0
合计	100.0	100.0	100.0	100.0	100.0	100.0	100.0
被调查人数（人）	1008	1642	572	224	304	61	3374

从工资标准的制定者看，大部分国有企业经营者的工资标准仍由上级主管部门确定，比重占59.9%。

通过上述量化对比可以看出，我国国有企业经营者的收入与国外现代企业家的报酬反差之大，与国内其他类型企业的经营者对比悬殊。这一现象揭示出，在我国的企业家成长过程中，激励机制与工资机制存在着深刻的矛盾，这种矛盾的实质在于企业家的人力资本价值，由于产权的虚位而得不到承认、实现。魏杰在一次报告中指出，职业经理人应该是一种资本，而不是一般的经营者。如果你不承认它，它会产生一种非理性的反抗，非理性的反抗必然导致所有者非理性的镇压（魏杰，2001）。我国一大批优秀企业家没能逃过"59现象"，不正是这种矛盾激化后产生的非理性反抗吗？

（3）刚性约束与柔性约束的矛盾。现代企业制度的诞生，在维护企业家利益而形成有效激励机制的同时，也为保障资本所有者的利益形成了有效的约束机制。虽然两种机制所维护的利益主体不同，但对于企业家成长来说，两种机制缺一不可。现代企业制度下的对企业家的约束机制是通过企业家的自我约束、董事会的直接控制、股东的间接控制以及明确的法律条文而完善的。企业家的自我约束表现在每一位企业经营者在市场不断进行的评估和比较中，都能准确地知道自己人力资本价值的多少，增值的潜力在哪里等，从而也就能够比较稳定地形成人力资本概念，并由此形成对经营者自身行为的约束。如果经营不好导致企业破产，那么经营者的人力资本价值也就随之消失，甚至作为经营者的职业生涯就可能从此断送。董事会的直接控制表现为董事会成员在发现经营者的行为不利于所有者的利益时，会用于投票表决经营者的去留。股东的间接控制是股东通过买卖股票的方式来决定公司主要经营者的去留。发达国家以法律形式对企业家行为的约束主要表现为：以法的形式规定公司经营者的职责权力；用法律规范约束公司经理人不得滥用权力和侵害公司资产；设立专职的执行机构来监督经营者的行为；对于破产倒闭的公司，法院除了要调查是否有经理人员在公司经营活动中发生渎职行为并依法追究其刑事责任外，还明确规定这些原公司经营者在一定时间内或永远不得再任经理、董事等职务。这种机制是建立在资本所有者明确、货币资本和人力资本市场发达以及法律制度健全等基础之上，所以它对企业家的约束是客观的有效的。基于这种机制的有效性，笔者称其为刚性约束机制。

我国自国企改革开始，构建对经营者有效约束机制的努力就没有停止过。在世纪之交因一大批优秀企业家陷入"59 现象"危机时，理论界、企业界对此呼声更加高涨。就目前的约束机制看，对企业家的约束不外乎是以监督为核心的外部约束，包括法规监督、市场监督、企业家市场监督和以建立规章制度为核心的内部约束，包括企业内部规章制度和内部效益评估、党组织及企业职工代表大会、工会为主要内容的企业民主监督（西安交通大学，2000）。这种约束机制是建立在所有者虚位、各种市场不完善以及法律制度不健全的基础之上，所以它对经营者的约束就难免有主观性和低效性。基于这一意义，笔者视其为柔性约束机制。

我国国有企业在被迫进入市场经济的过程中，也相应地要求市场经济管理手段，其中包括对企业经营者进行刚性约束的机制。但我国国有企业与真正市场经济的非同质性，在实际经营过程中市场行为与政府行为同时存在。这种双重性决定了两种约束机制的共存，同时也决定了它们在一定程度上的相互克服和相互排斥。从约束的构成来看，矛盾的焦点集中在监督的主体、约束的目标和约束的结果等几个方面。

第一，监督的主体。中国企业家调查系统 2000 年的报告显示，上级主管部门对国有企业仍是主要的监督考核部门，比重达到 85%。且无论上级主管部门的考核标准和手段是否科学，只论不是资本所有者的上级主管部门能不能作为监督考核者。其实，张维迎早在 1986 年就提出了国有企业所有权约束无效性的命题。他在《企业家与所有制》一文中指出，作为所有者的"社会"与政府官员之间的关系决不像股东与董事之间的关系那样明确，其间的脆弱性比政府官员与经营者之间的脆弱性还要大千万倍，而其"保证手段"更属虚无缥缈（张维迎，1986）。

第二，约束的目标。市场经济下对企业的约束目标应该是一元的，也就是说所有者资本的利润回报应是企业经营者关注的唯一目标。中国企业家调查系统 2000 年的同一份报告显示，国有企业中副经理以上的管理人员被免职的原因有"群众不满意""没完成经济指标""上级领导不满意""领导班子有矛盾"等,其中,"群众不满意"和"上级领导不满意"分别占 55.6% 和 25.4%。由此可见,柔性约束机制中对企业经营者的约束目标是扭曲的。

第三,约束的结果。在刚性约束机制中,如果企业经理因为经营不善而遭淘汰,就意味着个人职业生涯的终结,至少是个人价值的大大降低;而柔性约束机制则不然,如果企业亏损,企业经营者还可以到别的企业当经理继续"亏损",还有可能去政府部门去捞个一官半职。1999 年在遭淘汰的国有企业经营者中就有 10.5% 的人被党的组织部门安排到政府部门任职(中国企业家调查系统,2000)。

(4)个案分析:褚时建与红塔集团。原红塔集团总裁褚时建,经过十七年的努力,把玉溪卷烟厂从一个名不见经传的小厂发展成为享誉世界的产业集团。固定资产从几千万元发展到 1996 年的 70 亿元,每年创利税近 200 亿元。在全国 180 多个卷烟企业中,玉溪卷烟厂多年保持装备技术水平、出口创汇、利税等 7 个第一,成为名列亚洲第一、世界第五的现代化烟草企业。仅这个厂生产的"红塔山"卷烟的品牌,无形资产高达 352 亿元人民币(王安,1999)。褚时建因此获得"云南省劳动模范""全国劳动模范""全国优秀经营管理者""全国五一劳动奖章""全国优秀企业家"等荣誉称号。就在褚时建将要办理退休手续时被国家司法机关收审。经查实,褚时建在即将退休的两年中,主谋贪污公款 335 万美元,其中他个人贪污 170 多万美元;其家属收受贿赂 3630 万元人民币、100 万元港币、30 万美元。褚时建触犯了法律,1999 年 1 月 20 日被判无期徒刑。

一个红极大半个中国的优秀企业家折了。事后,不少人为褚时建算了这笔账。褚时建任厂长 17 年,玉溪卷烟厂利税总额 800 亿元，而褚时建 17 年全部总收入约 80 万元，其比例是十万分之一，即企业每创造 1 亿元，他的收入是 1000 元左右，如果再加上"红塔山"的品牌价值，他的该项收入比例更降至 640 多元。

人们对褚时建的惋惜多于谴责。因为他该得到的没有得到，不该拿的却拿了，而且他该拿比他不该拿的要多得多。在法庭上，褚时建的辩护律师道出一段发人深省的话："在中国，一些优秀的企业家的归宿为什么总是围着监狱、刑场和外逃转？褚时建的悲剧不仅是他个人的悲剧。国企领导为什么得不到与其劳动相符的报酬呢？为什么就没有一套合理的监督机制防止他们滥用职权呢？……在我国反腐倡廉斗争中，强调比较多的是那些把企业搞垮而自己发财的企业家，即所谓的'穷庙富方丈'，但国企改革和经济发展追求的又是消除'穷庙穷方丈'。我们为什么不在会抓鼠的猫偷鱼吃时给他一些鱼呢？"

（三）与企业组织内部矛盾

在完成了公司制改制的国有企业中，基本上都保留了"党委会""工会""职代会"等原来的组织机构。按照法人治理结构的要求，必须建立"股东会""董事会"和"监事会"。这样一来，就出现了"老三会"和"新三会"并存国企的局面。加之其间的工人阶级，一方面要继续发挥"主人翁"作用，另一方面作为劳动者要服从劳动关系中劳动力使用者（企业经营者）的管理，这就使同一主体的两种角色在理论和实践上产生冲突。所以，重叠的组织机构、角色冲突的劳动者群体构成了企业内部错综复杂的关系，这种关系的互动由于目标的不同必然要产生矛盾，企业经营者正是在这种复杂的矛盾关系中经营着企业。

（1）经营者与"老三会"的矛盾。出于国情的考虑，我国国有企业改制中保留"老三会"，这是中国公司法人治理结构设置的一大特点，也是实际经营中的一大难题。虽然"老三会"的每一"会"都有各自的职能划分，但在实际运作过程中往往与经营者的职能重叠和冲突。观察表明，大多数国企经营者都感到很难理顺与"老三会"的职能关系，最突出地表现在企业中的人事安排上。按照《公司法》规定，企业经营者有权聘任或者解除应由董事会聘任或者解除以外的负责管理人员，而实际上经营者的用人权还要经过各种程序，有时候即使经过了某种程序其用人方案也不见得能够实现。这就很容易使经营者与"老三会"的某些职能发生矛盾，而且这种体制、制度间矛盾在一定程度上又演变为人与人之间的摩擦和矛盾。

（2）经营者与"新三会"的矛盾。经营者与"新三会"的矛盾突出表现在与决策层中董事长的矛盾。据观察，凡是总经理和董事长分设的国有企业，都存在两者责任不清，权利不明的问题。《公司法》中对经理、董事长的权责规定过于抽象，执行过程中很难操作。有的董事长以"产权代表"和"一把手"自居，认为董事长和经理之间是领导和被领导的关系，把经理必须对董事会负责简单地理解为对董事长个人负责。所以，总喜欢对经理层的工作指手画脚，甚至发展到对经理的日常经营活动都要过问，实际上是把对经理的经营监督变成了对经理个人的监督，而且董事长的这种权利在企业中受不到一点约束。国有企业之所以会出现这种现象且具有一定的普遍性，其根源在于：一是企业的董事长和总经理是从原来计划体制下国企的领导岗位上"翻牌"而来，相当一部分董事长并不熟悉董事会的责任、权利和义务，有的把企业视为个人经营权利的场所，改制后仍不能改变对个人权利角逐的习惯。二是董事长和总经理同属上级"一纸任命",且属同一级别,双方对对方都感到无可奈何。当双方相持不下时,就把希望寄托于上级政府。所以,部分国有企业经营者包括董事长,如果说他们经营企业的能力缺乏国际竞争力,但其营运政府、角逐权利的水平堪称世界一流。三是有的矛盾的产生完全是由于一方个人素质低下或缺乏基本道德水准所致。

(3)与双重角色的劳动者群体的矛盾。国有企业改制后,要求工人阶级继续发挥"主人翁"的作用,但同一"主人翁"主体在企业的实际运作过程中又必须接受经营者的管理,在劳动关系中是被雇用的角色。当实践中触及劳动者个人利益时,这两种角色的对立表现得最为明显。在劳动者不能自我调节这一冲突时,这种角色的冲突就必然要转化为与企业经营者的矛盾。首先,当经营者依法行使经营权利,严格执行劳动合同使某些劳动者的个人愿望不能满足时,就会激起"主人翁"意识,劳动者与经营者的矛盾由此引发;其次,当劳动者看到经营者坐着豪华轿车、享受考究的办公设备,尤其是经常穿梭于酒楼之间时,他们易于忽视经营者实际的工作生活压力,把经营者的正常在职消费与自己的生活消费进行比较,结果只能产生对立情绪;最后,随着新产权制度的实行,企业中人力资本的收益和普通劳动者的收入差距增大,劳动者的心理就会愈加不平衡。如果遇到某些偶然因素,这种不平衡的心理状态还有可能导致与经营者非理性的对抗。

(四)企业家的自我矛盾

企业家的自我矛盾主要是针对个人实现企业家的愿望与自己当前实际水平的矛盾而言,是一种理想与现实的矛盾。一方面,市场经济的迅速发展，使有志之士看到了企业经营的广阔前景，越来越多的企业经营者愿意把企业经营作为自己的终身职业。中国企业家调查系统 2000 年的报告显示，企业经营者在回答"假如再给一次职业选择机会，是否仍愿意做企业经营者"时，选择"愿意"的比重为 62.2%（中国企业家调查系统，2000）。另一方面，由于长期受计划经济体制的影响，我国的企业经营者已经形成了相对固定的经营模式，这与市场经济对企业家的要求相差很大，而且市场经济的竞争性不存在计划体制下的"宽容"，不适应者很快就会被淘汰出局。对大多数国企经营者来说，这无疑是一次巨大的挑战。正是市场经济和计划经济的这种不可调和性才构成了我国企业家的自我矛盾。

（1）观念。目前，在我国企业经营者中，计划经济体制下的一些思想观念首先阻挠着向企业家的转变。一是企业经营者对责任主体的认识还比较模糊。除股份制企业的经营者把代表出资者的利益作为首要选择之外，各类所有制企业尤其是国有企业的经营者都认为自己首先代表的是企业利益，根本没有产权所有者利益的意识（西安交通大学，2000）。二是对行政级别的依赖性很高。不少企业经营者仍把自己看成是某某级别的干部，始终摆正不了自己在市场经济中的位置。一项调查发现，国有企业经营者对于行政级别脱钩持无所谓态度占 45.1%，而希望尽快脱钩的只占 23.7%（西安交通大学，2000）。2000 年中国企业家调查系统的一份报告显示，只有 3.2% 的国有企业经营者希望取消行政级别。三是市场竞争意识薄弱。有资料表明，1999 年在全国 2343 家建立现代企业制度试点的企业中，只有 42% 和 35% 的经理（厂长）希望国家统一赋税、企业平等竞争，而大多数试点行业的经理（厂长），仍希望国家对本企业或本企业所在行业重点优惠。这充分暴露出我国企业经营者主动出击市场意识滞后，对政府的依赖心理和"等、靠、要"思想严重（支树平，1999）。

（2）知识。现代企业家除了要具备一定的专业知识外，还必须拥有现代科技知识和丰富的社会科学知识，这已成为广大企业经营者的共识。我国加入WTO的不争事实，对我国企业经营者提出了更高的知识要求。WTO作为当今世界规范国际经贸规则的最大多边经贸组织，实施的一套多边贸易规则涵盖非常广泛，几乎涉及当今世界经济贸易的各个方面，这些规则是具有法律效力的规范。中国加入WTO就必须遵守这些规则。而事实上，我国虽然就加入WTO进行了十几年的谈判，但国内企业家真正了解、熟悉有关WTO规则的并不多（孙维林，2000）。所以，我国企业家在知识层面的矛盾即将表面化。

（3）创新能力。美国经济学家熊彼特认为，市场机制就是创新机制，以创新机制为核心的"创造性的破坏"过程是资本主义经济增长的精髓。所以，可以称得上企业家的，是首先引进了新的组合方式的创新者们（王玉成等，1995）。由此可以推论，有无创新能力是企业家和一般管理人员的主要区别。从当代发达国家经济发展的实例中可以看出，美国经济实则就是创新经济（孙维林，2000），而这种创新经济是靠成千上万个具有创新能力的企业家来支撑的。世界经济发展的新趋势进一步表明，经济发展的核心是创新，谁能够不断地创新，谁就能够不断地拥有市场。那么，中国企业经营者的创新能力如何呢？1997年，"世界经济论坛"和"瑞士洛桑国际管理发展学院"对国际竞争力进行了评价，中国企业家创新的综合素质在46个国家中列第41位（辛向阳，1999）。中国企业家调查系统

2000 年的调查报告显示，在被抽调的企业经营者中，只有 1.9% 的人希望政府鼓励创新精神。中国几十年来的重复建设和假冒商品的制造水平居高不下，不也从侧面反映了中国企业家的创新乏力吗？

（4）心理素质。企业家的心理素质，是指企业家个人的心理条件，是由企业家的自我意识、气质、性格、情感、价值观等心理要素构成。由于企业家致力于企业经营管理活动的特殊性，往往要求企业家具有与常人不同的心理条件。我国市场经济的不规范性和改革的艰巨性都要求我国的企业经营者具备更好的心理素质。首先，企业面临困境时要求企业经营者具有自信向上的心态。当一个企业处于顺境时，经营者的信心和意志也许不会被人重视，然而当陷入逆境、人心涣散时，其经营者的心态就显得特别重要。它需要经营者自信果断，要求员工付出三倍努力，经营者必须给他们十倍信心。一个有信心而又善于思考的经营者，才能带领企业走出困境（孙维林，1999）；其次，改革中因不同利益的涉及而出现复杂局面，要求企业经营者具备坦荡的胸怀。对于国企改革，支持和阻碍、理解和误解、赞成和反对必定会同时出现，经营者只有保持热情、坦荡、豁达，才能驾驭局面。很难想象，一个对社会、对工作、对人生冷漠且心胸狭窄的经营者，能够与员工一道干成一项事业（孙维林，1999）。除此之外，面对市场风险的不确定性，还要求经营者具有坚韧不拔的毅力。

第五章　矛盾发展的趋势及解决途径

一、矛盾发展的趋势

彼此间的差异性是矛盾形成的直接原因。矛盾如何发展取决于双方力量的对比变化，或者第三方的干预调节。基于第四章的分析，笔者认为，我国企业家成长中的矛盾主要是由于企业家生成所要求的文化背景和产权制度与我国的文化传统和现存产权制度存在着较大的差异而导致的。研究这种矛盾的发展趋势，有必要分析一下矛盾各方的力量对比。

（1）我国国企改革是渐进式的改革（焦斌龙，2000）。20年来的改革始终未能突破产权制度的改革，即使二十世纪末政府把建立现代企业制度和用股份制改组国企作为改革的首要目标，从近几年的实践来看，也是改革的形式重于内容（高拴平，申常娥，1999）。虽然改革开放后人们的价值观发生了很大变化，但历经数代形成的儒家文化的一套价值观念仍然影响着人们的思维方式，人们所表现的同样是一种官本位思想。所以，阻碍企业家队伍成长的力量依然不可低估。

（2）从企业家队伍本身的力量来看，尽管世界经济和中国经济的互动为我国企业家的成长带来了有利条件，但2000年最新的企业家调查系统的资料表明，她不足以克服阻碍她成长的巨大力量；而民营经济的力量还没发展到足以独自培育中国企业家队伍的程度。

（3）政府一方面作为国有资产的产权主体，另一方面又推动着产权制度的改革，也就是说担任着解决矛盾的角色，而产权制度的改革在一定程度上意味着对政府官员既得利益的剥离，从这个意义上看，改革本身就存在着角色矛盾。

上述分析足以说明，中国企业家队伍成长中的矛盾不可能在短时间内解决，中国企业家的成长道路将是曲折的，艰难的。

二、解决矛盾的途径

（一）直面企业家成长中矛盾的焦点——产权关系

（1）产权主体多元化，资本所有者到位。通过第二章对发达国家企业家成长过程的考察和第四章对我国企业家成长中矛盾的分析，笔者认为，企业家是一种特定财产关系的产物。没有这样的财产关系，就不能有真正意义上的企业家。传统的产权关系不能使我国企业家队伍迅速形成，只能使其矛盾重重。因为在这种资本所有者缺位的产权关系下政企不可能真正分开；企业家资源的市场配置无从谈起；针对企业家的激励机制、约束机制、监督机制也只是流于形式。所以，解决我国企业家成长中矛盾的关键在于实现真正的资本所有者到位，而实现这一目标的现实途径只能是对国有企业进行彻底的股份制改造，进而实现投资主体多元化。

国有企业进行股份制的试验，早在 20 世纪 80 年代中期就开始了。党的十五大的政治报告首次提出股份制是现代企业的一种组织形式，资本主义可以用，社会主义也可以用；国有大中型企业改革，就是通过公司制的股份制改造，建立现代企业制度。这一认识飞跃，有力地推动了股份制实践的深入与拓展。据国家统计局对其跟踪调查的 2473 家国有企业的统计：到 1999 年底，在这些企业中，已有 2016 家改为公司制，占 81.5%（国家项目工作组，2001）。然而，这一阶段的股份制改造还停留在国家必须控股这一认识水平上，认为股份制公有或私有的关键，是控股权在谁手中，因此，国有企业进行股份制改革，至少要占 51% 的股份，这很可能是 20 世纪 90 年代现代企业制度试点时，绝大多数搞成国有独资或国有控股公司的认识原因。目前，国有股占总股本的 60% 左右（郑建国，曹邑平，

2001）。国企改革的这一阶段性成果对企业家队伍的形成有一定的积极作用，但这并未从根本上改变束缚企业家队伍形成的外在机制。①因此，要从根本上解决企业家队伍成长中的矛盾，需要在产权结构上进行重新设置和安排。根据我国的国情，结合我国公司制企业的现实状况，实现产权主体的多元化应从以下几个方面入手：一是减持国家股，增加法人股。当国家股的比重降低到一定程度上、法人股的比重增大到一定程度后，法人股通过投票权监督和约束企业经理人员的积极性就会得到提高，因为监督和约束所带来的利益与他们所付出的代价相比要大得多。二是设置优先股。公司制企业产权结构调整的一个可选择途径是改变国家股的性质，将国家股设置为优先股。优先股和普通股是不同的。优先股由于先于普通股而获得公司收益分配，同时，优先股的权利要比普通股小得多。这对国家这一权利主体而言，是较为恰当的，因为国家行使股东权利的能力本来就是相当弱的，若硬要行使，往往囿于政企不分反而不利于企业的经营业绩。将国家股设置为优先股可以更好地发挥法人股东关心企业经营者的业绩，因为企业绩效越好，作为普通股的法人股所获得的收益分配就越高。三是加快债权转股权进程，发挥银行的积极作用。银行是企业的主要债权人。为了发挥银行的积极作用，可尝试允许银行持有企业的股份，作为大股东，派出董事进入公司的董事会。

（2）建立国有资本出资人制度，使企业家的权利责任相统一。传统的产权关系下，政府的社会管理职能和所有者职能交织在一起，使得企业基本丧失了经营自主权。在实际经营过程中，政府职能部

---

① 参见第四章第四节"4.1 我国企业家队伍成长中矛盾的不可避免性"。

门行使权利，却不需要承担责任；而企业经营者要承担责任却没有权利。这种责任和权利的分割状态不利于企业家的成长，也最终导致国有企业亏损的结局。因此，要适应市场经济发展和建立现代企业制度的要求，必须尽快改革和完善国有资产管理体制，将政府的社会管理职能和所有者职能分离开来，并落实国有资产产权代表即出资人，通过出资人行使所有者职能，按照国家所有、分级管理的原则，逐步建立和完善国有资产管理、监督、营运体系和机制，使国有资产国家终极所有权与企业法人财产权分离，所有权与经营权分离，从而使企业经营者的责任权利相统一。上海、深圳、武汉、青岛等省市经过多年的实践和探索，在改革国有资产管理体制方面取得了突破性的成果。其主要做法是，以建立国有资产出资人制度为核心，即成立国有资产运营公司和其他形式的控股公司，作为国有资产的出资人，来行使所有者职能，形成"政府（或国资委）——资本运营主体——企业"的国有资产管理体系。在这种新的体系下，政府把国有资产所有者职能赋给了"中介人"——国有资本运营主体，对企业就只有社会经济管理职能，不再直接行使所有者职能。而国有资本运营主体对企业只能以出资人身份来行使所有者职能，没有行政管理权。这种体系以资产（产权）为纽带，上一层是下一层的出资人，下一层对上一层负有对国有资产保值增值责任，是一个有机体系。

在上述国有资产管理体系中，作为国有资本运营主体的中间层次是关键环节。它是政府授权经营国有资产的国有控股公司、企业集团公司、资产经营公司的国有独资企业，它是具有一定意义的特殊企业法人。政府授权后的资本运营机构有权对授权经营范围内的国有资产进行运营，对政府承担资产保值增值责任，依据规定向政府上缴资产收益；有权对权属企业行使资产收益、重大决策、选择经营者以及依据法律程序向权属企业派产权代表或监事等出资人，并依法承担对企业出资额的有限责任。因此，国有资本运营主体的建立不仅是促进国有资产优化重组的重要措施，而且是企业家队伍迅速成长的重要前提。

（3）企业家的资源配置由政府主导型向市场主导型过渡。企业家的资源配置机制是影响企业家队伍形成的一个重要因素，而且这种机制的形成和改变是受特定的产权关系的制约。我国产权关系改革的渐进性决定了企业家行政配置和市场配置的共存局面。解决这一矛盾的现实途径在于一手对行政配置手段本身进行改造，一手加大向市场机制过渡的力度。近年来，上海市对企业家的资源配置机制进行了有益的探索，总结出了一些符合实际的实践经验，对企业家队伍的健康成长起到了一定的促进作用。其一是建立一套对企业经营者分类分层管理的机制。按照政企分开的原则，从1998年开始，党的组织部门本着"管少、管精、管好、管活"的要求，对市管企业分类分层管理，取消了企业和企业经营者的行政级别。市党的组织部门主要管国资委授权经营的控股（集团）公司和大型集团的党委书记、董事长、监事长，正副总经理逐步实行由董事会聘用，再由总经理聘用中层管理人员的办法，初步解决了产权代表与经营者"同纸任命"的问题。上海市还探索实施"谁出资、谁派人、谁控股、谁管理"的办法，通过董事会聘用、市场招考、党的组织部门推荐等形式，实行经营者竞争上岗试点，并由点到面，由小企业到大中企业，由单一环节到多个环节逐步推开，在上海国有企业中基本上形成了以产权为依托的企业经营者管理体系。目前，全市国有及国有控股企业中已有 2000 多家中小企业的经营管理者通过竞争上岗。在竞争选拔的环节上，上海市初步形成了"六要素"的操作规范：一是确定标的，并在一定范围内进行公布；二是资质认定；三是由应聘者提出治企方案；四是专家评议；五是董事会聘任；六是签约上岗。在选拔的范围上打破"围墙"，推进经营者跨行业、跨系统的流动，乃至吸引全国和海外的各类经营人员到上海工作。到目前为止，上海两家人才公司已经从外地引进了 50 多位经营者到上海工作，其中 4 位是从境外引进的。

其二是加快企业家人才市场建设，为企业经营者择优录用、竞争上岗创造外部环境。在 1995 年、1997 年上海分别成立了上海厂长（经理）人才公司、上海经营者人才公司以及企业经营者资质评估中心为各类企业和经营者双向选择提供中介服务。譬如，成立近 4 年的上海经营者人才公司，通过市场化的道路，为上海部分国有、三资或民营企业提供了 678 位经营者（李正华，叶国际，2001）。这些经营者大多通过应聘、面试、测评、答辩、考核竞争上岗，改变了完全由行政配置的做法。

（二）从人力资本角度认识企业家行为，构建包含人力资本的新产权关系

（1）建立企业家人力资本激励机制。企业家是一种人力资本。这种资本与企业家个体不能分离，所以与物质资本不同，企业家的人力资本所有权不能让渡。企业家人力资本的所有者只能是企业家本人。企业家的人力资本既然是资本，他的回报就不是劳动的收益，他对应的是产权（魏杰，2000）。我国企业家的成长与传统产权制度

相矛盾，一方面表现为企业家找不着物质资本真正的所有者，即所有者缺位；另一方面表现为企业家的人力资本所有者地位没有得到承认，自然也就没有回报，结果企业家只好自动"关闭"这种资本功能。所以，在国企改革重建新的产权制度过程中，必须考虑企业家人力资本这个要素。企业完整的产权关系应是人力资本与物质资本的契约。目前国际上对人力资本的经济利益激励的薪酬制度，主要包括了五个方面的内容，即岗位工资、年终奖、期权、职务消费、福利补贴。其中，期权激励是最重要的一条。人力资本拥有期权的后果，就是导致人力资本虽然不是出资人，但却拥有了企业的产权。这就打破了过去一个经济学及法学的原理，即：谁出资谁拥有产权。据抽样调查，国际上人力资本在企业中所拥有的产权数量，已经达到了企业总产权数量的38%左右。

企业家人力资本的产权激励已经成为我国国企改革的一项重要内容。上海仪电集团对经营者实行物质激励的做法值得借鉴。经营者的年收入包括"基薪"和"加薪"两块，前者是根据企业资产规模、管理复杂程度并参考市场因素而确定的基本报酬，后者是遵循绩效挂钩原则，以期股期权方式体现并延期兑现的风险收入。以"金陵股份"为例，主要经营者的基薪和加薪（期股期权）的比例为1∶2，年收入超过30万元。经营者戴上了"金手铐"，并与企业结成休戚相关的利益共同体，有效地避免了短期行为和"59岁现象"（李正华，叶国际，2001）。

（2）建立企业家人力资本约束机制。就治理结构来讲，仅仅激励是不够的，有时候激励很好却产生人力资本不能很好发挥作用的问题。因此，在建立激励机制的同时，还要建立约束机制。人力资本的约束机制大体上分为两个方面的内容，即内部约束和外部约束。

第一，内部约束。内部约束即企业和人力资本之间的约束，当事人之间的约束。这种内部约束从国际上看，主要体现在以下几个方面：一是公司章程的约束。人力资本到某个企业中来，第一道约束就是公司章程的约束，也就是说就业于企业中的所有人都必须服务和服从于公司章程，因为公司章程就是企业的宪法。我国的公司章程根本没有对人力资本的约束机制，而且我国公司章程只对企业总体行为有约束，但对企业中的任何利益主体都没有约束。因此，对企业来说，应尽快建立新的公司章程。二是合同约束。任何人到企业来都必须签订详尽的合同，这种合同对企业商业秘密的保护、技术专利的保护、竞争力的保护都要体现出来。如企业经营者的权利非常大，企业会给他规定不少界限，让他在一定的范围内发挥作用。美国企业的这种合同不准双方当事人起草，而是由法律认可的有关中介机构起草，可见合同的严肃性与重要性。三是在激励中体现约束。目前发达国家对人力资本的激励往往是实行期权，期权一般五年以后才能行权。这种激励本身就代表约束。2000 年西方许多有名的公司首席执行官更换了。其中有这样一个普遍现象，在任的首席执行官一旦发现有比自己能力强的人马上就交权。这是因为如果由于他的经营能力不强而使企业股下跌，虽然继续干可以保住他的工资，但是期权股价下降，自己的损失反而会更大，所以主动交权。

第二，外部约束。所谓外部约束，实际上就是社会约束，即社会要对企业家人力资本形成一种约束，这种约束主要体现在三个方面。一是法律约束。我国的《公司法》几乎没有这方面的约束，同时还缺乏一个体现人力资本约束机制的相关法律体系。现在必须制定针对职业经理人的职业经理人法，防止人力资本随时任意损害企业的现象出现。否则，我国国有企业在加入世贸组织后与外国资本竞争时将会处于十分不利的地位。二是市场约束。人力资本作为一种资本的流动要通过人力资本市场，这种市场对人力资本应该起到一个很重要的约束作用。现在迫切需要建立一个完善的人力资本市场。在这个市场中，应规范个人进入人力市场的条件，健全每个人力资本的档案，明确流动规则。如对某些职业经理人或者技术创新者应有学历、资历、以往业绩要求等。同时，要把一般劳动和人力资本市场分开设立。总之，市场约束是未来在人力资本约束上的一个很重要的需要解决的问题。三是媒体约束。媒体约束必须遵守一个准则，就是对某种新闻的炒作，应该有利于企业的发展，要考虑企业的承受力及利益，不要为了炒新闻而炒新闻。所以，新闻媒体介入的角度一定要把握好自己的切入点，进行规范性报道，从而有利于企业家的成长和企业的发展。

（3）构筑企业家人力资本企业文化。企业文化是一种价值理念，它和社会道德是同一个范畴。社会道德和法律制度相对应，也就是说一定的法律制度必须有一套与其相符的社会道德，因为法律制度在很大程度上需要特定的社会道德来维护；法律制度有失效的时候，法律制度失效了，就要靠社会道德来约束。同样，企业文化作为一种价值观，是用来维系一定的企业制度。企业家人力资本产权制度是一种新型的企业制度，也必然要求与其相称的企业文化。所以建立企业家人力资本产权制度必须与构筑企业家人力资本企业文化同步进行。企业家人力资本企业文化的核心是强调等级制。在强调等级制中，首先是强调人的能力是有很大差异的，人的能力的差异性导致了人在企业中的分工不同；其次强调因为人的能力不一样，分工不一样，所以人们在企业中的收益方式也不一样。有的人的收益是资本的收益，有的人的收益是劳动的收益。这两种不同的收益之间的差距是相当大的。亚洲国家企业中人们的总体收益差距是 100 多倍，欧美国家的差距是 200 多倍。最后强调协作。任何人只有在这个企业的整体运作中才能实现自己的自我价值。我国的人力资本产权制度难以实施，一个重要的因素是我国的企业文化还停留在计划体制下平均主义理念的阶段，这种企业文化是承受不了企业家人力资本这种状况的。所以，推行人力资本产权制度，如果忽视对现行的企业文化进行根本性的调整，改革的阻力之大就可想而知了。

（三）提高企业经营者的素质和技能，造就企业家队伍

（1）经营者培训制度化及培训内容现代化。尽管有人认为企业家的天赋对企业家人力资本的形成具有重要影响，但更多的学者则认为天赋的影响在很大程度上可以通过后天人力资本投资得到弥补（焦斌龙，1999）。对企业经营者进行培训是造就企业家的有效途径。企业可以根据各自的实际情况，通过"送出去""请进来"的各种方式有计划有针对性地对各级各类管理人员进行培训，同时制定相关奖惩措施，对参加培训人员进行量化考核，使企业的在职培训制度化。在培训内容上，要紧密联系企业管理以及企业的竞争与发展的实际，在提高他们职能性管理的同时，要注重他们对现代企业管理知识的学习，并开设一些多学科相互交叉的综合性课程，以适应市场经济对复合型管理人才的要求。

（2）提高企业经营者自我学习的自觉性。实现企业家的愿望，使个人潜在的素质升华为现实的企业家必须拥有与时俱进的现代理

论知识，但仅靠企业有限的培训是不够的，更重要的途径是个人通过自学来获得。有些人虽然接受过高等教育，但这并不是一劳永逸的。这是因为过去所受的教育可能只是某一个具体的专业，但企业家所具备的应是技术、法律、金融、社会科学等综合型的知识结构，所以以前所学的远远不够，它只能为以后的不断学习接受新知识奠定一个良好的基础；而且知识更新越来越快，一个大学生在大学学到的知识，走出校门三年之后 50% 就会过时（王忠明，2000）。所以有人指出，知识不是耐用品。有人更形象地把继续学习比喻为每日的买菜。学习就像人们每天必须去菜市场一样，买一次菜不可能吃一辈子，得经常去天天去。可见，如果个人没有这方面的自觉，哪来的人力资本去实现企业家的愿望呢？目前，企业管理人员都应该利用各种机会自觉地接受 MBA 系统化的教育。发达国家的经验证明：MBA 是企业家成长的摇篮。国际上成功的企业家无不通晓工商管理知识。2000 年我国报考 MBA 的人数高达 35201 人，占所有考研专业的第一位。这充分说明 MBA 教育将在我国未来的企业家成长过程中起到举足轻重的作用。

（3）为准企业家提供"干中学"的机会。学校的教育只能为企业家的形成奠定必要的基础，而不能直接教出企业家来。美国经济学家舒尔茨认为，人力资本获得的一个重要途径是"干中学"，即通过现实经营活动长期积累而成。所以化解我国企业家队伍成长的矛盾，在于加强学校培训的同时，要积极为准企业家创造实践锻炼的机会，让他们在"干中学"，尽快脱颖而出，成为名副其实的企业家。首先，企业内部要彻底打破论资排辈的陈规陋习，改变求全责备的用人思维方式，把懂经营、具备一定管理知识的人才尽快选拔到合适的管理岗位上来，使人尽其才；其次，社会要为创业基金、风险基金和"二板市场"的形成提供有利的条件，化解货币资本和人力资本的矛盾，使许多因无货币资本而具备人力资本的人能够融资，进而直接从事经营活动，提高企业家成功的机会；最后，有志于企业家的人士，应尽早放弃追求稳定舒适工作的观念，克服被动地等待别人提供"干中学"机会的思想，主动在市场中寻求有利于自己锻炼实践的机会，在各种严峻挑战中成长。

小　　结

本论文经过多次修改，历时半年之久才得以定稿。作为一名MBA 学员和正在成长中的企业家队伍中的一员，笔者在学习期间特别是在论文撰写过程中，自觉运用 MBA 有关理论去思考多年在实践中遇到的实际问题。可以说，本论文的完成过程就是 MBA 有关理论与笔者的实际经验有机结合的过程。

本论文着重探讨和回答了四个问题：第一，企业家的本质是什么？第二，发达国家是如何成功地培育其企业家阶层的？第三，囿制我国企业家队伍成长的症结在哪里？第四，用什么"处方"来消除这些症结以促进我国企业家阶层尽快成长。

本论文在占据大量资料和可靠信息的基础上，对企业家的本质与定义、发达国家企业家成长的环境与条件、我国企业家队伍成长中的矛盾等问题进行了较为全面的阐述和论证，得出了较有说服力的结论。在此基础上提出了如何解决矛盾的途径，即：直面产权关系，实现产权主体多元化和资本所有者到位，建立起资本出资人制度；形成新的企业家资源配置机制，使企业家资源由政府配置逐步过渡到由市场配置；充分认识企业家的劳动价值，建立企业家人力资本的激励机制、约束机制和有利于企业家成长的企业家文化；通过建立经营者培训制度、增强经营者学习现代理论知识的自觉性以及为准企业家提供"干中学"机会等方式，提高企业经营者的素质和技能，打造企业家队伍。

1996 年美国报酬最高的 10 位首席执行官　　单位：千美元

首席执行官	1996 年工资加奖金	长期报酬	报酬总额
劳伦斯·科斯（绿树金融公司）	102449	无	102449
安德鲁·格鲁夫（英特尔公司）	3003	94587	975590
桑福德·韦尔（旅行者公司）	6330	87828	94157
西奥多·韦特（Gatewag 2000 公司）	965	80361	81326
安东尼·奥赖利（亨利公司）	2736	61500	64036
斯特林·威廉斯（斯特林软件公司）	1448	56801	58249
约翰·里德（花旗公司）	3467	40143	43640
斯蒂芬·希尔伯特（康塞克公司）	13962	23450	37412
凯西·考埃尔（U. S. Robotics 公司）	3430	33952	37382
詹姆斯·莫非特（Freeport – McMoran 公司）	6956	2776	33732

资料来源：辛向阳《谁能当中国的企业家》。

1996 年美国持有优先认股权最多的 18 位首席执行官　单位：万美元

经理/公司	期权价值
亨利·西尔弗曼/HFS 公司	54428.4
迈克尔·艾斯纳/迪士尼公司	36436

续表

经理/公司	期权价值
理查德·斯克鲁夏伊/南部健康公司	18804.4
罗伯托·郭思达/可口可乐公司	13405.9
韦恩·加洛韦/百事可乐公司	12378.5
劳伦斯·埃利林/Oracle 公司	12117.8
斯蒂芬·凯斯/美国在线公司	11659.2
丹尼尔·塔利/美林公司	11138.7
杰克·韦尔奇/通用电气公司	10731
桑福德·韦尔/旅行者集团	10154.7
埃克哈特·法伊弗/康柏电脑公司	9738.1
斯蒂花·威金斯/牛津保健规划公司	8151.4
路易斯·格斯特纳/IBM 公司	8118.3
史蒂文·伯德/Safeway 公司	8093.8
劳伦斯·博斯迪/Allied Signal 公司	7910.1
斯科特·麦克尼利/太阳微系统公司	7822.8
凯西·考埃尔/U. S. Robotics 公司	7683.3
安德鲁·格鲁夫/莱特尔公司	7228

资料来源：辛向阳《谁能当中国的企业家》。

参 考 文 献

1. 邓小平．邓小平文选（第三卷）［M］．北京：人民出版社，1993.

2. 朱镕基．关于制定国民经济和社会发展第十五个五年计划建议的说明［N］．北京青年报，2000－10－20.

3. 张维迎．企业理论与中国企业改革［M］．北京：北京大学出版社，2000.

4. 支树平. 生生和谐 [M]. 太原：山西人民出版社，1999.

5. 中国企业家调查系统. 中国企业经营者队伍制度化建设的形状与发展 [J]. 经济研究参考，2000（13）.

6. 厉以宁. 中国企业家四条件 [N]. 中国企业报，2000 - 11 - 09.

7. 芮明杰，赵春明. 外部经理市场对国有企业的影响及对策 [J]. 企业经营与管理，1997（2）.

8. 西安交大课题组. 社会主义市场经济条件下企业家成长机制的实证分析与理论研究 [M]. 西安：西安交通大学出版社，2000.

9. 马泉山. 中国企业家队伍成长与发展报告 [M]. 北京：经济科学出版社，1999.

10. 沈荣华. 中国"经理革命" [M]. 上海：上海交通大学出版社，2000.

11. 张荣刚. 发达国家企业家的形成、发展及其运作机制 [J]. 经济学动态，1994（11）.

12. 王赞源. 儒家思想与现代企业经营 [J]. 烟台大学学报（社哲版），2000（1）.

13. 辛向阳. 谁能当中国的企业家 [M]. 南昌：江西人民出版社，1999.

14. 邓荣霖，李琦. 中国企业家成长与发展报告 [M]. 北京：经济科学出版社，1999.

15. 焦斌龙. 中国企业家人力资本：形成、定价与配置 [M]. 北京：经济科学出版社，2000.

16. 高拴平, 申嫦娥. 论当前国有企业产权改革中的几个倾向 [J]. 经济与管理研究 (京), 1999 (2).

17. 魏杰. 国有企业改革与人力资源开发 [R]. 在北京住总集团的报告, 2001 (8).

18. 王安. 一个企业家的灵魂能走多远 [N]. 厂长经理日报, 1999 - 07 - 09.

19. 孙维林. 转变企业家的思维方式 [N]. 工人日报, 2000 - 04 - 19.

20. 王玉成. 中国的现代企业制度与现代企业家 [M]. 北京: 当代中国出版社, 1995.

21. 孙维林. 论国有企业经营者的市场竞争策略 [M]. 工人日报, 1999 - 06 - 23.

22. 国家项目工作组. 中国国有资产管理体制建设的新进展 [J]. 国有资产管理, 2000 (3).

23. 郑建国, 曹邑平. 国有股减持变现之我见 [J]. 国有资产管理, 2001 (6).

24. 李正华, 叶国际. "以成败论英雄" 优化经营者队伍 [J]. 内部参考选编, 2001 (9).

人的管理与企业活力[*]

当前，我国经济工作最迫切的问题，是企业缺乏活力，经济效益低下，企业，尤其是国有大中型企业三分之一亏损，三分之一潜亏，三分之一盈利的局面，长期困扰着我国经济发展和社会主义现代化建设。如何搞活大中型国有企业，已经成为全党和全国共同关心的热点问题，党和国家出台了一系列方针、政策，经济学界、管理专家和实际工作者提出了许多良方益策，仁者见仁，智者见智。本文拟就人的管理与企业活力作一探讨。

一、现代企业对人的管理的提出、演变和发展

企业管理就其本质来说是对人的管理。19世纪末20世纪初，以泰罗为代表的古典管理科学派把人作为"经济人"，创立了定工时定额、操作规范、劳资合作等规则，提出了人的积极性和劳动生产率的关系，列宁曾给予赞许。

---

   * 原载《中国企业家》1993年第11期"企业家论坛"。

行为科学克服古典学派的缺乏，把社会学、心理学引入企业对人的管理，提出职工是"社会人"，他们不是单纯地追求金钱收入，还有社会心理方面的需求，并提出需求层次论，提醒企业界从社会心理方面鼓励工人提高劳动生产率。

现代管理科学提出"以人为中心"的管理。美国管理专家威廉大内在《Z理论——美国企业界怎样迎接日本的挑战》一书中指出，使职工关心企业是提高生产率的关键。如何使职工关心企业？一是信任，二是理解，三是密切的关系。大内指出亲密性是一个健康社会必不可少的因素，一旦这种亲密感被瓦解，社会和企业就会产生恶性循环。现代管理科学认为，要取得企业的优势，在竞争中取利，关键是对职工的信任、诚实、关心，要让职工的才能和智慧充分地发挥施展，这是重振职工精神，挽救衰败企业的良策。

我国企业界对人的管理有一套成功的经验和优良传统，特别是党的十一届三中全会以来，许多企业在吸取外国先进的管理理论和经验的基础上，相继建立起系统管理，目标管理，满负荷工作法及日益兴起的企业精神和企业文化建设，逐步把我国企业对人的管理建立在科学的基础上。

二、企业对职工管理存在的主要问题

改革开放以来，企业界在对职工管理上做了许多有益的探索，取得了一定的成绩，不少企业表现了一定的活力。但就总体而言，国有企业，特别是国有大中型企业缺乏活力，经营亏损或潜亏仍很严重。究其原因很复杂，但企业职工的积极性、主动性和创造性远没有充分发挥出来。

1989 年，有关部门对上海市各类企业进行调查，结果表明，上海企业职工的劳动积极性降低到新中国成立以来的最低点。1990 年 11 月对某地企业职工进行抽样调查表明，企业职工中积极性发挥较好的占 38%，发挥一般和尚未发挥的占 62%。某市一位副市长对该市企业职工工时利用率调查表明，该市多数企业职工的有效工时只有 3 小时多。由于诸多原因，整个企业界存在一支庞大的"在职失业大军"。据原国家劳动人事部估计，这支"失业大军"在全国有 2500 万～3000 万人。这是多么惊人的人力资源浪费。

1990 年四川省社会科学院在该省红光电子管厂进行思想动态问卷调查，消极和比较消极的职工占总数的 51.98%。该厂是国家一级企业，产值、创汇和个人税额在全国都是一流水平，可见该厂职工积极性大大高于一般企业，即使这样，该厂职工的消极面还是那么大，可想而知一般企业了。目前，职工消极情绪主要表现在主人翁责任感不强、离心力突出，工作不求上进者居多，抱着做一天和尚撞一天钟，甚至做了和尚也不想撞钟。

当前，企业对人的管理存在的主要问题如下：

1. 职工的主人翁地位被严重削弱。由于受传统思想的影响，在人、财、物三大要素中，一般重视对财和物的管理，不重视对人的研究和管理，把职工当成会说话的工具。特别是改革开放以来，少数企业领导，片面学习西方管理理论，强调"能人"治厂，个人说了算，严重削弱了职工的主人翁地位。许多职工反映，不提"主人"不来气，一提"主人"一肚子气。1989 年全国总工会对 17 个城市 21 万职工调查表明，影响职工劳动热情的一个重要原因，是职工的主人翁地位降低。有的职工这样评价地位的变化："50年代翻身解放，扬眉吐气；60年代克服困难，齐心协力；70年代领导一切，顶天立地；80年代改革开放，低三下四。"部分职工的这种认识虽然带有一定的片面性，但是它反映了职工地位下降是一个客观的事实。根据全国总工会的调查，72.6%的企业领导人倾向集权领导，认为我国职工素质低不适用民主型管理。职工各项民主权利流于形式。所以，相当一部分职工心理上有严重的失落感。

2. 对职工管理的各项制度不健全。改革开放以来，企业各项制度都在逐步建立。但是，在管理人的制度上存在可操作性差，执行起来很困难，没有定性和定量相结合的指标体系，尤其是定性多，定量少，无法考核；没有严格科学的监控措施。当前，比较突出的是任职定岗、工作质量、绩效、分配、提干和惩奖等涉及切身利益问题上，考核指标和操作措施不完善，常常失去公平，致使职工在不公平的心态下生活和工作。

3. 不尊重职工的人格和自尊心。由于相当一部分企业领导采用集权型领导方法，对职工往往只强调义务，平时好好干活，困难时为厂分忧。更有甚者不尊重职工人格和民主权利，有的甚至任意侵犯职工的合法利益。据某市调查，1988年第一至第三季度发生79起职工罢工、怠工、集体上访事件，多数是干部侵犯职工利益引起的。在少数干群关系紧张的企业，干部配上了警棍、雇用专门的保镖。在这样的企业里，职工的人格、自尊心、自爱心和自信心严重丧失，在生活和工作中带着压抑感，找不到自己的位置和价值，更谈不上对企业经营管理的知情权、参与权和对干部的监督权。1990年，有关部门对企业抽样调查表明，调动职工积极性的重要因素不光是金钱,在"你认为现在搞好工作主要靠什么"一项中,选择受尊重和自我实现需要的占 64.02%。目前,相当一部分企业领导只强调"服从第一","个人的工作由组织考虑",缺乏尊重个体的"人",这种多年形成的"惯例",造成职工创业冲动的减弱和个人才能发挥的萎缩,以及社会责任感的丧失。

4. 缺乏对职工心理行为的研究和引导。职工的心理和行为具有目的性、牢固性、感认性和动力性等特点,所以,外界的一切信息均刺激人们采用某种行为或不采取某种行为,均会引起人的喜怒哀乐等情绪的变化。当前,对职工心理行为的研究和引导很不够。往往搞一刀切,形式主义。在企业里,职工年龄不同,文化水平、觉悟程度、技术水平不同,性格、气质、兴趣、能力也不同,那么在厂内和社会上地位也不同,对这些不同的客观存在,企业领导并没有引起重视。现实生活中,职工的需求具有层次性,不同地位的职工或同一职工在不同时期、不同的环境里,需求是不同的。这些不同的存在,多数企业领导却忽视了,只强调统一,忽视个别和特殊,不能因人、因事、因时对人的心理行为加以研究和引导,使之职工的心理行为和目标同企业发展目标无法统一起来。

三、关于企业对人的管理的建议

马克思主义认为,人是生产力诸要素中,最活跃、最革命、起决定作用的因素。离开了人的能动性,一切物的要素均是不能发挥任何效益。日本企业管理专家上野一郎指出,企业是由人支配的。企业的依存关系是由人与人之间的息息相关的关系滋生出来的。离开人，企业一切均是空的。马克思主义和现代管理学虽然时代不同，有本质的区别，但是，对人在生产力中的地位和作用，则有相同点。在社会主义企业里，职工是企业的主人，是企业的主体，"主人""主体"不活，企业哪有活力。所以搞活企业的关键在于搞活人，即调动企业职工的积极性、主动性和创造精神。

1. 重振职工的主人翁精神和责任感。《中共中央关于经济体制改革的决定》中指出的，"企业活力的源泉，在于脑力劳动者和体力劳动者的积极性、智慧和创造力。当劳动者的主人翁地位在企业的各项制度中得到切实的保障，劳动者的积极性、智慧和创造力就能充分地发挥出来。"重振职工的主人翁精神和责任感，首先要对职工进行主人翁精神的教育。目前，老一代职工绝大多数已退休，职工成分有了很大的变化，年轻一代工人的主人翁精神同老一代人比较，要淡薄得多。职工的主人翁责任感不是天生的，必须经过必要的、系统的教育。所以，如果没有正确的人生观、价值观投注于企业中，没有强有力的思想政治工作去执行这种灌注，就不能激发职工高度的主人翁精神和责任感，那么，一切先进的技术、设备就得不到最好的基础去发挥它们应有的效力。新中国成立后，旧社会没留一个完整、像样的企业，连年战争的破坏，使我国经济彻底崩溃。但是，我们靠广大工人高度的政治热情和主人翁责任感，以及把工作做得尽善尽美的劳动态度，在三年经济恢复和第一个五年计划时期，创造了高于资本主义几倍的劳动生产率和社会主义生产力。进入社会主义建设高潮时期，以大庆工人为代表的我国工人阶级，在十分困难的条件下，创造了世界油田建设的奇迹。振兴职工的主人翁精神和责任感，光靠教育是不够的，还必须通过立法，确保职工能够参与企业的经营管理。我国的《企业法》《职工代表大会条例》等对职工的"主人"地位有明确规定，但必须同企业各项具体制度加以落实和保障，使职工对企业经营管理有知情权、建议权、参与决策权。只要把企业职工主人翁精神和责任感振兴起来，以高度负责的精神和把每一件事都做得完美无缺的态度去工作，企业必定能克服一切困难，在市场竞争中求得生存和发展。

2. 按人的心理行为变化发展规律去管理职工。现代科学研究成果表明，人的心理行为的发展和变化具有一定的规律性，如人的行为具有目的性、导因性、感认性、复杂性、随机性和层次性等特点。这些特点虽然抽象，但只要我们认真去研究还是能把握的。所以，振兴人的精神，调动职工的积极性，企业领导必须坚持辩证唯物主义方法论，综合应用社会心理学、管理心理学、行为科学等现代科学，去分析研究职工心理行为发展变化的原因，把握其规律性，做到因人、因事、因时地加以正确引导，让职工心理行为的发展变化，同企业总的发展目标保持一致。从马克思主义关于管理两重性原理看，古典管理科学、行为科学和现代管理科学，分别把人分为"经济人""社会人""文化人"，虽有一定的历史局限性，但是，作为一门科学，确有其科学的成分，给我们以许多启示，应历史地、批判地加以学习和借鉴，并根据我国的实际情况，在发扬我党优良传统的基础上，建立一套适合职工心理学行为发展规律的科学管理制度。

3. 建立健全科学的管理制度。对人的管理的基本要求在于能吸引、招聘优秀的、足以胜任完成任务的人才到企业中来，并使他们乐意和安心在企业工作下去。这些职工不仅能完成分内工作，又能使他们以创造精神，把工作向更高的境界推进和发展。要使制度保持科学性，一要贯彻能力和绩效原则。即使用人、评价人、奖惩人均要以人的实际工作能力和绩效为标准，以此决定职工的任用，升迁和奖惩。二要贯彻竞争原则。管人制度能否科学，关键在于能否创造一个公平竞争的环境，真正让每一个人发挥才干，增强人的活力。三是贯彻定性定量相结合的评价体系，克服定性多于定量的缺点，使对人的评价尽力做到数据化，以保证评价的公平性，减少对人评价的感情色彩。

4. 建立独具特色的企业精神。企业精神是时代精神在企业的反映，是一种规范化、信念化、意志化了的企业职工群体意识、价值观的表现。如广东白云山制药厂创立的"爱厂、兴利、求实、进取"的白云山人精神；北京汽车制造厂创立的"艰苦创业、二次创业"的北汽精神。独具特色的企业精神，能增强职工的凝聚力、归属感，使职工的感情更加和谐一致。企业精神还可以激励职工在生产经营中不断进取向上，增强其主人翁精神、责任感和集体荣誉感，促进职工劳动热情和创造精神的发挥。《日本管理艺术》的作者在书中赞扬企业精神时说："这些铭刻在心中的价值观产生了精神的愉悦，使世界各地的员工们都抱着一致的理想。在一个非常复杂、权力分散的公司里，激荡着一股强大的力量，即使技术原则被破坏，公司仍能继续存在。"可见企业精神的巨大作用。

5. 提高企业领导工作的有效性。领导工作的特点在于指挥别人去工作。而领导工作的核心在于力求有效。要做到有效，唯有通过有条理、有系统的工作。领导行为的有效性如何，是影响职工积极性的重要因素之一。因此，不同的领导行为、有效性程度，会造成企业不同的组织气氛、工作环境和人际关系，给职工不同的心理影响，而职工的情绪、行为表现、积极性高低，在很大程度上取决于这些因素。

成功有效的领导对职工有很大的影响力，而要做到领导行为的有效，首先取决于领导人的人格、品德、行为能给职工以诚实可信的感认。其次，领导者能创造一个宽松的环境，使职工保持士气高涨、情绪激奋的组织气氛和工作环境，为职工提供一个充分施展才能和实现个人发展的条件。最后，还取决于领导能充分满足职工的需求动机并加以正确引导，并把职工的个人目标融入企业总目标，通过企业目标的实现来满足职工个人目标的实现和职工自身的发展。

（时任北京城建集团一公司党委书记）

论国有企业经营者的市场竞争策略[*]

"物竞天择，适者生存"。既是自然法则，也是市场竞争法则。

计划经济时期，分配和调节是通过国家计划实现的。进入 20 世纪 90 年代，在邓小平理论指导下，我国的经济体制逐步由计划经济向市场经济过渡，市场日益成为分配和调节社会资源的主要形式和手段。市场经济把国有企业和它的经营者同时推向了市场，国有企业经营者的任务已不仅仅主要是执行国家有关部门层层下达的生产指标，而是要直接面对市场，参与市场竞争。

市场竞争是激烈的，甚至是残酷的。始于 1997 年的亚洲金融危机，造成东南亚包括日本、韩国、泰国等国家一些名牌企业在内的众多家企业倒闭。1998 年 10 月，香港最大的一家证券公司也因此宣布破产。在我国内地，近年来也有不少国有企业被市场淘汰。国企经营者的"太平日子"一去不复返了。

以什么样的心态面对市场经济？如何适应市场竞争？需要我们每一个国企经营者认真地思考、研究和探索。

---

* 原载《工人日报》1999 年 6 月 23 日第 8 版。

一、观念要变，思路要宽

存在决定意识，意识即人的思想支配人的行为。面对市场经济，国企经营者首先必须更新观念。人民日报登过一篇题为《亮出你的中国造》的评论文章，文章介绍说，凡到青岛海尔集团参观学习的人们都在寻找一个答案：为什么诞生14年来每年保持了86%的经济发展速度？秘诀何在？文章指出，14年前海尔销售额只有348万元，到1997年猛增到108亿元，出口创汇从零增长到5700万美元，根本的原因是观念的变革。改革开放给海尔人带来的最本质、最打动人的东西，就是观念的变化。四川长虹集团地处四川绵阳，10年前还是较为封闭的军工企业，有着较为浓厚的盆地意识。如今一跃成为中国彩电业的"大哥大"，至关重要的一条也是观念的变化和思维方式的科学化。两个名牌企业异军突起的事实，向人们昭示了国企经营者更新观念的重要性。

现代管理学认为，管理理念比资金更重要、对于国有企业经营者来说，如果没有与市场经济相适应的管理理念、管理思路，要想搞好企业、发展企业是不可想象的。如果说，一个企业的兴衰受制于企业家的韬略，那么，国企经营者的观念和思路，将决定国有企业的前途和命运。

要有求知创新意识。长期以来，国企经营者已经习惯了计划经济体制下的运作模式。随着市场经济的逐步建立，现代科技日新月异，知识经济初见端倪，国企经营者的知识水平、业务水平、思想水平、政治水平都面临严峻挑战，许多过去要找市长拍板的问题，现在得靠市场机制来解决了。摆在我们面前的新问题很多，需要我们从头学起的新知识很多。江泽民总书记反复强调的"三讲"中的头一讲，就是讲学习，要求我们认真学习和领会邓小平理论，学习市场经济理论，学习国外先进的企业管理科学。学习能够增长人的知识，学习能够更新人的观念。

国企经营者还要有强烈的创新意识。众多中外著名企业都把创新作为企业的灵魂。要创新，就必须解放思想，实事求是；要创新，就不能因循常规。建设社会主义市场经济，建设中国特色社会主义是前无古人的事业，没有现成的经验可以借鉴，这就要求我们在实践中有所发现，有所创造。国企经营者在带领企业参与市场竞争中，只有敢于迎接挑战，敢于突破框框，敢于创新，敢为人先，才能有所作为。

要有科学思维方式。一是用系统的观点看问题。现代管理科学十分推崇系统工程，每个企业特别是大型国有企业的经营管理就是一个庞大的系统工程。作为经营者，能否将作出的每一项决策和每一条措施迅速在整个系统里确定其坐标，进而保证整个系统处于良性循环状态，取决于他的管理是否实现横向到边，纵向到底。假如我们缺乏系统观点，缺少系统的管理规范，就无法协调系统内部横向与纵向之间的关系，企业就很难管好。二是用辩证的观点看问题。毛泽东同志在《实践论》里讲，人们每一次实践和认识的交替都会有新的升华。任何一个企业的管理措施和办法都不是一成不变的；它总是随着市场和企业生产经营的变化而变化的。经营者要善于把握市场变化，不断改变经营策略，随时完善和发展管理办法和管理措施。三是用抓主要矛盾的观点抓问题。一个能够在市场竞争中站稳脚跟的经营者，首先必须学会从每天发生的问题中分析出哪些是主要问题，哪些是次要问题，并对具体问题做出具体分析，找出哪些是带有共性的问题，哪些是带有偶然性的问题。然后集中精力抓主要矛盾，抓主要问题，并抓住不放直到问题解决，只要抓住了主要矛盾，其他问题就迎刃而解了。

要有持续发展观念。可持续发展观已得到全社会的强烈认同。国有企业经营者受国家委托经营国有资产，其经营期限由上级组织人事部门决定，往往容易产生短期行为倾向。市场经济虽然具有多变性，但并不欢迎朝秦暮楚的经营者。因此，国企经营者在市场竞争中要有短安排，还要有长计划，短安排是根据市场变化，随时调整产品结构和经营方式，以适销对路，提高经济效益。长计划是指在宏观经济背景下确定企业的发展战略和主导经营项目，以保证企业的持续发展，而不会因为经营者一人影响企业的市场竞争能力。

二、调整心态，勇于竞争

国企经营者要适应市场竞争，需要健康的心理。因为国企经营者常常要面对诸多复杂的矛盾，要面对竞争激烈的市场，面对复杂的人际关系，面对不堪的重负，等等。事实上，多数国企经营者都感到工作艰难，生活苦涩，心理压力很大。

作为国企经营者，在激烈的市场竞争面前应有什么样的心理状态呢？

要有自信向上的心态。在困难险阻面前，人们缺少的不是能力，而是信心；不是智慧，而是勇气；不是机遇，而是追求。任何一个成功的企业，它的经营者的信心和意志总是其取得成功的重要因素之一。当一个企业处于顺境时，它的经营者的信心和意志也许不易被人重视，然而当企业陷入逆境、人心涣散时，其经营者的心态就显得特别重要。企业在困难的时候，尤其需要经营者自信果敢，要求员工付出三倍努力，经营者必须给他们十倍的信心。一个有信心而又善于思考的经营者，才有希望带领企业走出困境。

除了有信心，国企经营者还应热情向上、积极进取。对工作、对生活、对周围的同志都要有热情，用一种积极向上的心态去看社会、看自我、看发生在身边的事，你就会发现社会是美好的，生活是美好的，心里不再黯然，经营者的信心将获得有力的支持。

要有坦荡宽容的胸怀。当今的国企经营者，身处多变的市场竞争环境。在他们的生活中，充满了支持和阻碍、理解和误解、赞成和反对，这就需要我们始终保持热情、坦荡、豁达。很难想象，一个对社会、对工作、对人生持冷漠态度且心胸狭窄的经营者，能够执着地与员工一道干成一项事业。我们讲坦荡，就是要光明磊落，要正直。正直和光明磊落是国企经营者最重要的品德，搞小动作也许有效，但是有限，时间久了一定会被人识破。参与市场竞争，投机心理要不得。我们讲宽容，就是要宽容他人的缺点和失误。人与人之间打交道，在一起工作，有组织的信任和安排，也有市场的机缘。发现了同事的缺点或者失误，要给予善意的提示。只要我们互相讲宽容、讲豁达，坦诚相见，领导与被领导之间，同事与同事之间，才能乐观地共处共事，才能共同迎接市场的挑战。

要有坚韧不拔的勇气。古往今来，事业有成者也一定是毅力坚定者。现代管理学也认为，领导者的毅力本身就是一种生产力。艾科卡曾在美国福特汽车公司服务 30 多年，立下了汗马功劳，因为功高盖主，这位福特公司的总经理却在 54 岁生日这一天被福特二世解雇了。一个多月后，艾科卡在痛苦中站起来，受聘担任了克莱斯勒汽车公司的总经理。结果只 6 年时间，就使克莱斯勒公司从濒临倒闭到年销售额达到 195.7 亿美元，盈利 23.8 亿美元。假如艾科卡被解雇后一蹶不振，也许克莱斯勒公司当时就会从世界 500 强中消失。

艾科卡的经历说明，经营者的毅力是一种无价的财富，同时也告诉我们，经营者遭遇挫折后要有勇气战胜自己，走出阴影便是艳阳天。战场上没有常胜将军，我们国企经营者在市场竞争中也难免遇挫受折，重要的是以怎样的心态对待挫折。市场竞争不以一时一事论英雄，跌倒了别趴下，只要勇敢地站起来就是成功。有的经营者由于长期适应计划经济体制，面对激烈的市场竞争缺乏勇气，遇事就想找市长，而不去用心找市场。这样的经营者是很难在市场竞争中取胜的，甚至最终会被无情的市场所淘汰。

三、人才为本，用人授权

古人云：成事在天，谋事在人，纵观历史，无不如此，汉高祖刘邦因重用了萧何、张良、韩信、陈平，最终打败了势力比自己强大多少倍的西楚霸王项羽，成就了一代霸业。唐太宗李世民不计前嫌拜魏徵为相，才有了贞观之治……世界著名的发展经济学家刘易斯指出，一个国家的储蓄率低，并不是因为穷，而是因为缺少企业家。瑞士达沃斯会议也有相同的结论：发展中国家穷，不是缺资金，缺技术，而是缺少企业家。企业家资源匮乏，培养不出人才，即使引进了先进的技术和设备也于事无补。因此说，国企经营者欲在市场中取胜，关键也在于用人。

要知人善任。一是要扩大视野，克服偏见，能干者往往优点突出缺点也很明显，我们不能用放大镜去看别人的缺点，而应当着眼发掘他的潜力，发挥他的优势；二是要克服嫉妒心理，防止"帕金森效应"，即人们常说的只用武大郎不用武二郎；三是要用敢于承担责任的人，一个不敢承担责任的人也一定是缺乏责任心的人，这样的人在关键时刻不可能挺身而出冲锋陷阵；四是要用精通业务的人，遇事能说出自己的意见，拿出解决问题的办法，而不是把问题上交给领导；五是要防止被表面现象所迷惑，看人要真实、全面，不能凭一两件事上的得失做结论。

要用人之长。成绩与缺点常常是并生的，成绩大的干部往往缺点也多。好比自然界没有高山哪有峡谷？一个平庸的干部也许会有很好的人缘，人缘好适合当老好人，但当不了经营者。一个称职的经理绝不是"老好人"，因为他想把企业经营好就要得罪人。国企经营者用人重在用才，使人尽其才，人得其事。美国著名管理学家德鲁克认为，用人的关键不在于减少人的短处，而在于发挥人的长处。我们用人是为了干事，不可求全责备，不能专门去研究他的缺点，还要防止投其所好者，投其所好者往往投机钻营，谁要是重用这样的人，向来都是要倒霉的。历史上的教训可谓多矣！

要合理授权。国企经营者用人恐怕最难的是授权了。在市场经济条件下，不会授权的经营者是不可能在竞争中取胜的。现代企业是一个庞大的系统，经营者不可能事必躬亲，高明的经营者会把管理权力合理地授给自己的部下。那么怎样合理地授权呢？一是要使下级接受所授之权，引导其明了如何用所授之权去办交给的事情；二是要交代清楚最终目标和结果，使其心知肚明；三是要既授权又放手，不要过多干预，干预的结果往往是谁都不对事情负责任。当然，放手不等于放纵，授权后需要追踪检查、督促落实、赏罚分明。要使合理授权成为有效授权，还有几项要求：一是要明确授权目标；二是要健全组织机构；三是要完善职位说明书，明确量和质的要求；四是要有绩效标准，实施考核。

给部下授权之后，经营者本身怎么办？大致有三种情况：一种是授权留责，把权力交给下级，出了问题自己承担责任，促使下级无须顾虑，大胆地去参与竞争；一种是权责放光，把权力和责任都交给下级，自己袖手旁观；还有一种是授责不授权，口口声声说把权力交给下级，心里却一百个不乐意一百个不放心，一旦工作出了纰漏，把责任全部推到下级身上，这是最要不得的。高明的经营者应该是授权留责，让自己的下级全力去拼，奋力去博，企业在市场竞争中的胜负自然也就在你的帷幄运筹之中。

（时任北京住宅开发建设集团总公司总经理）

中关村该向硅谷学什么？[*]

关于如何加快中关村科技园区的发展，国务院在批复中指出"要注意借鉴国外建设科学城的有益经验"。世界上最大的 100 家高科技公司中，约有 20% 的总部设在美国加利福尼亚州的硅谷，如英特尔、思科、3COM、太阳、网景等。硅谷发展高科技有什么经验和做法值得借鉴呢？

创新人才：硅谷真正的财富——硅谷发展的首要经验在于发现人才，使用人才。硅谷创造一切条件，让那些有好思路、好主意、好发明的人才得到重用。硅谷有允许失败的文化和敢于承担风险的意识。硅谷的风险投资者不要求创业者去准备 20 页的产业计划和对每个新颖的概念都要有足够的市场调查和经济效益分析。如果大家都等着市场调研来表明消费者需要；笔记本电脑恐怕现在还没有诞生吧？

在硅谷，对人才的激励最具活力的是分配机制。硅谷通过技术配股、经营者期权、职工配股等形式，使公司的每位职工都是股东。

---

* 原载《人民日报》2000 年 3 月 17 日第 8 版。

股票上市后，职工一夜之间可能成为百万富翁。微软公司的比尔·盖茨个人资产近百亿美元，真可谓富可敌国；雅虎公司创始人杨致远 29 岁，拥有公司 13% 的股份，市值 9 亿美元；万维网公司的缔造者拥有公司 3% 的股份，市值 2400 万美元。由于这种收入的巨大刺激，人们开动脑筋，全身心地投入创造、发明；新的创意和构思、新的发明和专利不断产生。这种分配机制，是硅谷产品升级换代居世界之最的助推器。

风险投资：孕育高科技神话

硅谷创造的风险投资模式，作为一种勇敢和有耐心的资本进入高技术领域的机制，对于推动高科技的发展起到了"及时雨""强心剂"的作用。据有关资料反映，美国目前有 600 多家风险投资公司，其中有 300 多家设在硅谷，其密集度居全球第一。

风险投资孕育了美国高科技企业成长的神话，促使知识的飞速增长。1997 年，有 3575 家高科技企业在硅谷成立，风险投资家们投入风险资金 37 亿美元，比上年激增 60%。硅谷每 5 天有一个高科技公司进入股市；每天创造 62 个百万富翁。典型的高科技企业，如英特尔、思科、网景、太阳等公司；年收入为 400 亿美元，资本额为 2570 亿美元，已超过汽车巨头通用、福特、克莱斯勒的价值总和。可以说，没有风险投资就没有英特尔、网景、微软公司的诞生。

社会服务：政府可以有所为

在硅谷创办公司很容易，只要你有好主意、好项目，就会有人帮助你办成公司。在硅谷，有专门的投资商和学社会学的教授做风险投资家，有专门寻找人才的猎头公司，有专门从事各种法律咨询的律师。政府通过发行政府债券的形式形成高科技产业基金—风险投资基金，组建风险投资公司，直接参与风险投资。

政府不仅直接参与风险投资，还制定有利的政策，给风险投资很多优惠。1978 年，美国将资本收益税率调整到 28%，1981 年降到 20%，造成风险投资净值大增，1982 年是几年前的 8 倍。各州政府还相继出台对中小企业的信用担保；并出台各种法律、法规，对风险投资的高科技企业进行监管。

知识经济：呼唤职业企业家

在许多人看来，高科技企业的生存发展靠的主要是技术。然而，全世界发展高科技、发展知识经济的实践越来越证明：一流的技术往往会被三流的经营管理所埋没，而二流的技术却常被一流的经营者逐步地发展壮大。发展中国家经济落后，不全是缺少资金和技术，而关键是缺少优秀的企业家队伍。科技人员的好创意要能变成产品进而产业化，只有企业家才能实现。

企业家是市场运作的主体。企业家把发明、创意变成产品，变成商品，变成利润。由于企业家的专业经营和运作，使企业的成长性好。因此，要发展中国的高科技，迎接知识经济时代的到来，最关键的一条就是要建立有利于企业家选拔、使用、培养、监管的机制，造就一大批懂得高科技、金融、风险投资、经营管理的企业家。也可以说，只有大批科技专家、金融专家、企业管理专家、风险投资专家的成长并成为市场主体，中国的高科技、中国的经济在世界上才会具有竞争力，才能占有自己的一席之地。

（时任北京住总集团有限责任公司总经理）

适应国际竞争环境　转变企业家思维方式[*]

目前，中国"入世"的步伐越来越快。中国加入 WTO 带来的机遇是宝贵和巨大的，全力以赴抓住这次机遇，用好这次机遇，对于中国 21 世纪的经济发展具有决定性作用。但是 WTO 毕竟不是天上掉下来的馅饼，在看到机遇的同时，更应清醒地意识到我们面临的严峻挑战。

首先，我国企业家的思维方式与世贸成员的理念将会发生直接的冲突。加入 WTO，意味着中国市场将全面对外开放，贸易自由，大幅度降低关税、削弱配额许可证，从此融入世界经济的大潮。不允许有任何歧视性保护条款，意味着中国企业与国外企业在世界经济舞台上处于同一起跑线上进行平等竞争。要直面优胜劣汰的结果，意味着所有企业的领导体制、组织结构、管理模式及企业家的价值观，必须符合国际竞争规则。我国的企业家，尤其是国有企业的经营者，如果不转变思维方式，其行为必然要与国际规则发生激烈的冲突。

其次，竞争加剧，盈利微薄，僧多粥少的激烈竞争，我国企业

* 原载《工人日报》2000 年 4 月 19 日第 7 版。

家已在国内市场上深刻体会到了。入世后，将要参与的国际竞争会更加惨烈。以建筑行业为例，目前，国际市场上一般的建设项目往往有十几家甚至几十家公司竞标，很多承包商为了不使业务停顿和机具闲置，不惜以低于成本的价格报价，而靠中标后材料设备出口及公司索赔等手段盈利。有统计数字表明，国际承包商的利润呈逐年下降趋势，国际承包市场演变为实力市场，标价越压越低，盈利微薄，欠发达国家和发展中国家的许多公司更难盈利。

再次，利润市场化平均化，技术密集型行业占据优势。由于新技术革命，传统的劳务密集型行业已无利可图或者说利润不大。近年来，国际市场上的电子、通信、生物等高新技术行业的利润居高不下，而我国在这些行业的投入可谓刚刚起步。因此，随着市场的逐步放开，发达国家的资金、技术、人才会大量涌入中国，中国的高新技术产业时刻受到国际同行的挑战。

加入 WTO 后，我国企业能否在机遇中受益，在挑战中取胜，很大程度上取决于我国的企业家。企业家是企业的灵魂。企业家思维方式的转变与否，某种意义上将决定企业的生死存亡。因此，要适应 WTO 新的行为规范和运行机制，就必须首先转变企业家旧有的思维方式。

第一，从计划观念到市场观念的转变。WTO 的行为规则和运作机制的很多内容，对我国企业家来说都是新的，企业家必须转变观念，转变思维方式，才能适应 WTO 的要求。当前，最重要的是充分认识"市场"这只无形之手，市场在配置资源、在实现价值规律、在优胜劣汰、在冲破一切障碍方面是无情的，我们只有认识规律、把握规律、遵守规律，才可在市场竞争中求生存求发展。我们虽然搞了 50 年的社会主义经济建设，但是我们对市场规律的认识还是很不够的，我们对加入 WTO 以后的企业运作规律更是知之不多，更应该转变观念。在经济建设、企业经营的实践中把握规律，并不断地由感性认识上升到理性认识，把感觉上升到理论，使之对 WTO 有一个正确的认识，最终对市场经济的特征和规律有更加清楚的认识。

第二，树立自觉遵循国际通用的经贸规则意识。WTO 作为当今世界规范国际经贸规则的最大多边经贸组织，实施的一套多边贸易规则涵盖非常广泛，几乎涉及当今世界经济贸易的各个方面，这些规则是具有法律效力的规范。中国加入 WTO 就必须遵守这些规则，尽快熟悉和学会并树立自觉遵循这些规则的意识，这是摆在中国企业家面前的一项紧迫而重要的任务。

要树立这种意识，企业家必须尽快学习和了解世贸组织的有关知识和规则。我国虽然就加入 WTO 进行了十几年的谈判，但国内企业家真正了解、熟悉有关 WTO 规则的并不多。要想利用加入 WTO 带来的机遇并迎接挑战，就必须了解掌握 WTO 的宗旨、原则、规则、程序和实际运作。同时，要遵循这些规则，防止由于不了解规则而带来的不必要的经贸摩擦、纠纷和损失。

第三，实现由经验性思维向科学性思维的转变。我国的国有企业，之所以长期不能脱困，固然有很多客观因素，但不能说与我们的企业经营者的盲目决策没有关系，而盲目决策的根源在于经验性思维。我们的企业家必须明白，客观世界不断发展，市场不断变化，经验不可能完全适用，也不可能完全够用。我们必须到实践中去了解新情况，研究企业运作的规律并进行总结，从而使决策科学化；我们的企业家必须学会用辩证的观点看待问题。既要看到事物有利的一面，又看到问题不利的一面，在企业的实际操作过程中，既要看到眼前，更要顾及长远。要力戒只求形式不讲实效的形式主义，摒弃轻视论证随意拍板的主观主义。我们的企业家还必须时刻想到价值规律的无情性，因此作为企业经营者要充分认识资本运动的过程是为了增值，商品只有经过交换才能实现其价值，价值和价格不是完全统一的，因此，时间的节约是最大的经济规律，只有节约时间，商品才能获取平均利润和超额利润。中国加入 WTO，我们的企业家更应该牢记商品经济这些最基本的规律。

第四，大力倡导企业家的创新精神。世界经济的发展证明，发展中国家经济落后，主要不是缺资金技术，而是缺少企业家的创新精神。中国加入 WTO，企业家面对的是竞争更加激烈的市场。美国《财富》杂志载文说，企业要想名列前茅，除了要有良好的管理、产品质量和财务状况外，还需要有一种不可缺少的要素，即创新精神。发达国家市场经济正是伴随着创新而不断发展起来的。美国的微软和英特尔公司，在短时间里获得飞速成功的秘诀在于始终关注并善于"淘汰自己的产品"，追求不断的创新。可见，在中国企业家的思维中注入创新精神，不仅很有必要而且十分迫切。

企业的创新，涉及机制创新、技术创新、企业组织创新、市场创新等方面。企业家创新思维的培养，依赖于自身的不断学习，不断更新已有的知识。只有企业家具备创新思维，才能带动企业的不断创新。企业家的学习，企业的创新将是中国企业在加入 WTO 后兴衰存亡的关键。

（时任北京住总集团有限责任公司总经理）

关于国企转变经济增长方式的思考[*]

适应市场经济，转变经济增长方式，提高企业经济效益，是当前国有企业改革的重要内容。所谓经济增长方式，是经济增长手段和经济增长目标的统一，又是经济发展战略和经济运行机制的有机结合。用什么方式和途径来促进经济的增长，在很大程度上支配并决定着经济增长的速度、效率、效益等最终结果。随着我国经济体制从传统的计划经济变为社会主义市场经济，国有企业的经济增长方式也必须相应地由粗放型经营向集约型经营转变，这是市场经济发展的内在要求，也是国有企业提高经济质量和经济效益的必由之路。笔者就大型国有企业当前进一步转变经济增长方式问题，进行了更深层次的思考。

第一点思考：国企进一步转变经济增长方式，需要继续更新观念，树立科学的思维方式。纵观历史与当今世界，一个民族、一个国家、一个政党乃至一个企业，能在复杂的环境中生存和发展，关键在于思想观念和思维方式的现代化。清朝的闭关锁国导致落后挨

＊　原载《工人日报》2000 年 12 月 21 日第 7 版。

打，苏联的僵化导致解体，这些都是前车之鉴。因此，更新观念，树立科学的思维方式是首要的。如果把国有企业比作一条船，那么国企的经营者不仅是船长，更是导航人。企业的经营者们只有不断更新观念，树立科学的思维方式，才能驾控好这条大船。这就要求国企经营者自觉强化效益观念，克服粗放经营陋习，不以数量扩张求增长速度，而要以提高生产要素的使用效率来实现企业产品利润的最大化。

第二点思考：国企进一步转变经济增长方式，要有明确的企业发展战略，并积极推进企业改制。有了明确的具有可操作性的发展战略，实现经济方式的转变才会有可持续性。明确的发展战略是企业发展壮大、扩张份额的关键因素。很多规模巨大的跨国公司在制定发展战略之前，首先是做好市场调研和预测，而我国企业往往依赖政府做市场调研，很多大企业习惯于坐等政府给政策，所以行动总要比国外企业慢。另外，国外企业的市场调研和预测，不仅十分重视世界各地的市场需求动态和同行的竞争动向，而且还特别重视各国政府的政治动向和外交政策对国际经济的影响，而我国企业的市场调研和预测，往往只局限在国内外同行的信息，缺乏对国内外市场发展趋势和政府决策过程的了解，因此制定的发展战略和提出的政策要求往往缺乏可操作性的内容。企业如果只是盲目等待政府给政策，在市场竞争中势必处于不利地位。这点需要引起国企经营者的足够重视。

企业制度的改革是转变经济增长方式的重要举措。企业体制改革方案的设计不能脱离市场环境、行业特点和企业实际，任何产业结构调整和发展取向的转变，都要经过必要的实力积蓄和磨合过程，经营领域的退出和进入也有其客观的成长与消亡的规律。

第三点思考：国企进一步转变经济增长方式，要着力于企业创新机制的建立，注重人力资源的开发和利用。面对世界经济和科学迅猛发展的大潮，我们既面临着新的机遇，又承受着巨大的挑战。江泽民同志指出："创新是一个民族的灵魂，是一个国家兴旺发达的不竭动力，也是一个政党永葆生机的源泉"。只有敢于创新，善于创新，才能积极推进体制创新、科技创新和其他各个方面的创新，才能有效解决企业发展道路上遇到的各种新问题。

20 世纪 90 年代经济发展的模式与工业化时代相比，最重要的一条就是创新。现在，世界舆论普遍认为，美国经济实则就是创新经济。90 年代初美国正式实施"信息高速路"计划，标志着美国信息技术创新革命的开始。据有关资料统计，信息产业目前对美国经济增长的贡献率高达 35% 以上。由此可见：大到一个国家，小到一个企业，善于创新，则盛；故步自封，则衰。在知识经济扑面而来的 21 世纪，创新能力将成为国际竞争成败的关键，成为经济与社会发展的根本动力和决定性因素。一个人如果失去创新能力，就将一事无成；一个企业缺乏创新能力就将丧失存在的根基。国有企业在转变经济增长方式的过程中，要结合本企业的实际，以技术创新为突破口，逐步建立较完善的企业创新机制。

第四点思考：国企进一步转变经济增长方式，还应建立有利于提高增长质量和效益的指标体系和评价、考核的量化标准，加强成本管理。经济指标体系和评价、考核标准，实际上是一种政策导向，影响各方面的思想和行为。国有企业必须适应新形势和新要求，改进计划统计工作，实行与发展市场经济和转变经济增长方式相适应的经济指标体系和评价、考核标准。一是坚决取消那些助长片面追求规模扩张、数量扩张、攀比产值速度的指标，增强有助于提高质量、降低消耗、加速技术进步、优化结构的经济指标；强化反映企业生产经营和资产运营状况的财务指标体系和价值量化指标体系。二是继续推行以制造成本为中心、以完善项目核算和控制期间费用为重点的全面成本管理。通过典型引路，力争在实施成本否决方面有所突破。三是在研究制定企业中长期发展计划的经济指标时，必须充分考核市场需求变化，考虑转变增长方式对供求总量和结构的影响，使企业计划指标的预测和制定建立在科学的基础上，把各方面的注意力引导到集约经营上。四是考核干部的政绩，应该主要看经济增长的质量和效益，不能只看数量和产值，奖励和提拔干部都要与抓经济质量和效益的业绩挂钩。

（时任北京住总集团有限责任公司总经理）